Volker Looks

Die Alster
Der Fluss und die Stadt

Wachholtz

Alle Rechte, auch die des auszugsweisen Nachdrucks,
insbesondere der Vervielfältigung, der Einspeicherung und
Verarbeitung in elektronischen Systemen, sowie der
fotomechanischen Wiedergabe und Übersetzung, vorbehalten.

ISBN 978-3-529-05153-1

© 2012 Wachholtz Verlag
www.wachholtz-verlag.de

INHALTSVERZEICHNIS

9	VORWORT

11	VORGESCHICHTE UND STADTGRÜNDUNG
11	**Die Entstehung der Alster**
12	**Besiedelung des Alstertals**
15	**Alsterquellen**
17	**Die Gründung Hamburgs an der Alster**
19	**Die Hammaburg**
20	**Erste Häfen an der Alster**
25	**Freibrief des Kaisers Friedrich I. Barbarossa**
26	**Erwerb der Alster**
29	**Streit um Hamburgs Rechte an der Alster**

31	LEBENSADER WASSER
33	**Das verschmutzte Wasserreservoir**
37	**Die Wasserkünste**
40	**Hamburger Bier**
42	**Alster, Fleete und Kanäle**
45	**Regulierung des Wasserstands**
48	**Die Mühlen**
53	**Die Alsterschwäne**

57	DIE ALSTER ALS TRANSPORTWEG
57	**Warenverkehr zwischen Hamburg und Lübeck im Mittelalter**
59	Ein kühner Plan: Der Alster-Beste-Kanal
61	Verträge von 1448 und 1525
66	Einwendungen gegen den Bau
68	Schifffahrt auf dem Alster-Beste-Kanal
70	Spätere Pläne einer Wasserstraße zwischen Alster und Trave
71	**Die Alsterschiffer**
74	Handfähren und Alsterschüten
77	**Die Alsterdampfschifffahrt**
79	Höhen und Tiefen
81	Alstertouristik
83	Die Namen der Alsterdampfer
84	Verein Alsterdampfschifffahrt
86	**Die Verwaltung der Alster**
87	Alstervogt und Schleusenmeister
90	Alster- und Schleusenverordnungen
92	Wassertaxis auf der Alster

95	DIE ENTWICKLUNG DER STADT
95	**Uferstraßen der Binnenalster**
104	**Die Außenalster und ihre Stadtteile**
104	Rotherbaum
106	Harvestehude
108	Winterhude
110	Uhlenhorst
112	Hohenfelde
113	St. Georg
116	**Die Alster und ihre Brücken**
116	Trostbrücke
117	Reesendammbrücke
117	Lombardsbrücke
119	Feenteichbrücke
120	Krugkoppelbrücke
121	Winterhuder Brücke
122	Visionen von Brücken und Tunneln
123	**Die Kanalisierung der Alster**
125	Das neue Konzept: Die Erschließung eines Villengebiets
130	Eine Alstertaler Spezialität – die ATAG-Klauseln
131	**Die Sicherung der Stadt an der Alster**
131	Wallanlagen
134	Alsterbaum
135	Der Verteidigungsring der Franzosen
137	MARKANTE BAUTEN UND PARKS
137	**Bauten**
137	Alsterarkaden
140	Alsterpavillon
143	Ballin-Haus
145	Hamburger Hof
146	Alsterhaus
148	Hotel Vier Jahreszeiten
149	Hotel Atlantic
150	Amsinck-Palais
151	„Weißes Haus"
153	Budge-Palais
155	„Affenfelsen"
156	Slomanburg
157	Hitlers Spionage-Kaserne
158	Villa des Anglo-German Club
159	Gästehaus des Hamburger Senats
160	St. Johannis-Kirche
161	Imam Ali Moschee
162	Troplowitz-Villa
164	Kloster St. Johannis
165	Literaturhaus
166	Herren- und Torhaus Wellingsbüttel

167	Das Werk- und Zuchthaus
168	Das Rathaus in der Alster
169	**Gasthäuser an der Alster**
169	Klosterwirtshaus
171	Die alte Rabe und Die neue Rabe
172	Uhlenhorster Fährhaus
175	Walhalla
176	Mühlenkamp
177	Mühlenkamper Fährhaus
178	Winterhuder Fährhaus
180	Alsterkrug
181	**Alsterparks**
182	Alstervorland
183	Eichenpark
184	Alsterparks in Eppendorf
186	Licentiatenberg
187	DIE ALSTER ALS BÜHNE
187	**Großereignisse**
187	Feier des Westfälischen Friedens
188	Alsterfahrt des Königs von Dänemark
189	Drittes Norddeutsches Musikfest
190	Kaisertage
194	Flugboot Dornier
195	Bühne für die Nationalsozialisten
196	Tarnung der Alster im Zweiten Weltkrieg
198	Alsterfontäne
199	Japanisches Kirschblütenfest
200	Alstervergnügen
201	Hamburg Triathlon
201	**Das Freizeitrevier**
201	Vom Treidelweg zum Alsterwanderweg
202	Spazieren und Laufen an der Alster
204	Das Baden
208	Wassersport auf der Alster
210	Venedig auf der Alster
211	Die Alster im Winter
215	DIE ALSTER UND DIE KUNST
223	PRIVATE INITIATIVEN
223	Alsterverein
224	Congregation der Alster-Schleusenwärter S.C.
226	SCHLUSSWORT
229	ANHANG

VORWORT

Die Geschichte der Alster ist die Geschichte Hamburgs. Es ist für den Autor eine Herausforderung und ein lang gehegter Wunsch gewesen, den unterschiedlichen Aspekten der Alster in Vergangenheit und Gegenwart nachzuspüren. Auch wenn heute Hamburg und die Elbe das Bild der Stadt in der Welt maßgeblich bestimmen, sind doch die Anfänge der Stadt, ihre Gründung, ihre Besiedlung und der Aufbau Hamburgs aufs engste mit der Alster verbunden. Im Mittelalter hätte sich niemand vorstellen können, dass man diesen Fluss einmal als die „Perle Hammonias" bezeichnen würde. Mit ihren unwegsamen, zerklüfteten Ufern und den ständigen Überschwemmungen war sie für die damals noch recht kleine Stadt eher eine Belastung als eine Zierde. Die daraus resultierenden beschwerlichen Umstände hinderten die Siedler aber nicht, Hamburg an der Alster zu gründen.

Dieses Buch schildert die großen und kleinen Geschichten, die mit der Dienstbarmachung der Alster und dem Wachsen der Stadt bis zu ihrer heutigen Größe und Bedeutung verknüpft sind. Eine Vielzahl von oft unbekannten Quellen werden dazu herangezogen. Es erzählt von der Funktion des Flusses als Wasserreservoir und Energiequelle und wirft Blicke auf seine Bedeutung bei der Bierherstellung im Mittelalter. Vor allem als Transportweg für den Warenverkehr spielte der Fluss eine zentrale Rolle. Der Hamburger Bürgermeister Detlev Bremer hatte im 15. Jahrhundert den spektakulären Einfall, die Alster schiffbar zu machen und so den Traum von einem Wasserweg zwischen Ost- und Nordsee zu verwirklichen. Die Alster wurde im Mittelalter zum Bindeglied des sich rasch entwickelnden nordeuropäischen Güterverkehrs, und zwar zwischen den Hansestädten Lübeck und Hamburg. Zwei Kanalprojekte künden von den damals letztlich gescheiterten großen Hoffnungen.

Das ständige Fließen der Alster war für den Betrieb der Mühlen und damit für die Stadt von existenzieller Bedeutung. Da der Quellfluss jedoch außerhalb der Stadtgrenzen in Holstein lag und somit auf einem von Dänemark verwalteten Gebiet, waren jahrhundertelange Querelen vorprogrammiert. Erschwerend kam hinzu, dass nach Auffassung Dänemarks die Stadt dem dänischen Herrschaftsbereich unterlag. Der Streit wurde erst 1768 durch den Gottorper Vergleich beigelegt und damit Hamburgs unmittelbare Reichsstandschaft und Unabhängigkeit von Dänemark anerkannt.

Im 16. Jahrhundert markierte dann die Verlagerung der Verkehrsströme hin zur Nordsee und zum Atlantik als Folge der überseeischen Entdeckungen das Ende der Alsterschifffahrt mit Gütern. Doch der Schritt hin zu einer ganz neuen Betrachtung des Flusses und des gestauten Alstersees als eine Stätte der Erholung und als Ort des Wohnens am Wasser

– die heute dominierende Perspektive – benötigte noch viel Zeit. Erst um die Mitte des 19. Jahrhunderts begeisterten sich die Menschen mehr und mehr für den Zauber der Alster, der Fluss entwickelte sich zu einem beliebten Ausflugsziel der Hamburger Bürger. Damals entstanden an den Ufern viele gern besuchte Gasthäuser, deren Geschichte hier nachgezeichnet wird. Das Buch erzählt von gewinnbringenden Grundstücksspekulationen Anfang des 19. Jahrhunderts und von der Entstehung der bis heute beliebten Stadtteile an der Außenalster.

Die Alster entwickelte sich im Laufe der Jahrhunderte zu einem Kleinod des berühmten hamburgischen Stadtbilds, was ihren unersetzbaren Reichtum zum Ausdruck bringt, auf den die Hamburger stolz sind. Die Alster ist der Canal Grande von Hamburg. Wenige Städte der Welt bieten ihren Bewohnern und Besuchern mit dem im Herzen der Stadt aufgestauten See ein Freizeitrevier von derartiger Schönheit. Die enge Verflechtung der Wasserläufe von Alster, Fleeten und Kanälen macht Hamburg zu einer beinahe „amphibischen" Stadt.[1]

Zahlreiche Künstler haben sich die Alster zum Gegenstand ihres Schaffens auserkoren und ihr in ihren Werken Reverenz erwiesen, sei es in der Lyrik, in der Malerei oder in der Musik. Die Binnen- und Außenalster und der Oberlauf der Alster waren immer wieder bevorzugte Motive für Maler. Insbesondere die Außenalster bildete seit dem 18. Jahrhundert einen Rahmen für glanzvolle festliche Ereignisse.

Die Alsterläufe faszinieren von der Quelle bis zur Mündung in die Elbe mit ihren mannigfaltigen Gesichtern und ihren landschaftlichen Schönheiten: durch den Dreiklang von Außenalster, Binnenalster und der Kleinen Alster im Zentrum der Stadt, weiter Richtung Norden durch die elegant geschwungene kanalisierte Alster zwischen Krugkoppelbrücke und Fuhlsbüttel und schließlich am Oberlauf durch ihren natürlichen Mäander in einer schönen parkartigen Landschaft mit teilweise tief eingeschnittenen Tälern.

Das Buch berichtet von den Alsterschwänen, beschreibt die Geschichte markanter Bauten und Straßen an der Binnen- und Außenalster, ruft aber auch erstaunliche Visionen von nicht gebauten Brücken und Alstertunneln wach. Schließlich bietet sie Einblicke in die Kanalisierung der Alster, in die Geschichte des Wassersports auf ihr und lässt die Außenalster als einen der beliebtesten Orte für Spaziergänge und vielfältige Formen der Freizeitgestaltung aufleben.

Nur ein Autor hat sich bisher mit der gesamten Alster und ihrer reichen Geschichte sowie ihrer Bedeutung für Hamburg befasst. Wilhelm Melhop veröffentlichte 1932 ein umfangreiches Werk unter dem Titel „Die Alster", das 1971 in einer Reproduktion erschien. Das vorliegende Buch will die Lücke von achtzig Jahren schließen und die Thematik Alster im Lichte neuer Erkenntnisse darstellen.

VORGESCHICHTE UND STADTGRÜNDUNG

DIE ENTSTEHUNG DER ALSTER

In Norddeutschland hat es drei, möglicherweise vier Eiszeiten gegeben, die jeweils von einer wärmeren Zwischenzeit unterbrochen wurden. Das Eis breitete sich von den nordischen Ländern aus, bedeckte die Halbinsel Jütland, die Nord- und Ostsee und erstreckte sich schließlich über den ganzen Norden bis zu den mitteldeutschen Gebirgen. Während frühere Eiszeiten das Land mit Schlamm und Ton überzogen, brachte die jüngste Eiszeit Schutt und Geröll von den skandinavischen Gebirgen mit sich. Diese sogenannte Weichsel-Eiszeit, etwa 117.000-14.000 Jahre v. Chr., war die letzte große, das norddeutsche Landschaftsbild prägende Vereisung. Sie fand ihre größte Ausdehnung bis zum Mittelrücken Schleswig-Holsteins und erreichte etwa den heutigen nördlichen Stadtrand Hamburgs.

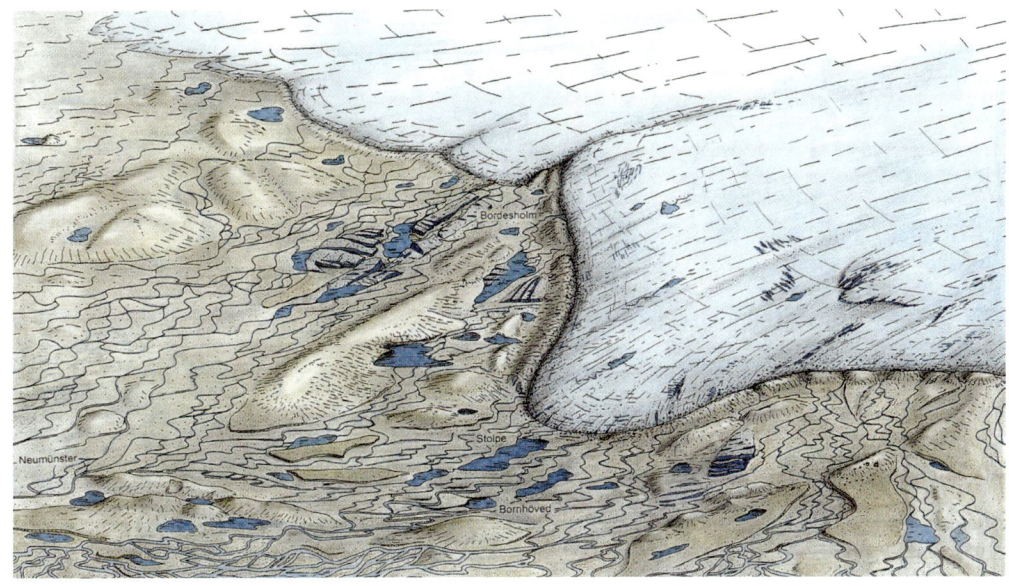

Eiszeitlandschaft

Die abtauenden Gletscher bildeten Urstrom- und Tunneltäler, in denen sich reißende Bäche unter hohem Druck mit vielen sich verzweigenden Wasseradern in die Landschaft eingruben und Täler bildeten. Ein solches Schmelzwassertal bildete sich im Alstertal, während sich das schmelzende Wasser des Eisrandes seinen Abflussweg über die heutige Alster zur Elbe hin suchte. Im Bereich der Wiesen von der Alsterquelle bis nach Kayhude, am Kayhuder und Nienwohlder Moor, am Duvenstedter Brook sowie entlang der Alten Alster entstanden heute noch zum Teil erhaltene Stauseen.

Das Alstertal ist vor etwa 15.000-20.000 Jahren entstanden. Man schätzt die damalige Breite des Schmelzwasserstroms in seinem Mittellauf auf etwa 200 Meter. Mit dem Zurückweichen der Eismassen ebbte der Wasserzufluss ab, bis der Strom nach dem Ende des Schmelzvorgangs nur noch aus den natürlichen Abflüssen seines Entwässerungsgebiets gespeist wurde. Wo sich aus den Quellen der Moore und Sumpfwälder Bäche und Flüsse bildeten, benutzten sie das Urstromtal. So legte sich auch die Alster in ein gemachtes Flussbett, Flusswindungen und Schleifen entstanden.

Die rund 56 Kilometer lange Alster kennt eine große Anzahl von Nebenflüssen, die sich wiederum aus einer Reihe von Bächen, Auen und Seen speisen. Das von der Wasserscheide zu den Flussgebieten Pinnau, Stör, Trave und Bille begrenzte Entwässerungsgebiet der Alster umfasst ca. 580 Quadratkilometer, je zur Hälfte auf schleswig-holsteinischem und auf Hamburger Gebiet gelegen. Seine größte Ausdehnung beträgt von Norden nach Süden etwa 34 Kilometer und von Westen nach Osten etwa 38 Kilometer. Von dem 70 Meter hohen Götzberg aus – östlich von Henstedt – lässt sich bei klarem Wetter dieses Gebiet überblicken.

In Schleswig-Holstein fließen der Alster folgende Nebenflüsse zu: Wischbek, Rönne, Labek, Alte Alster, Sielbek, Tangstedter Mühlenau. Auf Hamburger Gebiet sind dies neben der Aue als Mündungsfluss der Ammersbek die Bredenbek, Saselbek, Goldbek, Osterbek und Eilbek, Susebek, Tarpenbek und Isebek. Der Namensbestandteil „Bek" ist die im norddeutschen Raum übliche Bezeichnung von Bächen und kleinen Flüssen.

BESIEDELUNG DES ALSTERTALS

Die ersten Spuren dauerhafter menschlicher Existenz im Alstertal fallen in die Zeit nach der letzten Vereisung, etwa ab 14.000 v. Chr. Menschen suchten von jeher die Nähe des Wassers, sie siedelten dort, wo ihnen eine Quelle, ein Bach oder ein See das zum Leben notwendige Wasser bot. Kein anderer Fluss Norddeutschlands hat an seinen Ufern und in der nächsten Umgebung so viele Spuren von Siedlungsstätten aus vorgeschichtlicher Zeit aufzuweisen wie die Alster. Die Wiesenniederungen, Felder mit leicht zu bearbeitenden Böden sowie die Wälder mit den begehrten Bau- und Brennhölzern luden die Menschen zur Ansiedlung ein. Hinzu kommt, dass sich das Alstertal zu einer immer bedeutender werdenden Verkehrsader für den Transport von Gütern entwickelte. Im Alsterbett fand man Lochsteine, die als Netzbeschwerer fungierten und die belegen, dass hier schon in der Vorgeschichte Fischfang betrieben wurde. Die Bewohner des Alstertals fertigten praktische Handwerksgeräte, Waffen

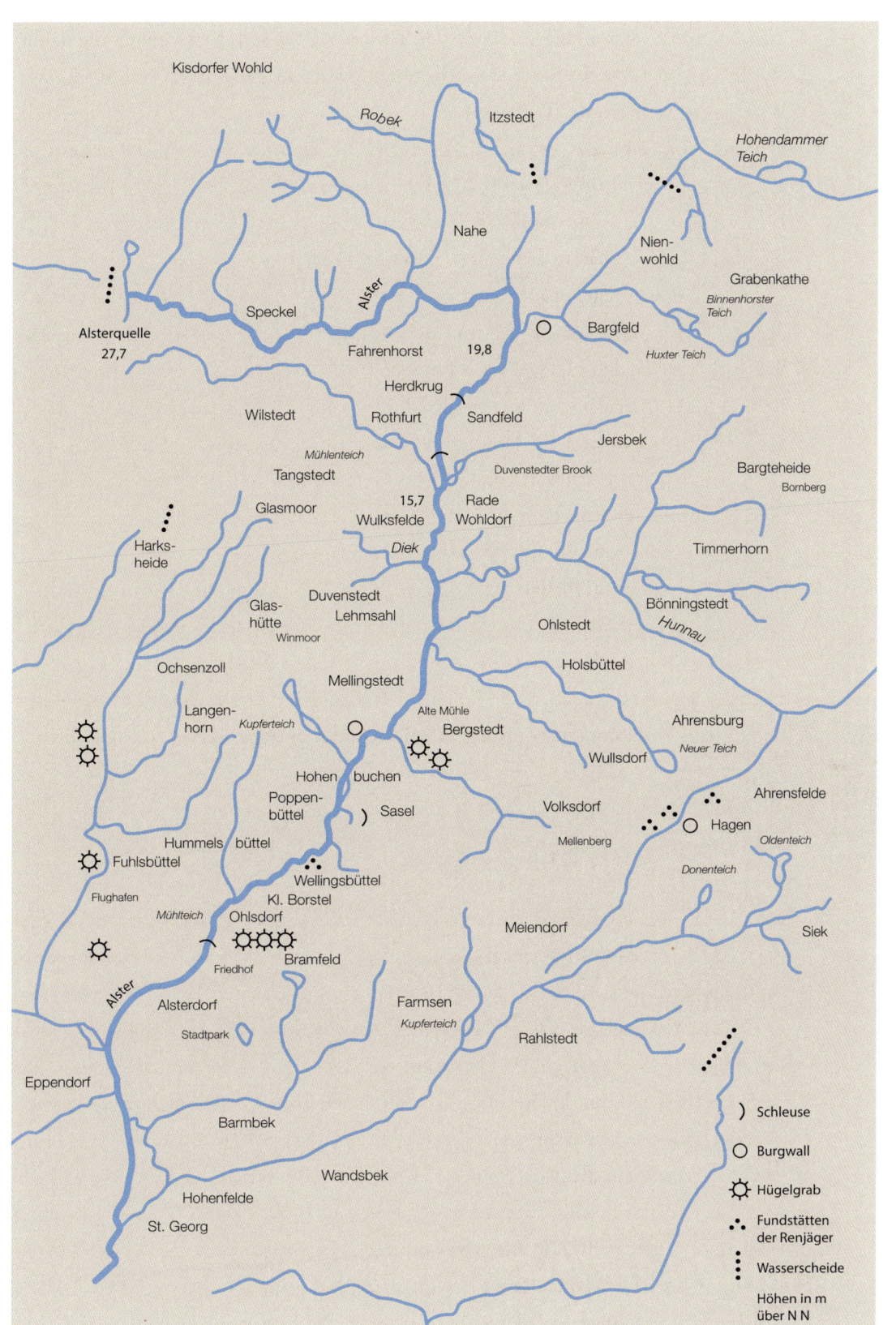

Entwässerungsgebiet der Alster

und Schmuck an und betrieben den Ackerbau, die Töpferei und die Weberei. Im Boden von Steinkrügen fand man Spuren in Form von Abdrücken von Stroh – ein sicherer Hinweis für Getreideanbau.

Tundralandschaft

Die vom Eis befreite Landfläche ähnelte der arktischen Tundra. Flechten und Moose bedeckten das Land, im Sommer weideten hier Rentiere. Die in Fell gekleideten Menschen waren „Jäger auf der Sommerreise", sie sind mit den Rentieren aus ihren südlichen Winterquartieren nach Norden gezogen.[2] So gab es am Ende der letzten Vereisung im Bereich des Alstertals riesige Rentierherden. Bei Ahrensburg fand man über tausend Rentiergeweihe und eine große Anzahl von Werkzeugen aus Feuerstein, Geweihen und Knochen. Die älteste eiszeitliche Jägerkultur bezeichnet man nach einem Fundort im Alstertal als „Hamburger Kultur", ihr Verbreitungsgebiet lag nördlich der Mittelgebirge.

Später entwickelte sich das Alstertal zu einem Waldgebiet, wie Funde von alten Eichenstämmen belegen. Die Landschaft der Vorzeit wurde allerdings nicht von geschlossenen Hochwäldern geprägt, sondern wies sowohl dichte als auch lockere Baumbestände auf, unterbrochen von Wiesen, Heidestrecken und Mooren. Demgegenüber bestand das Zuflussgebiet der oberen Alster aus einem Hochwald, in dessen sumpfigen Bereichen die Erle vorherrschend war; in den höheren Lagen waren es Buchen und Eichen. Über viele Jahrhunderte lieferte der sich bis an die Elbe erstreckende Waldgürtel Bauholz und Heizmaterial für die Hamburger.

ALSTERQUELLEN

„Jeder in Hamburg Geborene müsste verpflichtet sein, wenigstens einmal in seinem Leben hinzugehen, um dort mit übergeschlagenen Armen seine Verbeugung zu machen vor der heiligen Quelle, der die Republik ihren schönsten Schmuck zu danken hat", schrieb Detlev von Liliencron 1908 in seinem Roman „Leben und Lüge" über die Alsterquelle.[3] Doch machte sich jemand im Mittelalter auf den Weg zur Alsterquelle, so hätte er Probleme gehabt, sie zu finden. Wo sich die Quelle befindet, war lange Zeit unbekannt beziehungsweise umstritten.

Bis Ende des 16. Jahrhunderts galt die sich bei Stegen mit der Alster vereinigende Alte Alster als Quellfluss.[4] Nach dem Bau des als Verbindung zwischen Hamburg und Lübeck 1530 errichteten Alster-Beste-Kanals verlor sie jedoch kontinuierlich an Wasser und trocknete nahezu ganz aus.

Die älteste kartographische Darstellung der Alster in ihrem gesamten Verlauf enthält die von Lorenz Petersen[5] besprochene 5 x 4,5 Meter große Landtafel der Grafschaft Holstein-Pinneberg aus dem Jahre 1588, von der heute eine Kopie im Altonaer Museum hängt. Auf dieser Darstellung entsteht die Alster bei Heidkrug aus zwei Quellflüssen, einem stärkeren, der von Norden kommt, sowie aus einem schwächeren Gewässer aus der Gegend südlich von Ulzburg. Der schleswig-holsteinische Kartograph und Historiker Caspar Dankwerth bezeichnete in seiner Landesbeschreibung von 1652 die Aue als Quellfluss der Alster: „Die Alster ist ein kleiner/aber doch wegen der Stadt Hamburg/(...) namhafter Fluss, entspringt gleichfalls (wie die Bille) mit zweyen Armen/als erstlich bey Giessbeke oberhalb Stegen dem Edelhofe/ welcher Arm den Namen Alster führt." Dennoch ist für Dankwerth der östliche Zufluss wichtiger, während er den von Henstedt kommenden nicht einmal erwähnt. „Der andere Arm die Aw (Au) genandt/entspringet etwas oberhalb Arnsfelde und Mejelsdorp (Meilsdorf) mit verschiedenen Quellen/so meines ermessens der rechte Uhrsprung der Alster ist ..."

Erstmals hat der Hamburger Schulrektor und Poet Henning Conradinus (1538-1590) in seinem in lateinischer Sprache verfassten Gedicht die Alster in der Nähe von Kaltenkirchen entspringen lassen[6]:

„Nicht fern von der Kirche, der die Kälte den Namen gab,
ist mein Ursprung und die erste Quelle meiner Wellen."

Henning Conradinus wurde 1575 Konrektor der Johannisschule in Hamburg und gleichzeitig Domvikar. Seine Gedichte fanden in der gelehrten Welt großen Beifall

Detlev von Liliencron

und veranlassten Kaiser Rudolf, dem bescheidenen Philologen die Würde eines poeta laureatus zu verleihen. Conradinus' Ansicht hat sich im Laufe der Zeit durchgesetzt. Als Alsterquelle gilt heute der im Henstedter Moor bei Henstedt-Rhen entspringende Fluss, auch Timhagener oder Henstedter Alster genannt.[7] Es dürfte wohl nicht oft vorkommen, dass ein Fluss im Lauf der Jahrhunderte seine Quellen gewechselt hat, wie es bei der Alster der Fall ist.

Detlev von Liliencron[8] empfahl den im Hamburger Alsterpavillon sitzenden „tüchtigen Menschen", sich einmal zur Alsterquelle zu begeben:

> „Die Quelle liegt anscheinend in einem Moorloch und fließt in einem leicht zu überspringenden Graben ab. Alles war mit Entengrün überdeckt. Nicht übel wäre es, wenn der bekannte Alsterpavillon in Hamburg, wo immer so viele tüchtige, liebenswürdige Menschen sitzen, einmal auf einige Tage hierher verlegt werden könnte, und dann dieselben tüchtigen, liebenswürdigen Menschen statt des Jungfernstieglebens die Einsamkeit der Heide sehen und empfinden würden."

Auf die recht unscheinbare Alsterquelle wurde mehrfach durch Gedenksteine und bauliche Maßnahmen hingewiesen. Der Hamburger Turnerbund von 1862 kenn-

Gedenkstein der Alsterquelle

Bronzeplatte über der Alsterquelle

zeichnete die Alsterquelle durch einen 60 Zentimeter hohen Gedenkstein mit zwei Bronzetafeln. Die obere Tafel zeigte die vier F der Turner („frisch, fromm, fröhlich, frei") und informiert darüber, dass der Stein am 20. September 1886 eingeweiht wurde. Der Stein wurde von etwa siebzig Turnern und zahlreichen in der Nähe wohnenden Bauern aufgestellt. Die zweite Tafel zeigte das Hamburger Wappen mit Lorbeer und Eichen, darunter die Inschrift „Alster Quelle".

Der Gedenkstein wurde 1904 zerstört. Die Hamburger Baudeputation fasste die Quelle 1905 mit einem Feldsteinkranz ein. 1928 ließ die Baubehörde die Alsterquelle in Holz einfassen. Inzwischen ist sie ummauert. Zur Verschönerung und besseren Kennzeichnung schuf der Maler Volker Meier 1968 im Auftrag der Kulturbehörde nach dem Vorbild des alten, reich verzierten Sieldeckels eine Bronzeplatte mit einer badenden Nixe vor der Burg aus dem Hamburger Wappen und dem Schriftzug „Quellgrund der Alster".

Nur knapp zwei Kilometer von der Alsterquelle im Timhagener Brook entfernt entspringt die westwärts zur Elbe fließende Pinnau. Der alte Viehtreiberweg durch Schleswig-Holstein nach Ochsenzoll bildet die Wasserscheide zwischen Alster und Pinnau. Demgegenüber fließt die aus dem Mühlengrund bei Elmenhorst kommende Süderbeste – nach Vereinigung mit der Norderbeste – in die Trave und mit ihr in die Ostsee. Die Wasserscheide zwischen Nord- und Ostsee verläuft von Bornberg über Bargteheide entlang der Straße von Elmenhorst nach Sülfeld und schließlich nördlich der Alten Alster.

DIE GRÜNDUNG HAMBURGS AN DER ALSTER

Die Ursprünge Hamburgs liegen weitgehend im Dunkeln. Man geht davon aus, dass in den ersten Jahrhunderten nach Christi Geburt die Landschaft, in der Hamburg liegt, von dem germanischen Volksstamm der Sweben besiedelt wurde, der später teilweise nach Schwaben, Italien und Spanien weiterzog. Zwischen 600 und 700 n. Chr. haben bäuerliche Siedler auf der östlichen Geestzunge zwischen Alster- und Billeniederung eine Ortschaft gegründet, die rund zwei Kilometer vom Elbstrom entfernt lag. In dieser Zeit floss die Alster in einer breiten Senke mit Sumpfland zwischen den heutigen Stadtteilen Harvestehude und Uhlenhorst in Höhe der heutigen Alsterbecken in zahlreichen Windungen in den Flussläufen der Kleinen Alster, des Mönkedammfleets und des Nikolaifleets, um endlich zwischen Kehrwieder und Vorsetzen in die Elbe zu münden.

Es besteht unter Etymologen keine Einigkeit darüber, woher die Alster ihren Namen hat und was dieser bedeutet. Vermutlich ist der Name auf das ureuropäische Wort

„alis" zurückzuführen, welches im Lateinischen weiterlebt: als-nos = alnus = Erle. Für diese Interpretation spricht auch, dass der zweite Wortteil „ster" in dem verschollenen althochdeutschen Wort „strawa" oder „straha" steckt, welches „Fluss" bedeutet.⁹ Die dichten Erlenbestände an den Ufern der Alster scheinen diese These zu stützen; denn bei Ausgrabungen im unberührten, gewachsenen Boden des Unterlaufs wurden zahlreiche Spuren von Erlenholz und Erlenpollen gefunden.¹⁰ Immerhin gehört die Erle zur Familie der Birkengewächse, die bevorzugt an Ufern von Flüssen und auf Flachmooren wachsen. Der Name Alster bedeutet daher Erlenfluss oder Erlenbach. Die bäuerlichen Siedler, die Hamburg an der Alster gründeten, suchten sich dafür einen verkehrsgeografisch günstigen Ort aus. Die Stadt wurde dort gegründet, wo eine von Osten kommende Geestzunge, die aus einem in der Nacheiszeit ausgespülten Elbuferhang entstanden war, den Mündungsbereich der Alster verengt. Hier schob sich der Geestrücken so dicht an das Flussbett heran, dass über diese Alsterfurt ein bequemer Übergang durch das Tal möglich war. Bei Ebbe konnte man die Alster barfuß queren. Die Furt befand sich im Bereich der heutigen Straßenzüge Großer Burstah und Graskeller.

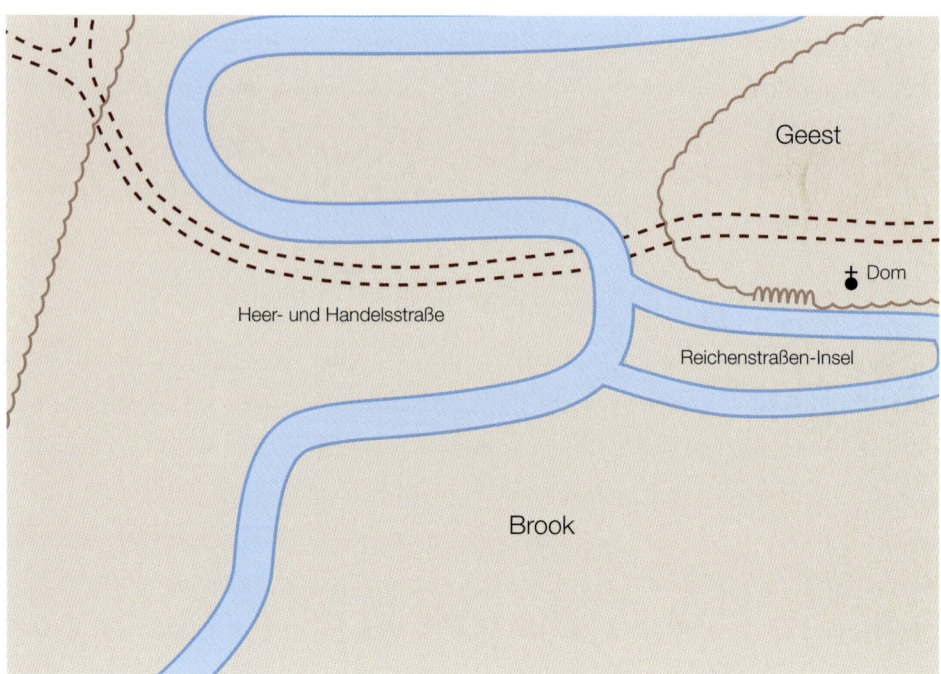

Alsterfurt

Hier lag der geeignete Ort für die zukünftige Brückenstadt Hamburg. Die Stelle bot eine gute Voraussetzung für die territoriale Beherrschung Stormarns sowie für die Kontrolle und Sicherung des Fernhandels. Zum einen überquerte die alte Elbuferstraße die Alster in Richtung Norden am Nordrand des Urstromtals von Lauenburg über Geesthacht nach Bergedorf[1]; dies entspricht in etwa dem heutigen Verlauf von Steinstraße, Speersort, Rathausstraße, Große Johannisstraße, Großer Burstah und Alter Steinweg. Zum anderen kreuzte hier der stark frequentierte Höhenweg nach Norden.

Die Geestzunge besaß noch einen weiteren Vorzug: Sie war an drei Seiten von Wasser umgeben. Im Norden und Westen befanden sich die Mäanderschleifen der Alster, im Süden lag einer der Elbpriele. Die altstädtische Geestzunge war also nur nach Osten hin offen und wurde durch den hohen „Heidenwall" abgeschlossen. Auf dieser Geestzunge ließ Kaiser Karl der Große bereits im Jahr 810 eine Taufkirche errichten, die dem Priester Heridag unterstellt war. Dieser war mit der Christianisierung des heidnischen Nordens beauftragt worden, ein Gebiet, das Schleswig-Holstein, Dänemark und die übrigen skandinavischen Länder umfasste.

DIE HAMMABURG

Der Domplatz südlich der St. Petri-Kirche gilt als Keimzelle Hamburgs. Hier errichteten Siedler zwischen 810 und 822 eine Fluchtburg, die Hammaburg. Ihr Name leitet sich aus dem altdeutschen „Hamme" ab, das für einen geschützten, von einem

Hammaburg

Mönch Ansgar

unwegsamen Gelände (Moor) umgebenen Geesthang steht. In der Vita Ansgari, der Lebensgeschichte des Bischofs Ansgar, wird die Anlage erstmals 831 erwähnt. Ihre Befestigung bestand aus einem starken hölzernen Palisadenwerk, das mit Erde ausgefüllt war. Sie hatte ein Außenmaß von 130 x 130 Meter und umschloss mit einem 5-6 Meter hohen Wall einen Burgraum von etwa einem Hektar. Sie lag zwischen der alten Elbuferstraße und dem nördlichen Graben der Reichenstraßeninsel. Innerhalb der Burg gab es für die Menschen und ihre Häuser nur wenig Platz, daher siedelten sich Fischer, Handwerker und Kaufleute auch außerhalb der Burg an, in die sie sich bei Gefahr aber flüchten konnten.

Im Jahr 831 gründete Ludwig der Fromme (778-840) das Erzbistum Hamburg und ließ den Mönch Ansgar (801-865) zum Bischof weihen. Ansgar, der dem Benediktinerorden angehörte, wurde Missionsbischof für Skandinavien.

Nach früheren Bekehrungsversuchen der heidnischen Bevölkerung in Dänemark und Schweden sollte Ansgar nun von Hamburg aus seine Bemühungen fortsetzen. Nachdem Ansgar von seiner Missionsreise in die Hammaburg zurückgekehrt war, gründete er mithilfe Ludwigs des Frommen eine Schule und ein Kloster und ließ eine dreischiffige hölzerne Marienkirche errichten. Damit waren die Grundzüge der Hamburger Altstadt markiert.

ERSTE HÄFEN AN DER ALSTER

Um die Mitte des 9. Jahrhunderts wurde Alt-Hamburg räumlich erweitert. Neben der Altstadt entstand im Bereich der Großen und Kleinen Reichenstraße eine Siedlung von Fernhändlern. Diese Neugründung besaß einen anderen Charakter als die Altstadt. Während die ersten Bewohner die sturmflutfreien Geestabhänge besiedelt hatten, lehnte sich das Reichenstraßenfleet an das Nikolaifleet der Alster an. Die Siedler besetzten die von jeder Hochflut gefährdete Marschinsel. Die Siedlung der „reichen" Fernhändler war durch das Bäckerstraßenfleet von der Altstadt abgetrennt,

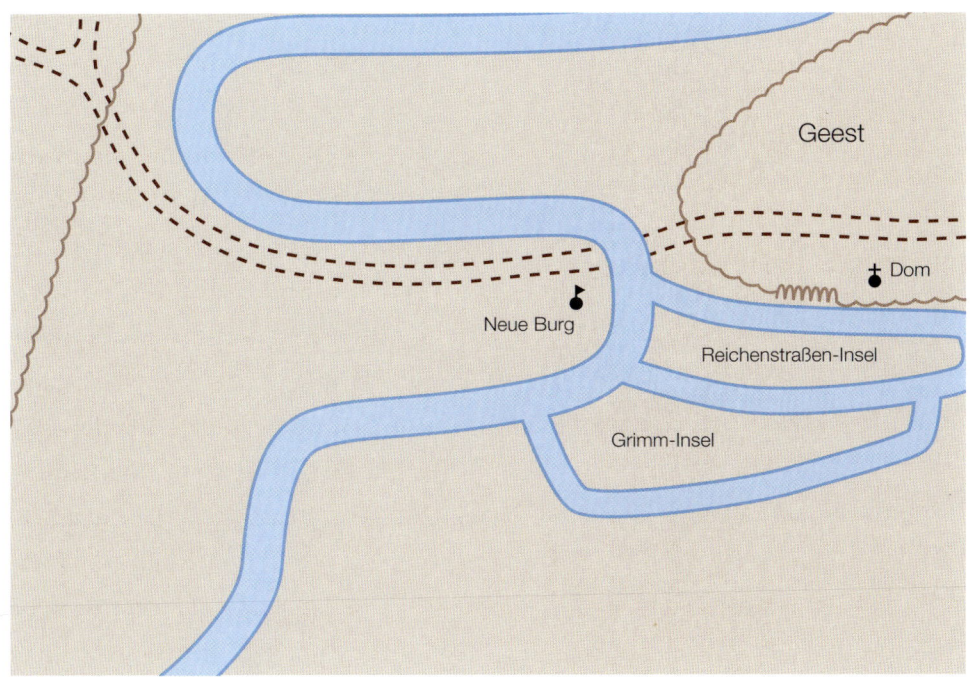

Erster Hafen an der Alster

aber durch mehrere Brücken mit ihr verbunden. Die Reichenstraßeninsel hatte die Gestalt eines breiten Rechtecks, die Grundstücke waren in Nord-Süd-Richtung geschnitten und sehr schmal.

Archäologische Untersuchungen nach dem Zweiten Weltkrieg förderten am Nordufer des Reichenstraßenfleets eine 120 Meter lange, 6 Meter breite, aus Klobenhölzern zusammengefügte Kaianlage zutage, die im 9. und 10. Jahrhundert errichtet worden war. Das am Geesthang in ost-westlicher Richtung vorbeifließende und zur Alster entwässernde Reichenstraßenfleet bildete den ersten Hafen Hamburgs. Die Anlegestelle bestand aus Reihen von parallel zum Ufer geschichteten unbehauenen Baumstämmen, die zum Wasser hin gegen Abrutschgefahr mit Pflöcken und starken Reisigbündeln versehen waren.

Im Jahr 845 kamen Wikinger in räuberischer Absicht aus ihrer südskandinavischen Heimat die Elbe heraufgefahren. Sie drangen mit ihren Drachenbooten in das Hafenfleet der Hammaburg ein, die sie mitsamt dem hölzernen Dom niederbrannten. Die Hammaburg wurde nicht wieder aufgebaut. Als Folge der Zerstörung wurde der Hauptsitz des Bistums nach Bremen verlegt, im Jahr 848 wurde das Erzbistum Hamburg mit dem Bistum Bremen vereinigt. Obgleich Hamburg im 10. und 11. Jahrhundert mehrfach durch Überfälle der in Ostholstein residierenden Westslawen dem Erdboden gleichgemacht worden war, wurde die Stadt jedes Mal wieder aufgebaut und hat sich durch eine kontinuierliche Siedlungs-

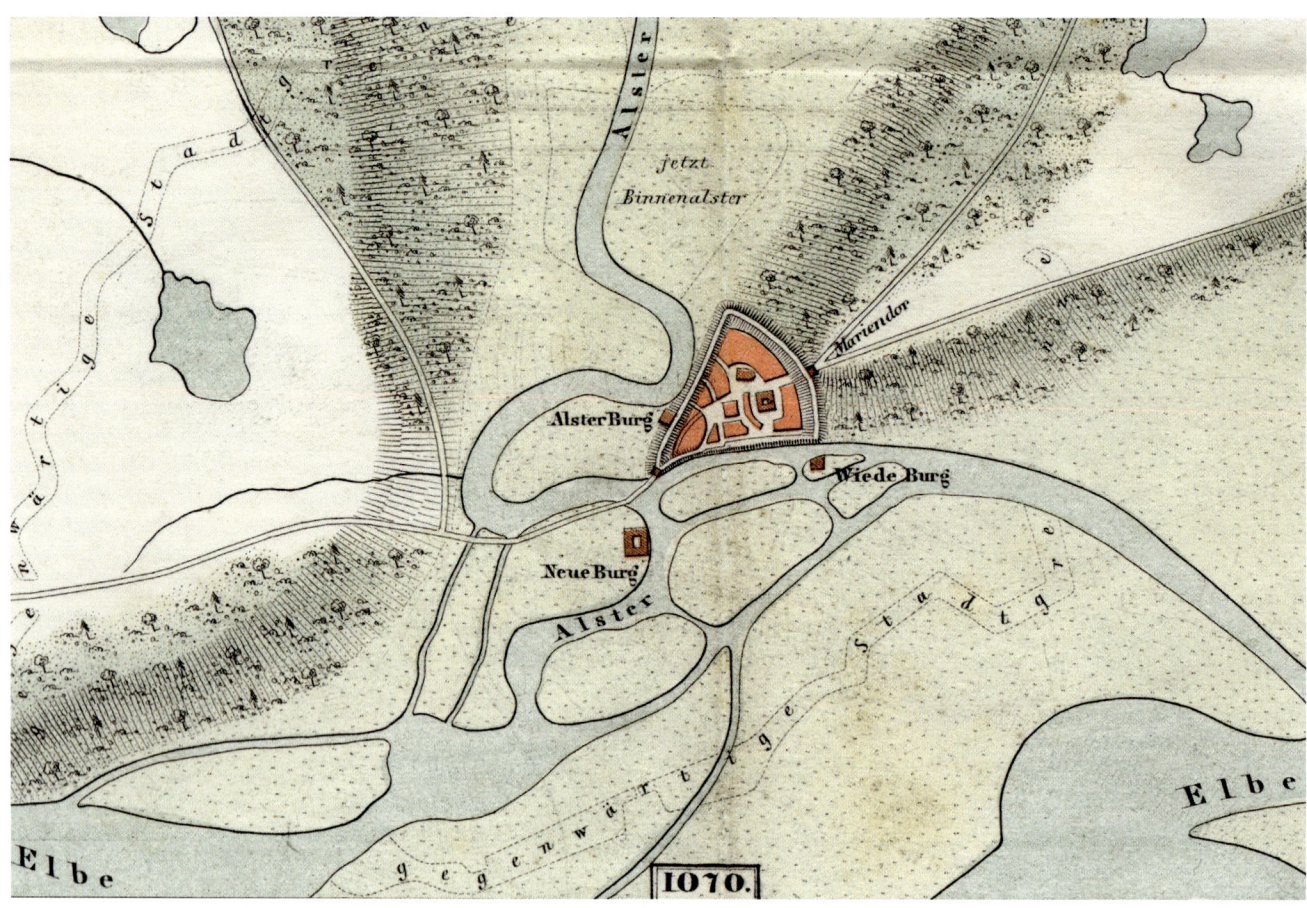

Hamburg 1070

expansion stetig weiterentwickeln können. So besaß Hamburg um 950 etwa 500 Einwohner.

Nachdem der römisch-deutsche Kaiser und sächsische Herzog Otto I. (912-973) im Jahre 966 seinem Stellvertreter, dem Sachsenfürst Hermann Billung (900/912-973), die weltliche Herrschaft über Hamburg, Holstein und Stormarn übertragen hatte, entwickelte sich die Stadt von einem Missionszentrum stärker zu einer Handelsstadt. Auf der Südseite des 1037 aus Quadersteinen neu erbauten Doms wurde ein Schloss errichtet. Der Billunger Herzog Bernhard II. (nach 990-1059) baute um 1040 eine Turmburg auf der Wasserseite des Doms, die Alsterburg. Sein Sohn Ordulf errichtete 1061 die sogenannte Wasserburg, auch Neue Burg genannt, die er auf dem rechten Alsterufer anlegen ließ. Zu diesem Zeitpunkt war die Einwohnerzahl auf 800 bis 900 Personen angewachsen.

Die Neue Burg befand sich im Bereich des heutigen Ruinenturms von St. Nikolai. Bis zum Bau der Ost-West-Straße, die zwischen 1953 und 1960 durch die im Zweiten Weltkrieg zerstörte Innenstadt gebrochen wurde, führte eine Straße mit dem

Namen Neue Burg noch in einem Halbkreis um die Nikolai-Kirche herum. Heute ist von der ältesten Straße Hamburgs nur noch ein kurzes Stück geblieben, sie trägt nach wie vor denselben Namen.

Im Zusammenhang mit dem Bau der Neuen Burg wurde um das Jahr 1061 eine zweite Schiffsanlegestelle mit einer Wassertiefe von ca. 1,40-1,60 Metern errichtet, wie eine archäologische Untersuchung im Winter 1953/54 ergeben hat. Sie lag auf einer Sandbank in der Alsterschleife gegenüber der Einfahrt ins Reichenstraßenfleet. Der Mittelpunkt des damaligen Lebens befand sich westlich der heutigen Petrikirche. In jenen Jahren blühte die Stadt auf: Erste Handelsbeziehungen wurden aufgebaut, sie reichten sogar nach Island, Grönland und Finnland.

Mit dem Aussterben des Geschlechts der Billunger 1106 kamen die Schauenburger durch Graf Adolf I. (1060-1130) nach Nordelbien, der im Jahre 1111 durch den sächsischen Herzog Lothar III. (1075-1137) mit den Grafschaften Holstein und Stormarn belehnt wurde. Danach begann der rasche Aufstieg Hamburgs unter der Herrschaft der Schauenburger. Graf Adolf I. von Schauenburg veranlasste den Ausbau der Alsterburg, sein Sohn Graf Adolf II. (1128-1164) trieb die Besiedlung Ostholsteins voran, wodurch die Slawen zurückgedrängt wurden. Hamburg entwickelte sich allmählich von einem immer wieder gefährdeten Grenzort zu einer stabilen Stadt mit einem konstanten wirtschaftlichen Wachstum. In der Mitte des 12. Jahrhunderts füllten sich die Marscheninseln mit sächsischen, friesischen und holländischen Einwanderern, wobei die mittlere Elbe an beiden Ufern insbesondere von flandrischen Bauern besiedelt wurde. Mit der intensiven Binnenkolonisation ging eine Steigerung der landwirtschaftlichen Produktion einher, wodurch sich für das Wirtschaftsgebiet der Elbe neue Entwicklungsperspektiven ergaben. Da die neuen Siedler aus ihrer Heimat Erfahrung und Wissen im Deich- und Kanalbau mitbrachten, was besonders hilfreich war, bot sich für die notwendige Erweiterung des Siedlungsgebiets an, der bereits bestehenden erzbischöflichen Altstadt eine Neustadt anzugliedern – nicht zuletzt, weil die Siedlung in der Reichenstraße einen Kreis von Fernhändlern beherbergte.

Graf Adolf III. (1160-1225) war der eigentliche Stadtgründer von Hamburg. Er gründete die Neustadt als Handels- und Marktsiedlung und trieb zugleich die Entwicklung des Hafens mit großem Weitblick voran. Dabei bediente er sich der Hilfe des privaten Unternehmers Wirad von Boizenburg. Dieser unterbreitete ihm eine in lateinischer Sprache abgefasste Urkunde aus dem Jahre 1189 zur Genehmigung, in der es heißt[12]:

Graf Adolf III.

„... so wollen wir allen Gegenwärtigen und Zukünftigen bekannt geben, dass Wirad von Boizenburg die Burg Hamburg an der Alster und das der Burg benachbarte Gelände bis zur Mitte des Alsterflusses zu freier Siedlung nach Marktrecht und zu Erbrecht von uns empfangen hat, damit von ihm und seinen Siedlungsgenossen, die er dorthin bringen wird, ein Hafenplatz geschaffen werde; groß genug für eine aus vielen Orten zusammenflutende Menschenmenge.

Um diesen Ort wohlwollend auszustatten, verleihen wir freie Bauplätze nach lübischem Recht, dazu die anliegende Marsch und den Alsterwärder, ferner Weidegerechtsame und Waldmast in gleichem Umfang, wie die Landleute sie besitzen. Außerdem wollen wir, dass die Siedler in allen Burgen, Dörfern, Städten und sonstigen Ortschaften unseres Herrschaftsbereichs von allem Zoll befreit sein sollen."

Strittig ist, in welchem Verhältnis Wirad zu Boizenburg zu Graf Adolf III. stand. Mal wird er als Lehnsmann des Grafen, mal als ehemaliger Zollerheber zu Boizenburg dargestellt. Jedenfalls hatte Wirad die Funktion eines Sachwalters oder Grundstückmaklers. Er war Leiter und Organisator des Siedlungswerks, ihm unterlag die Vergabe der Grundstücke. Er ließ das Terrain in der Alsterkrümmung hinter dem Deich mit Sand und Lehm aufschütten und wies den mit ihm zusammenarbeitenden Siedlern auf dem so entstandenen Hochplateau Grundstücke zu. Graf Adolf III. erteilte Wirad einen doppelten Auftrag. Er sollte dafür sorgen, die Burg Hamburg an der Alster und das der Burg benachbarte Gelände zu besiedeln. Ferner erwartete der Graf von Wirad, dass er und die Siedler an der Alster einen Hafen anlegten, und zwar einen Handelshafen. Daraus ist zu schließen, dass es sich bei den Siedlern um Kaufleute handeln sollte. Sie wurden von Graf Adolf III. mit Vergünstigungen aus Holland, Friesland und Westfalen angelockt. Die Kaufleute, Gewerbetreibende und Seeleute entfalteten in der noch jungen Hafenstadt ein blühendes Wirtschaftsleben. Marktplatz war der Hopfenmarkt bei der Nikolai-Kirche. Bei dem in der Gründungsurkunde genannten Alsterwärder dürfte es sich um die Cremoninsel handeln, die den Siedlern übertragen und von ihnen vermutlich als Weidefläche genutzt wurde.

Ebenso wichtig wie die Besiedelung der Stadt war, dass Wirad den zweiten Hamburger Hafen an der Alster baute. Dafür wählte er das rechte Alsterufer zwischen der heutigen Holz- und Trostbrücke, dem heutigen Nikolaifleet, wo die Kaufleute der Hamburger Neustadt ihre Speicher hatten. Er ließ Liegeplätze für Schiffe bauen, die zwischen der Altstadt und der Neustadt verkehrten. Schmale Wege führten dort, wo sich jetzt die Straße Kajen und die Deichstraße befinden, zu den Schiffen hinab. Wirad von Boizenburg kann somit als Gründer des zweiten Hamburger Hafens an der Alster gelten. Der neue Hafen, der mit Kran und Waage ausgestattet war, war eine gezielte Infrastrukturmaßnahme, die insbesondere dem Aufkommen eines neuen Schiffstyps mit größerem Tiefgang Rechnung trug, der Kogge.

Die sehr erfolgreiche wirtschaftliche Entwicklung Hamburgs erreichte 1216 unter der Herrschaft der Dänen mit dem Zusammenschluss von Alt- und Neustadt zu einer Stadt einen Höhepunkt. Zwischen beiden „Städten" bauten die Hamburger eine Brücke, die Trostbrücke. Man beschloss, einen gemeinsamen Rat der Stadt zu gründen, ein Rathaus zu bauen (bis dahin gab es zwei), ein Gericht zu schaffen und die herkömmlichen Stadtrechte einheitlich in lateinischer Sprache aufzuzeichnen. Das war die Geburtsstunde der Gesamtstadt.

Mittelalterliche Darstellung einer Kogge

FREIBRIEF DES KAISERS FRIEDRICH I. BARBAROSSA

Auf Ersuchen von Graf Adolf III. soll Kaiser Friedrich I. Barbarossa zum Dank für die Unterstützung beim Kreuzzug ins Heilige Land am 7. Mai 1189 der Stadt Hamburg einen in lateinischer Sprache abgefassten Freibrief ausgestellt haben, in dem der Stadt vier Privilegien gewährt wurden: Hamburg brauchte bis zur Nordsee keine Zölle mehr zu zahlen, die Heerpflicht wurde aufgehoben, im Umkreis von fünfzehn Kilometern durfte um Hamburg herum keine weitere Burg gebaut werden, und schließlich wurde den Hamburgern erlaubt, Vieh zu halten, Fische zu fangen und Bäume zu roden.

Dieses Dokument gilt als Geburtsurkunde des Hamburger Hafens. Zu Unrecht, könnte man sagen, denn einen Hafen gab es bereits lange vorher am Reichenstraßenfleet an der Alster und später am Nikolaifleet. Jedenfalls markiert die Urkunde noch heute das Datum für das größte Hafenfest der Welt, den Hamburger Hafengeburtstag.

Als Kaiser Barbarossa die Privilegien gewährte, dürften in Hamburg kaum mehr als 80 Häuser gestanden haben. Um 1200

Barbarossa-Freibrief

Kaiser Barbarossa – Kupferstich von Christian Siedentopf, 1847

lebten zu beiden Seiten der Alster etwa 1.000 bis 1.500 und um 1300 schon annähernd 5.000 Menschen. Gegen Ende des Mittelalters, um das Jahr 1500, zählte Hamburg etwa 14.000 Menschen.

In einer weiteren Urkunde in lateinischer Sprache vom 1. Januar 1292 wird die Alster erwähnt.[13] Darin erklärt der hamburgische Dompropst Graf Albrecht von Holstein, die Grafen Gerhard II., Adolf VI. und Heinrich I. von Holstein hätten ihm die Befugnis erteilt, die bei Hamburg fließende Alster (*Alstriam prope Hamburgum fluentem*) für 655 Gewichtsmark in (Silber-)Münzen zurückzukaufen oder an Dritte zu veräußern, unter der Bedingung, dass das Rückkaufsrecht der drei Grafen aufrechterhalten bleibt. Der Dompropst ist der Vorstand eines Domkapitels in der katholischen Kirche, der zusammen mit dem Domdechanten und den Domkapitularen das Domkapitel bildet.

ERWERB DER ALSTER

Die Alster war für Hamburg im Mittelalter von elementarer Bedeutung. Sie beherbergte den Hafen, lieferte die Wasserkraft für die Mühlen und ermöglichte das Flößen von unverbundenem Holz. Das obere Alstertal war sehr holzreich und ein großes Reservoir für die Beschaffung von Bauholz. Zudem lag es im Interesse der Stadt, zu verhindern, dass der Fluss durch einen gewaltsamen Eingriff von holsteinischer Seite abgeleitet oder abgedämmt wird. Da die Alster überdies für die Verteidigung der Stadt von strategischer Bedeutung war und Hamburg somit ein vitales Interesse hatte, die Alster zu erwerben, war dies die Voraussetzung für das Werden und Wachsen der Stadt.

Die Grafen Johann I. und Gerhard I. von Holstein vermachten der Stadt Hamburg im Jahre 1246 den Alsterarm zwischen dem Kirchhof des 1232 erbauten Marien-Magdalenen-Klosters und dem in jener Zeit noch am westlichen Ende des Großen Burstah beim Rödingsmarkt befindlichen Millerntor.[14] Beide Grafen gewährten der Stadt im Jahre 1256 zusammen mit der Überlassung ausgedehnter Weideländereien an der Alster ferner die Gerichtsbarkeit (das Stadtrecht) von der Mündung der Alster in die Elbe bis zum alten Mühlendamm, dem Niederdamm.[15] Sie erweiterten später das Stadtgebiet und damit auch den Geltungsbereich des hamburgischen Stadtrechts bis zu einer Linie, die von der Mündung des Heimhuder Bachs (der Hundebek) in die Alster bis zur Schürbek auf dem linken Ufer verlief und möglicherweise so für das gestaute Alsterbecken damals die nördliche Begrenzung bezeichnete. Die topologischen Gegebenheiten sind heute nur noch rudimentär nachvollziehbar. Durch diese Überlassungen der

Grafen Johann I. und Gerhard I. von Holstein

holsteinischen Grafen war die Alster in den unmittelbaren Einfluss der Stadt gekommen.

Hamburg erwarb in drei Verträgen von 1306, 1309 und 1310 die Rechte an der oberen Alster und ihren Nebenflüssen Eilbek und Osterbek von den Grafen Adolf V., Johann II. und Adolf VI. von Holstein.[16] Die Gesamtsumme, die die Stadt für den Erwerb der Alster ausgab, betrug 1.050 Mark. Deren hohen Wert kann man ermessen, wenn man ihn mit dem Kaufpreis vergleicht, den die Stadt für den Erwerb der großen Dörfer Fuhlsbüttel, Langenhorn, Eimsbüttel und Eppendorf ausgegeben hat, nämlich insgesamt 984 Mark, also etwas weniger als für den Erwerb der gesamten Alster.[17] Im Jahre 1395 hat die Stadt für den Erwerb der Gebiete Ochsenwerder und Moorwerder 1.000 Mark bezahlt. Die Stadt war seit vielen Jahren daran interessiert, diese Gebiete zu erwerben, um den Elbdurchstich zu vollenden. Stellt man den Kaufpreis zu dem damaligen Wert eines Schweins in Relation, so hat Hamburg für den Kauf der Alster den Gegenwert von ca. 1.050 Schweinen im Gewicht von im Durchschnitt einem Zentner bezahlt.

Im Jahre 1500 lagen Hamburg und sein Hafen immer noch an der Alster. Kurz zuvor hatten die großen überseeischen Entdeckungen, die Umschiffung der Südspitze Afrikas 1488, die Entdeckung Amerikas 1492 und die Erschließung des Seewegs nach Ostindien 1498 das wirtschaftsgeografische Bild der Erde entscheidend verändert. Die bisherigen Haupthandelsräume Ostsee und Mittelmeer wurden in den Hintergrund gedrängt, das Schwergewicht des europäischen Handels verschob sich in die westlichen Randstaaten an der Nordsee und am Atlantik. Auch Hamburgs Hafen blieb von der neuen Weltlage nicht unberührt. Mit der raschen Entwicklung des Handels und mit der zunehmenden Zahl und Größe der Schiffe wuchsen auch die technisch-organisatorischen Anforderungen an den Hafen.

Um diesen zu entsprechen, wurde das Flussbett der Alster kurz vor ihrer Mündung in die Elbe erheblich verbreitert, die eigentliche Flussmündung behielt allerdings ihre naturgegebene Breite. Der Hafen wanderte aus dem engen Nikolaifleet in die Alstermündung, deren verbreiteter Teil Alstertief genannt wurde und sich an der Stelle des heutigen Binnenhafens befand. Der dort entstandene „Flaschenhals" garantierte eine ruhigere Wasseroberfläche als auf der Elbe. Das Alstertief entwickelte sich rasch zu einem Hauptverkehrsplatz, wobei die Verbreiterung des Flusses den Schiffen den nötigen Manövrierraum gab, während die Elbnähe für genügend Wassertiefe sorgte. Die Errichtung des Hafens im Alstertief war der Beginn der Umschlaganlagen für

Dritter Hafen im Alstertief

See- und Binnenschiffe, von dort aus konnten die Hafenfahrzeuge alle Fleete und die Speicher der Kaufleute erreichen.

So hatte der Hamburger Rat frühzeitig erkannt, dass Hamburgs Zukunft auf der Nordsee und an den Randgebieten des Atlantischen Ozeans lag. Es galt, insbesondere die Wirtschaftsbeziehungen zu Holland und England auszubauen. Gegen Ende des 16. Jahrhunderts wurde Hamburg zum wichtigsten Ausfuhrhafen Europas für Getreide. Seit der Niederlassung der englischen Kaufmannsgesellschaft „Merchants Adventurers" in Hamburg (1569-1578 und ab 1611) wurde fast die gesamte Einfuhr englischer Wollstoffe über Hamburg abgewickelt. Der dritte Hafenstandort in der Geschichte Hamburgs stieß an die Grenzen seiner Kapazität. Das Alstertief bot bald nicht mehr genügend Raum für die weiter steigende Anzahl der Schiffe, sodass die größeren von ihnen zunehmend in der Elbe im Bereich des 1768 in Betrieb

Ausschnitt aus Melchior Lorichs Elbkarte von 1568

genommenen Niederhafens ihren Ankerplatz suchen mussten. So wurde die Elbe im Verlauf des 16. Jahrhunderts zu Hamburgs Lebensader, die Alsterstadt des Mittelalters wurde zur Elbestadt der Neuzeit. Das wird eindrucksvoll auf der großen Elbkarte dokumentiert, die der Kupferstecher und Holzschneider Melchior Lorichs im Auftrag des Hamburger Rates 1568 angefertigt hatte. Dieser hatte die Absicht, durch Vorlage der Karte beim Reichskammergericht das alleinige Stapelrecht Hamburgs für die Elbe zu verteidigen, welches mit entsprechenden Zolleinnahmen verbunden war, die von den Herzögen von Braunschweig-Lüneburg für ihre Stadt Harburg beansprucht wurden.

STREIT UM HAMBURGS RECHTE AN DER ALSTER

Inhalt und Umfang der Rechte Hamburgs an der Alster waren Gegenstand langer Streitigkeiten – insbesondere politischer Art – zwischen der Stadt, fehde- und raublustigen Rittern, dem Königreich Dänemark und Preußen.

Beutehungrige Ritter lebten in der Nähe der Alster und waren eine ständige Plage für die Handel treibenden Kaufleute, von denen einer der mächtigsten Ritter Johann von Hummelsbüttel war. Am 24. August 1347 schlossen sich Hamburg und die Grafen von Holstein in einem Bündnisvertrag mit der Absicht zusammen, die Schlösser von Johann von Hummelsbüttel und seinen Gefolgsleuten sowie den Damm zu zerstören, der über die Alster aufgeworfen worden war. Ferner wurde vereinbart, dass es niemandem erlaubt sein durfte, einen Damm über die Alster zu errichten oder den freien Flusslauf hemmende Baumaßnahmen auszuführen. Daraufhin beugte sich Johann von Hummelsbüttel dem Willen der Stadt und der Grafen und verzichtete auf weitere störende Aktivitäten.

VORGESCHICHTE UND STADTGRÜNDUNG

Zwischen Hamburg und Dänemark gab es jahrhundertelang einen Streit über die Rechte der Stadt an der Alster. Nachdem die Alte Alster nach dem Bau des Alster-Beste-Kanals ihre Funktion als Quellfluss verloren hatte, weil sie nahezu ausgetrocknet war, war für die Stadt das Eigentums- und Hoheitsrecht an dem Quellfluss Alte Alster verloren gegangen. Da Hamburg an der im Henstedter Moor bei Henstedt-Rhen entspringenden Timhagener oder Henstedter Alster indessen keine Rechte besaß, hatte sie ein dringendes Bedürfnis, die verstopfte Henstedter Alster und ihre Zuflüsse säubern zu können, damit der Wasserfluss für ihre Mühlen sichergestellt blieb. Die Stadt war darauf angewiesen, sich für diesen Teil der Alster mit den notwendigen Rechten zu versehen.

Der Streit hatte seinen Höhepunkt in der Mitte des 18. Jahrhunderts. Der dänische Gesandte in der Stadt gab sich alle Mühe, die Verhandlungen zu verzögern und die Probleme Hamburgs für sein Land auszunutzen. Die Verhandlungen waren durch die Auffassung Dänemarks belastet, dass Hamburg nach der Wahl des Königs Christian I. von Dänemark (1448-1481) zum Herzog von Schleswig und Grafen von Holstein im Jahre 1448 als Teil Stormarns dem dänischen Herrschaftsbereich unterlag. Diese Auffassung war Hamburg nie zu teilen bereit. Nachdem der Streit durch den Gottorper Vergleich vom 27. Mai 1768 beigelegt und Hamburgs unmittelbare Reichsstandschaft und Unabhängigkeit von Dänemark anerkannt wurde, konnten die Verhandlungen über Hamburgs Rechte an der Henstedter Alster zum Abschluss gebracht werden. In der Hamburgischen Versicherungsakte vom 14./18./29. Juli 1768 kamen der Rat der Stadt Hamburg, König Christian VII. von Dänemark und die Kaiserin Katharina II. von Russland als Vormund ihres Sohnes Herzog Paul von Schleswig-Holstein überein, dass Hamburg berechtigt sei, die verstopfte Alster von Stegen aufwärts auf Kosten der Stadt zu säubern.[17]

Über den räumlichen Umfang der Rechte an der Alster bestand ebenfalls über längere Zeit ein politischer Streit zwischen Hamburg und Preußen. Während in den Urkunden über den Erwerb der Rechte an der Alster in und vor der Stadt der vertragliche Inhalt genau umrissen war, war der räumliche Umfang der Rechte der Stadt an der oberen Alster in den Verträgen von 1306, 1309 und 1310 nicht klar bestimmt. Die gegensätzlichen Standpunkte wurden im 19. und 20. Jahrhundert in umfangreichen Gutachten dargelegt. Die nationalsozialistische Reichsregierung setzte dem Streit mit dem Gesetz über Großhamburg und andere Gebietsbereinigungen vom 16. Januar 1937 ein Ende.[18]

Mit Wirkung vom 1. April 1937 endeten Hamburgs Eigentumsrechte an der Alster an der Stadtgrenze.

Eine eingehende gutachtliche Stellungnahme zu Hamburgs Rechten an der Alster findet sich unter www.alster.seite.co

LEBENSADER WASSER

Die Qualität des Alsterwassers spielte in der Geschichte des Flusses eine unrühmliche Rolle. Die Alster war über Jahrhunderte versumpft und wurde bei Hochwasser in der Elbe oft überflutet, sie war Wasserreservoir einerseits für Trink- und Brauchwasser und war andererseits Ort der Abwasserentsorgung. Kanäle für eine geordnete Abwasserentsorgung gab es über Jahrhunderte nicht, dazu dienten die Gossen und Rinnsteine in den Straßen.

Bis zum späten Mittelalter wissen wir über den biologischen Zustand der Alster wenig. Man geht davon aus, dass der Fluss auf moorigem Grund verlief und saures Wasser mit einem dürftigen Pflanzenbewuchs aufwies.[19] Seit dem Mittelalter gab es regelmäßig eine starke Verkrautung und Verschlammung der Alster, denn in den früheren Jahrhunderten wurde die Alster grundsätzlich nicht gereinigt und ausgebaggert. Man ließ die Pflanzen in ihr so lange wuchern und die Bodenablagerungen so lange anwachsen, bis sie als Gewässer nicht mehr schiffbar war. 1570 beschwerte sich die Bürgerschaft beim Rat der Stadt, „dass die Alster vor ihren Augen schier zuwachse"[20]. Erst 1622 schloss die Stadt mit einem Baumeister einen langjährigen Vertrag, und zwar mit der Maßgabe, die Alster von der Verkrautung regelmäßig befreien zu lassen. Ferner wurde der Baumeister beauftragt, die Uferbefestigung mit Pfählen und Buschwerk so zu sichern, dass vom Ufer kein Sand in den Fluss gelangen konnte.

Mitte des 17. Jahrhunderts beschloss der Senat erstmals, die Alster auszubaggern. Daraufhin bewilligte die Bürgerschaft 1650 die Ausräumung der Alster, „die ein

Dreh-Ewer auf der Außenalster

Wasserpest

großes Kleinod dieser Stadt, insbesondere für die Mühlen sei"[21]. Die Baggerungen wurden mit der Hand durchgeführt. 1727 wird erstmals eine Maschine erwähnt, ein „Modderpflug", mit dem unter Wasser abgelagerter Schlick beseitigt werden konnte. Mitte des 18. Jahrhunderts bestand die Gefahr, dass die Alster ganz zuwachsen würde, weil sich der Schilfgürtel immer mehr ausbreitete. Ab Mitte des 19. Jahrhunderts wurden erneut umfangreiche Baggerarbeiten durchgeführt. Besondere Probleme bereitete die Verschlammung in und nach den beiden Weltkriegen, weil während dieser Zeiträume keine Arbeiten durchgeführt worden waren.

Nach 1860 gab es auf den beiden Alsterseen eine Pflanzenseuche namens Wasserpest (Elodea Canadensis). Sie war mit Schiffen von Kanada nach Europa eingeschleppt worden und bereitete erhebliche Probleme auf deutschen Gewässern, auch auf der Alster. Die Wasserpest ist eine dunkelgrüne, zierliche Wasserpflanze, die am besten in ruhigen, gut belichteten Gewässern mit schlammigem Untergrund gedeiht. Die Verbreitung der Pflanze geschieht nicht durch Verstreuung ihres Samens, sondern jedes noch so kleine Zweigteilchen schlägt in kürzester Zeit neue Wurzeln und treibt neue Stängel aus. Die Wasserpest verbreitete sich in den ersten Jahren unbemerkt und mit erstaunlicher Geschwindigkeit. Etwa ein Viertel des Gesamtspiegels der Außenalster war schon bald davon bedeckt, große Wasserflächen glichen bereits grünen Wiesen.

Die Zeitungen wetteiferten mit Vorschlägen zur Tilgung des Unkrauts. Der Dichter Hermann Löns schrieb am 9. Oktober 1910 unter der Überschrift „Das grüne Gespenst" im Hannoverschen Tageblatt:

> „Es erhob sich überall ein schreckliches Heulen und Zähneklappern, denn der Tag schien nicht mehr fern, da alle Binnengewässer Europas bis zum Rande mit dem Kraut gefüllt waren, sodass kein Schiff mehr fahren, kein Mensch mehr baden, keine Ente mehr gründeln und kein Fisch mehr schwimmen konnte."

Alle Versuche zur Beseitigung des Unkrauts blieben zunächst erfolglos, bis man nach einiger Zeit beobachtete, dass diese Pflanze im Bereich der Alsterdampfer und an stark fließenden Stellen nicht gedieh. So ließ man im Sommer 1869 ein flachgehendes Räderdampfschiff an den Stellen umherfahren, wo die Wasserpest am stärksten wucherte. Zur allgemeinen Überraschung hatte diese Maßnahme Erfolg, die grünen Flächen verschwanden innerhalb weniger Wochen.

DAS VERSCHMUTZTE WASSERRESERVOIR

Die Hamburger entnahmen der Alster und den Fleeten nicht nur Wasser für ihre Haushalte und die Gewerbebetriebe, der Fluss wurde zugleich für die Abwasserentsorgung genutzt. Die von Mauern umgebenen mittelalterlichen Städte mit ihren engen, krummen und nicht kanalisierten Gassen und Gässchen waren wegen ihrer unzulänglichen Abfallbeseitigung und einer fehlenden zentralen Wasserversorgung potentielle Seuchenherde. Obgleich die Gesetze die Verunreinigung der Gewässer untersagten, ignorierten die Bürger die Verbote und kümmerten sich nicht darum, die Alster und ihre Zu- und Abläufe vor Verschmutzung zu schützen. Bis zum Ende des 18. Jahrhunderts existierte in Hamburg keine geordnete Stadtreinigung. Die meisten Bürger hielten in ihren mit Stroh gedeckten Häusern Kühe, Schweine, Hühner, Enten und Gänse. Das Federvieh trieb sich meistens auf den Gassen vor dem Haus herum, um die Abfälle zu verzehren, die die Hausfrauen vor die Türen warfen. Was die Bilder vom alten Hamburg nicht zeigen: Die Stadt stank nach Fäkalien, Mist, Aas und faulenden Küchenabfällen. Dazu schrieb noch 1801 der Hamburger Arzt Johann Jakob Rambach:

„Wer an einem Fleet wohnt, darf es ungescheut zum Rezipienten seiner thierischen Ausleerungen machen, und das thut auch ein jeder. Außerdem werden noch an den Brücken in jeder Nacht eine Menge von Nachteimern ausgeleert und noch dazu mit solcher Sorglosigkeit, dass ein großer Theil ihres ekelhaften Inhalts auf der Brücke selbst liegen bleibt. Dagegen ist es verboten, todte Hunde, Steine, Kehricht, Mist und anderes hineinzuwerfen und besonders dazu besoldete Schauer oder Fleetkiker haben den Auftrag, darüber zu wachen. Allein unsere Gesetzgeber haben hierbei mehr die Erhaltung der Schiffbarkeit der Fleete und des Havens als die Gesundheit der Einwohner vor Augen gehabt." [22]

Da für die Entsorgung der Abwässer und Fäkalien jeder Haushalt selbst verantwortlich war, bestimmte der Geldbeutel die Art der Wasser- und Fäkalienentsorgung. Während die Ratsapotheke bereits 1636 über einen separaten Toilettenraum verfügte, der an ein Siel angeschlossen war, mussten sich die meisten Bewohner der Stadt mit Gemeinschaftstoiletten unter den Brücken, einfachen Gruben im Garten oder mit in die Fleete hinausragenden Lauben begnügen, aus denen die Exkremente in die darunter liegenden Kanäle und Fleete fielen.

Mangelnde Hygiene in der Stadt

Trinkwasserentnahme an der Alster

Die schlechte Wasserqualität der Alster hatte über Jahrhunderte Bestand. Besonders stark war die Gewässerbelastung der Alster und der Fleete durch Gewerbebetriebe. Neben öffentlichen Gebäuden wie dem Zucht- und Werkhaus, welches sich ungefähr an der Stelle befand, wo heute das Thalia Theater steht, siedelten sich an der Alster vor allem Gewerbebetriebe an, die fließendes Wasser benötigten. Die Kattundruckereien und Färbereien legten zum Spülen der behandelten Stoffe Stege (sog. Klopperbäume) an, die weit in die Alster hinausragten. Sehr stark belastet war die durch Ober- und Niederbaum begrenzte Kleine Alster. Schon im Mittelalter gab es um sie herum Gerbereien und Färbereien. Ende des 18. Jahrhunderts hatten sich von 53 Kattundruckereien und -färbereien allein fünfzehn an der Kleinen Alster angesiedelt. Die Kattunfabrikanten mieden die Elbe und die mit ihr in Verbindung stehenden Fleete, da die Flut Schlick und Unrat aus der Elbe mit sich brachte.

Im Laufe des 19. Jahrhunderts kam es zu mehreren Choleraepidemien. Eine Ursache für diese Seuchen wurde darin gesehen, dass das Wasser nicht filtriert wurde. Die Choleraepidemie von 1892 in Hamburg – die letzte ihrer Art in Deutschland – nahm verheerende Ausmaße an. Sie brach während eines heißen Sommers aus, als die Flusswasser von Elbe und Alster sehr warm waren. Die Hamburger hatten ihr Trinkwasser aus den Flüssen entnommen und sich dabei infiziert. Bekannt sind die Worte des zur Hilfe gerufenen Virologen und Entdeckers des Choleraerregers Robert Koch (1843-1910), der am 24. August 1892 auf dem Zenit der Cholerawelle nach Hamburg kam: „Ich vergesse, dass ich mich in Europa befinde."[23] Mit diesen Worten schnauzte der spätere Nobelpreisträger die unfähigen Herren des hanseatischen Senats an, die erst sechs Tage nach dem Ausbruch

Robert Koch

der Seuche den Notfall offiziell anzuzeigen gewagt hatten. Im August 1892 erkrankten allein an einem Tag 1.102 Menschen. Hamburg galt damals, trotz seines Wohlstands und seines Anspruchs, nach London, New York und Liverpool die viertgrößte Hafenstadt der Welt zu sein, als die schmutzigste Stadt Europas.[24]

Ein Umweltschutzprozess gegen Ende des 18. Jahrhunderts

Der Kattunfabrikant Bauer erhielt 1791 von der Hamburger Kämmerei die Erlaubnis, auf seinem Gelände am Alten Wall, welches direkt an das Wasser der Kleinen Alster grenzte, einen Klopperbaum anzulegen. Dieser dient zum Ausklopfen und Spülen der gefärbten Stoffe, wobei die Unreinigkeiten und Chemikalien aus der Produktion in das Wasser gespült werden. Auf der gegenüberliegenden Seite lagen die Rohre der Wasserkunst am Niederndamm beim Graskeller.

Die Betreiber der Wasserkunst, durch die 106 Hamburger Familien mit Wasser versorgt wurden, erhoben am 12. Juli 1791 vor dem Rat der Stadt Klage gegen Bauer und beantragten, die Benutzung des Klopperbaums zu verbieten: Durch das Auswaschen der gefärbten Stoffe und das Säubern der Bodensätze gelangten die giftigen Ingredienzien der Farbstoffe in das Alsterwasser und würden mit der Strömung in die fast unmittelbar davor gelegenen Wasserleitungen geführt. Der Rat verbot am 5. August 1791 bei „unausbleiblich schwerer Strafe", den Klopperbaum vor einer erfolgten Untersuchung zu benutzen. Bauer hielt sich nicht an das Verbot und arbeitete weiter mit dem Klopperbaum. Der Rat der Stadt ließ im Rahmen einer Beweisaufnahme das Wasser durch zwei Mediziner untersuchen, die in ihren Gutachten zu dem Ergebnis kamen, dass der „Farbenunrat", der auch Arsen, Bleizucker und Vitriol enthalte, keine Zeit habe zu sinken und durch den großen Sog des Wasserrads geradewegs in das Bassin der Wasserkunst geleitet werde. Ein Gutachter, den Bauer beauftragt hatte, widersprach den beiden Ärzten und stellte infrage, dass die Schadstoffe der Fabrik überhaupt in die Wasserrohre gelangen konnten.

Ergänzend wandte sich Bauer an die Commerz-Deputation, die 1665 gegründete Vorgängerin der Handelskammer Hamburg. Obgleich er trotz des Verbots weiterarbeitete, behauptete er, dass die Geschäfte brach lägen und seine 300 Arbeiter ohne Brot seien. Es sei nicht im Interesse der Obrigkeit, wenn er seinen Betrieb in das dänische Altona verlegen und die Beschäftigten ohne

> Arbeit zurücklassen würde. Die Commerz-Deputation hob die große Bedeutung des Fabrikanten Bauer für den Hamburger Handel hervor, betonte die Unstimmigkeit unter den Sachverständigen und verwies darauf, dass sich auch „Unrat" aus anderen Quellen in der Alster befände.
> Am 15. Februar 1792 wies der Rat der Stadt die Klage der Gesellschafter der Wasserkünste ab; diese reichten am 24. Februar 1792 Berufung beim Reichskammergericht in Wetzlar ein. Im September 1792 verfügte das Reichskammergericht ein neues Benutzungsverbot. Der Hamburger Senat, dem es oblag, dieses Verbot Bauer zuzustellen, verzögerte dies bis in den November hinein. Bauer benutzte den Klopperbaum weiter, da der Rat die Strafe bei Zuwiderhandlung so niedrig bemessen hatte, dass sie für Bauer keinen ernsthaften Verlust bedeutete. 1793 kam es erneut zu einer Beweiserhebung vor dem Reichskammergericht, neue Gutachten wurden vorgelegt. Weitere Jahre vergingen mit der Beweisaufnahme. Die Akten enden mit dem Schriftsatz des Berufungsführers vom 14. Juli 1799 und dem Antrag, ein Urteil zu verkünden. Eine Entscheidung wurde bis zur Auflösung des Kammergerichts 1806 nicht getroffen.[25]

Heute betreibt die Hamburger Stadtentwässerung ein Entwässerungsnetz mit einer Länge von knapp 5.500 Kilometern, wobei 99,8 Prozent der Einwohner an die Kanalisation angeschlossen sind. Zur Verbesserung der Wasserqualität und zur Stärkung der Funktionsfähigkeit des innerstädtischen Netzes ist das „Konzept zur Entlastung der Alster und Nebengewässer von Überläufen aus dem Mischwassersielnetz" entwickelt worden; die Stadt investierte zwischen 1985 und 2005 270 Millionen Euro für die notwendigen Sanierungsmaßnahmen. Neue Mischwassertransportsiele und Mischwasserrückhaltebecken wurden errichtet, die Transportsiele wurden als „Abwasserschnellstraßen" unter dem vorhandenen Mischsystem gebaut. Sie leiten das Abwasser auf schnellstem Weg zur Kläranlage. Inzwischen ist das Alsterentlastungskonzept abgeschlossen, die Mischwasserüberlaufmengen in die Alster sind seitdem mit den umgesetzten Maßnahmen um 90 Prozent verringert worden, wodurch sich die Wasserqualität der Alster gegenüber dem früheren Zustand nachhaltig verbessert hat. Dies wiederum hat zur Folge, dass der Fischreichtum in der Alster zugenommen hat – bei einer erstaunlichen Artenvielfalt.

Optimal ist die Wasserqualität der Alsterflüsse dennoch bis heute nicht. Das Umweltbundesamt teilte in einer Pressemitteilung am 22. März 2012 mit, dass die Umweltsituation vieler deutscher Tieflandflüsse problematisch sei. Diese Flüsse, zu denen auch die Alster zählt, gehören zur Gruppe der sandig-lehmigen Tieflandflüsse, die 2012 zum Gewässertyp des Jahres ausgerufen wurde. Solche Gewässer gelten als charakteristisch für die eiszeitlich geprägte norddeutsche Tiefebene.

DIE WASSERKÜNSTE

Hamburg hatte seit der ersten Besiedlung erhebliche Trinkwasserprobleme. Wie bereits beschrieben worden ist, war die Alster zum Ort der Abwasserentsorgung und gleichzeitig zum Wasserreservoir für das Trink- und Brauchwasser geworden. Das in den Marschengebieten reichlich vorhandene Grundwasser war durch die hohe Belastung mit Eisensalzen für den menschlichen Genuss nicht geeignet. Der Wasserspiegel in der Geest lag zu tief, und die wenigen Brunnen waren auch nicht sehr ergiebig. Somit gab es im 14. Jahrhundert in Hamburg keine geregelte Wasserversorgung. Die Bevölkerung versorgte sich aus der Alster und den Fleeten mit dem erforderlichen Wasser. Einen solchen Zugang zum Fleet zu benutzen, gehörte zum Grundstücksrecht und war so bedeutend, dass man es im Grundbuch eintrug. Bei der Wasserentnahme bedienten sich die unmittelbaren Anlieger einer an den Häusern angebrachten Eimerwinde, der „Watertucht". Bei ihr handelte es sich um eine mit einem Eimer ausgerüstete Hebevorrichtung, die in einem hölzernen Vorbau über dem Wasser angebracht war.
Bewohner weiter entfernt gelegener Straßen schöpften das Wasser aus dem nächsten Wasserarm. Die Wasserentnahme erfolgte nicht selten unmittelbar neben den Abortanlagen der Häuser. In Gegenden ohne nahen Zugang zu den Gewässern verkauften Wasserträger das begehrte Nass. Das Wassertragen war seinerzeit Frauenarbeit. Die charakteristische Tracht, das hölzerne Schulterjoch, ruhte meist auf Frauenschultern. Johann Wilhelm Bentz (1787-1854) erlangte als männlicher Wasserträger daher eine gewisse Berühmtheit. Er versorgte seine Kunden an der Drehbahn und am Valentinskamp mit Wasser, die Kinder riefen ihm den Spottnamen „Hummel, Hummel" zu.[26] Das weibliche Pendant zu „Hummel" war Mutter Blohm. Sie war zwar nicht so bekannt wie ihr männlicher Kollege, soll aber wesentlich umgänglicher gewesen sein.
Die seit dem Mittelalter praktizierte Art der Wasserverteilung wurde später den neuen technischen Möglichkeiten angepasst. So gelangte das Wasser durch Pumpen in Tonnenwagen zu verschiedenen Halteplätzen, wo es dann verkauft wurde. Der Preis des Wassers richtete sich nach seiner Qualität. Das Alsterwasser war von bräunlicher Farbe und von moorigem Geschmack, der allerdings durch Filtration verschwand. Das beste und zugleich teuerste Wasser war das Brunnenwasser, welches sich nur wohlhabende Bürger leisten konnten, die auf eigene Kosten ein Brunnen-

*Hummel,
rechts: Wasserträgerin*

und Röhrensystem unterhielten. 1370 gründeten vermögende Bürger die „Feldbrunnen-Interessentenschaft".

Erst ab 1531 erfolgte eine effektivere und rationellere Wasserversorgung der Stadt durch den Bau von Wasserwerken, die Wasserkünste genannt wurden. Mit diesem Begriff bezeichnete man eine technische Einheit aus Pumpwerk und Wasserbehälter, später wurde er auch für die Gesamtanlage des Röhrensystems verwendet. 1531 und 1535 wurden Wasserkünste am Oberdamm und am Niederdamm beim Graskeller errichtet. Eine weitere Neue Wasserkunst kam 1620 am Oberdamm dazu. Die drei Wasserkünste, die kein Stadteigentum waren, sondern genossenschaftlich betrieben wurden, arbeiteten nach dem gleichen Prinzip. Die an der aufgestauten Alster angelegten Mühlenwerke bewegten mithilfe von großen Schaufelrädern Pumpen, die das Wasser aus der Alster in einen Sammelbehälter (die Kumme) unter das Dach der Wasserkunst drückten, von wo es dann in die Leitungen floss und an wohlhabende Haushalte ausgeliefert wurde. Ärmere Bewohner der Stadt blieben auf Eigenversorgung angewiesen.

Für den Betrieb und den Unterhalt der Anlagen war der Kunstmeister verantwortlich, er wurde von den Kunden gewählt. Ihm zur Seite stand der Kunstknecht. Die

Kosten für einen Anschluss an die Alsterwasserkünste waren hoch. Außer den jährlichen Beiträgen musste ein Eintrittsgeld von mehreren hundert Mark bezahlt werden. Durch den Großen Brand von 1842 wurden alle Alsterwasserkünste zerstört. Dieses fatale Ereignis war Grund und letzter Anlass, die Wasserversorgung der Stadt komplett zu reformieren. Die unzureichende Löschwasserversorgung hatte wesentlich zum Ausmaß der Zerstörungen beigetragen, sodass die Bürgerschaft beschloss, beim Wiederaufbau ein staatliches Wasserversorgungsnetz für die gesamte Stadt zu errichten, das gleichzeitig die Funktion der Abwasserversorgung übernehmen sollte. Konzeption und Umsetzung des Vorhabens übertrug der Senat dem englischen Ingenieur William Lindley.

William Lindley

Lindley veranlasste den Bau eines Trinkwasserversorgungsnetzes durch Wasserleitungen bis in jedes Haus. Ferner führte er auf dem Gebiet der Abwasserentsorgung das bis dahin auf dem europäischen Festland unbekannte Prinzip der Schwemmkanalisation ein. Neben dem einfließenden Regenwasser und dem Straßenschmutz wurden dabei auch die Abwässer der Haushalte weggespült, die Spülung der Siele erfolgte mit aufgestautem Alsterwasser. Hamburger Fachleute hatten Zweifel, ob das Abwasser aufgrund des niedrigen Gefälles störungsfrei abfließen kann. Lindley kannte das Problem; er hatte eiförmige Abwasserkanäle vorgesehen, damit sich die Fließgeschwindigkeit in dem sich nach unten verjüngenden Querschnitt der Leitung erhöhte.

Der Ingenieur ließ sich bei seinen Arbeiten von den sozialhygienischen Ideen in Großbritannien leiten, nach denen dem staatlichen Wasserversorgungssystem die Funktion zukam, auch ärmere Bevölkerungsteile am fließenden Wasser teilhaben zu lassen und so für eine Eindämmung von Krankheiten und Epidemien zu sorgen. Entsprechend Lindleys sozialreformerischer und -hygienischer Einstellung sollte „mit Rücksicht auf die unvermögenden Classen der Bevölkerung" jeder Hamburger „dieses unentbehrliche Nahrungs- und Reinlichkeitsmittel unentgeltlich" verwenden können, um nicht „an den Folgen der Unreinlichkeit zu erkranken" und dem „Staat zur Last" zu fallen.[27] Erst seit der vollständigen Umstellung der Versorgung der Stadt ausschließlich auf Grundwasser im Jahre 1964 – also über 110 Jahre nach Beginn der revolutionären Einführung der Wasserversorgung – befindet sich die Wasserqualität auf dem heutigen hohen Niveau.

HAMBURGER BIER

Hamburg und die Alster stehen in einer besonders engen Beziehung zum Bier. Seit Ende des 13. Jahrhunderts war das Brauereigewerbe für fast 300 Jahre der wichtigste Wirtschaftszweig der Stadt. Im Jahre 1374 gab es 457 Brauereien in Hamburg, von denen 127 ihre Produktion in Amsterdam absetzten, und 55, die ihr Bier nach Staveren in Westfriesland exportierten. Fast jeder zweite Gewerbetreibende war Brauer. Rund ein Drittel der Hamburger Exporterlöse beruhten auf dem Bierexport. In jedem Fass Bier, das nach Flandern, Holland, England, Norwegen oder Island verschifft wurde, befand sich veredeltes Alsterwasser, welches den Ruf der Stadt als „Brauhaus der Hanse" begründete. Die Stadt lebte vom Bier und dem Handel damit. Im Ausland galt Bier aus Hamburg wegen seines kräftig-herben, leicht süßlichen Geschmacks, den es dem Zusatz von Hopfen verdankte, als Delikatesse.

Ausländische Brauer fuhren ihr Bier zuweilen erst nach Hamburg und füllten es hier in andere Fässer um: Als Hamburger Bier konnten sie es besser verkaufen. Hamburger Bier wurde in den Ländern der Nord- und Ostsee als Luxusgetränk gekauft, sogar bis weit nach Russland hinein wurde es gerne getrunken. Es war zunächst rot, später weiß und erst seit 1374 gelb, weil diese Farbe als angenehmer empfunden wurde. Die Bierfässer wurden von den Böttchern hergestellt, das Böttcherhandwerk war damals das in der Stadt am meisten geachtete.

Reincke berichtet von zwei Anekdoten über Hamburg und das Bier.[28] Als man dem verwöhnten italienischen Kardinal Raimundus zum Empfang einen schäumenden Krug mit Hamburger Bier kredenzte, soll er ausgerufen haben: „Oh, wie gern wärst

Bier-Fahrer

du Wein!" Die andere Anekdote bezieht sich auf Martin Luther, der in seiner Sterbestunde als letzte leibliche Stärkung einen Schluck Hamburger Bier begehrt haben soll.

Das Bier war im Mittelalter neben dem Brot das Grundnahrungsmittel breiter Bevölkerungsschichten, insbesondere wurde es auch auf See geschätzt, weil es haltbarer war als Wasser. Bier war das einzige der täglichen Nahrungsmittel, für das eine Produktion auf Vorrat für längere Zeit möglich war. In Bezug auf den Kalorienanteil entfielen auf das Bier acht Prozent der Alltagskost. Die Kartoffel gab es damals in Europa noch nicht, Gemüse und Obst waren oft zu teuer für die Bürger. Typische Gerichte waren Biersuppe, Bierbrot und Bierbrei. Der Alkoholgehalt des Bieres war sehr gering, da kein hoher Gärungsgrad erzielt wurde. Die Hamburger Brauer wurden in der Neuen Brauordnung von 1695 vom Rat ermahnt, sich an der süddeutschen Praxis des Bierbrauens nach dem bayerischen Reinheitsgebot vom 23. April 1516 ein Beispiel zu nehmen.

Fast alle Brauereien lagen an den Alsterfleeten der Stadt, aus denen sie das Brauwasser entnahmen. Am Fleet wurden die Biertonnen gereinigt und gewässert. Die Wasserläufe in der Nähe der Brauhäuser waren zugleich ein wichtiger Transportweg für das Bier.

Ein großer Teil des Bierbrauens spielte sich im Hause der Bürger ab. Die Bürgerhäuser mit ihren großen und hohen Dielen, ihren weiten Kellern und ihren niedrigen, geräumigen Böden waren, besonders wenn sie an einen Wasserarm grenzten, für die Brautätigkeit vorzüglich geeignet. Das Brauen galt seit dem 13. Jahrhundert als eine Bürgerkunst. Die Gaststätten auf dem Lande verwandelten sich allmählich aus Braukrügen zu Verkaufsstätten des Hamburger Bieres.

Fleet in Hamburg

Mitte des 14. Jahrhunderts nahm der Export einen rasanten Aufstieg. Im Jahre 1366 wurden von Hamburg allein rund 40.000 Tonnen Bier nach Amsterdam exportiert. Der Export wurde durch die niedrigen Getreidepreise begünstigt. Das Getreide für Brot, Bier und für den Handel wurde in großen Mengen auf dem Wasser aus den Mittel- und Oberelbegebieten zur Weiterverarbei-

LEBENSADER WASSER

tung nach Hamburg transportiert. Aber auch im Umkreis von Hamburg und in der gesamten norddeutschen Tiefebene wurde im Mittelalter viel Getreide angebaut. In gewissem Sinn war ganz Norddeutschland ein riesiges Bierlager. Kaiser Friedrich III. hatte Hamburg am 14. Juli 1482 in einer Urkunde die althergebrachte Gewohnheit bestätigt, dass auf der Elbe vorbeiziehende Kaufleute ihre Waren, vor allem das für die Bierbrauerei so wichtige brandenburgische Getreide, zunächst in Hamburg anzubieten hatten. Dieses Privileg war Teil des Hamburger Stapelrechts.

Die Blütezeit des hamburgischen Bierhandels lag in der zweiten Hälfte des 14. Jahrhunderts, der Handel blieb das ganze 15. Jahrhundert über stabil. Um 1517 war die Zahl der hamburgischen Brauereien auf über 530 angestiegen. Ihre Jahresproduktion betrug trotz der zunehmenden Konkurrenz durch die Niederländer rund 300.000 Hektoliter und soll in der Blütezeit zu Beginn des 16. Jahrhunderts bis zu 700.000 Hektoliter betragen haben. Danach ging die Bedeutung des Bierhandels zurück. Seit Beginn des 17. Jahrhunderts geriet das Hamburger Brauwesen in Verfall, vor allem aufgrund eines veränderten Konsumverhaltens. Damit verlor das Bier seinen guten Ruf, an seine Stelle traten der Wein, der Tee und der Kaffee.

Die Bedeutung des Bieres für Hamburg hat in mehreren Straßennamen ihren Niederschlag gefunden: Brauhausstraße, Brauhausstieg, Hopfenmarkt, Hopfensack, Hopfenhof. Die enge Beziehung zwischen der Alster und dem Bier dokumentiert das älteste Alstergedicht, das wir kennen. Henning Conradinus lässt im 16. Jahrhundert die Alster über sich selbst sprechen[29]:

„Meine flüchtigen Wellen erreichen in Hamburg die Elbe;
Willig diene ich dort, Mühlen treibend, der Stadt,
Auch bereitet man dort aus mir ein köstliches Bierlein
Und verschifft's in die Welt, lieblich und süß von Geschmack!"

ALSTER, FLEETE UND KANÄLE

Die enge Verflechtung der Wasserläufe von Alster, Fleeten und Kanälen begründet die einzigartige amphibische Struktur Hamburgs. Das Fleet ist eine vom plattdeutschen Wort „fleeten" (fließen) abgeleitete Bezeichnung für Gräben oder künstliche Wasserverbindungen. Sie existieren seit dem 9. Jahrhundert. Einige sind aus den Mündungsarmen von Alster und Bille, andere aus Schutz- oder Entwässerungsgräben entstanden. Fleete wurden in der Vergangenheit für die Wasserversorgung der Stadt angelegt, aber auch als Verkehrsverbindung. Im 18. Jahrhundert war der

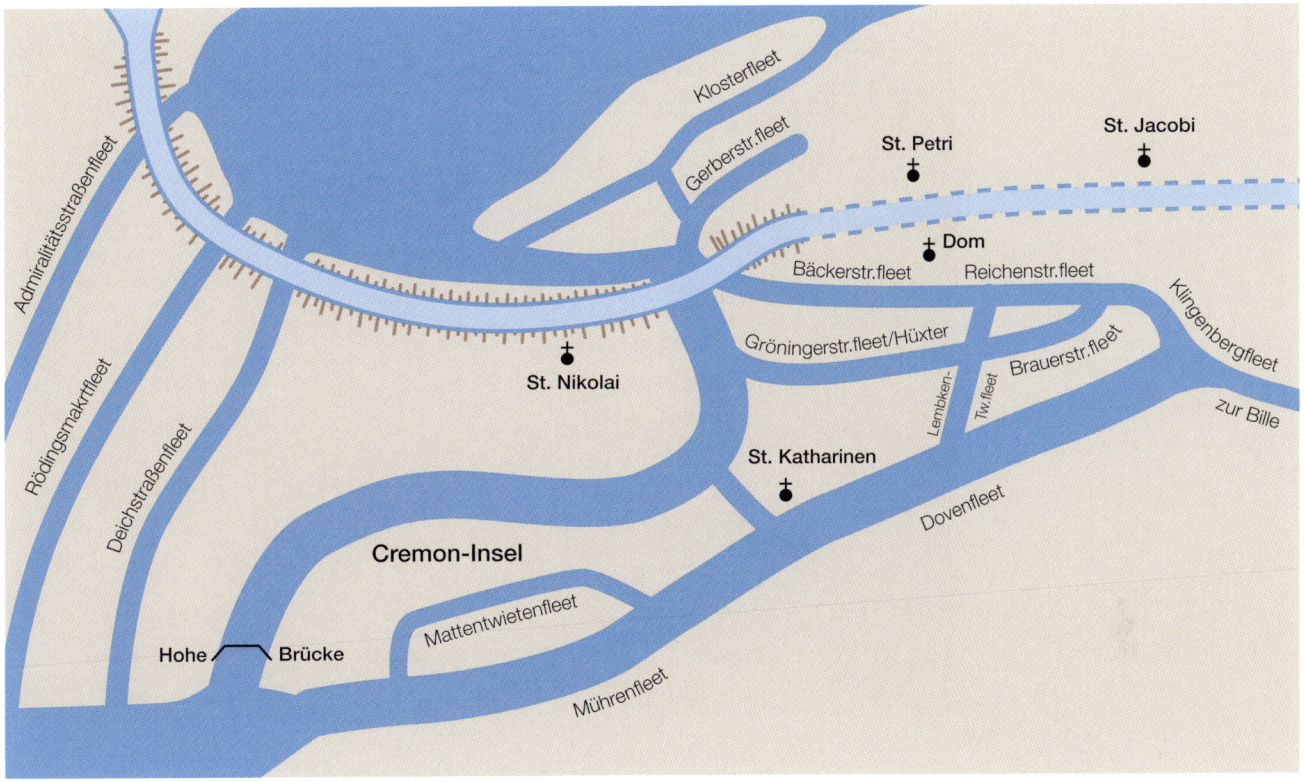

Fleete in Hamburg

Höhepunkt eines Verkehrsnetzes mit 29 Fleeten erreicht, die 18 Wasserstraßen bildeten. Im Verlauf der Geschichte, insbesondere nach dem Großen Brand von 1842 und den beiden Weltkriegen, wurden viele Fleete und Kanäle mit Trümmern von Häusern und Gebäuden zugeschüttet, weil ein modernes Siel- und Wassersystem sowie breite Straßen ihre Aufgaben übernahmen. Nach dem Zweiten Weltkrieg gab es noch ein Dutzend Fleete, davon fünf im Innenstadtbereich: Alsterfleet, Herrengrabenfleet, Bleichenfleet, Nikolaifleet und Mönkedammfleet.

Im Gegensatz zu den meistens künstlich angelegten Kanälen waren die Fleete früher Fließgewässer, deren Wasserstand ursprünglich nicht durch Schleusen geregelt wurde. Da es mit der Tide regelmäßig zu Schlickablagerungen kam, entstand zu deren Beseitigung ein eigener Berufsstand, die Fleetenkieker. Sie fuhren mit ihren Booten Patrouille und achteten darauf, dass Hausfrauen weder Küchenabfälle noch Hausrat aus den Fenstern in die Fleete warfen. Die Fleetenkieker wateten in hohen Stiefeln durch den Schlamm und sammelten verwertbare Metalle mit einem Haken an einem langen Stiel ein.

Die Fleete und Kanäle fließen oft parallel zu Straßen, an denen die Häuser der Kaufleute gebaut wurden. Dabei zeigte die Rückfront der Wohn-, Kontor- und Lagerhäuser zum Fleet, die Vorderseite zur Straße. Seit dem 13. Jahrhundert war

LEBENSADER WASSER

Fleetenkieker

Fleetgang

es aufgrund bautechnischer Fortschritte möglich, auch die dem Wasser zugewandte Seite zu bebauen. Die Hauseigentümer verfügten meist über die ganze Breite des Grundstücks und über den Zugang zum Fleet. Diejenigen, die nicht direkt am Fleet wohnten, sicherten sich den Zugang zum Wasser einzeln oder zu mehreren durch einen schmalen Weg, den Fleetgang. Es gibt auch heute noch erhaltene Fleetgänge – etwa den von der Deichstraße zum Nikolaifleet.

Nachdem man 1846 die Alster gegen den Tidenhub der Elbe durch eine Schleuse gesichert hatte, war der Fluss auch bei Niedrigwasser schiffbar geworden. Seit dieser Zeit ist das Alsterfleet, das im Mittelalter durch Begradigung eines Alsterarms entstanden und vom 13. bis 15. Jahrhundert vor dem Alten Wall in die Befestigung der Stadt integriert war, zum Hauptabfluss der Alster in den Hamburger Binnenhafen geworden und hat die Funktion des Mönkedamm- und Nikolaifleets übernommen. Die Schleuse hält den Pegelstand im Alsterfleet konstant, sodass es in das schiffbare Fleetnetz mit einbezogen werden konnte. 1888 wurden hier beispielsweise über 30.000 Schiffe geschleust.

Nach der großen Flut von 1962 bildet die 1967 zum Hochwasserschutz errichtete Schaartorschleuse das südliche Ende des Alsterfleets. Unter der Schleusenbrücke wurde nach der Fertigstellung des U- und S-Bahn-Knotens Jungfernstieg im Jahre 1975 die neue Rathausschleuse eingeweiht. Es wurden Generatoren eingebaut, die

die Wasserkraft der Alster nutzen und dafür sorgen, dass auch bei Hochwasser der Elbe das Wasser der Alster abfließen kann. Vom Alsterfleet geht rechts ein Stichkanal zum Bleichenfleet, das weiter südlich zum Herrengrabenfleet wird und beim Baumwall in die Elbe mündet. Ferner ist das Alsterfleet mit dem Mönkedammfleet und dem Nikolaifleet verbunden, wobei ein Gitter einen durchgehenden Verkehr verhindert. Die Alster fließt also durch einen Haupt- und zwei Nebenabflüsse in die Elbe. Während die Kleine Alster früher bis an das Mönkedammfleet grenzte, bevor sie in das Alsterfleet überging, ist sie heute nur noch ein knapp 200 Meter langes Stück der Alster.

Auf einer seit dem Zweiten Weltkrieg brachliegenden Fläche zwischen dem Herrengrabenfleet im Westen und dem Alsterfleet im Osten entstand Anfang der 1990er Jahre ein besonderes Bauwerk, der Fleethof. Diese Fläche wird seither Fleetinsel genannt. Heute befindet sich hier, zwischen dem Steigenberger Hotel und der Stadthausbrücke, mit einer Mischung aus hochmodernen und historischen Bauten, ein marktähnliches Zentrum, der Fleetmarkt.

Welche Gewässer der Alster und Kanäle bzw. Fleete schiffbar sind, wird in einer städtischen Verordnung von 1987 geregelt.[30] Folgende Strecken werden darin aufgeführt: „Alster von der Fuhlsbüttler Schleuse bis zur Schleusenbrücke, Alsterfleet, Bleichenfleet, Herrengrabenfleet, Neuerwallfleet, Mönkedammfleet, Nikolaifleet, Mundsburger Kanal mit Kuhmühlenteich, Eilbekkanal bis zur Maxstraße, Uhlenhorster Kanal mit Feenteich, Langer Zug, Osterbekkanal bis zur Elsässer Straße, Barmbeker Stichkanal, Goldbekkanal, Stadtparksee, Mühlenkampkanal, Rondeelkanal, Leinpfadkanal, Inselkanal, Skagerakkanal, Brabandkanal, Isebekkanal von der Alster bis zur Mansteinbrücke."

REGULIERUNG DES WASSERSTANDS

Die Regulierung des Wasserstands der bis zu 4,5 Meter tiefen Alster war über Jahrhunderte ein Problem. Das Gefälle der Alster von der Quelle bis zur Mündung in die Elbe beträgt 28 Meter. Die Binnen- und Außenalster bildeten bis zum Großen Brand von 1842 die Wasserbehälter für die Treibräder der am Ober- und Unterdamm errichteten Mühlen. Ihre hölzernen Schaufelräder, die einen Durchmesser von 6,5 Meter hatten, trieben Pumpen an, die das Alsterwasser in hohe Tanks füllten, von denen es in hölzernen Wasserleitungen den Häusern zugeführt wurde. Während die Müller daran interessiert waren, dass der Wasserstand so hoch wie möglich war, war anderen Gewerbetreibenden, die ebenfalls das Wasser nutzten, daran gelegen, einen möglichst niedrigen und jedenfalls konstanten Wasserstand zu haben. Die Eigentümer der flussaufwärts gelegenen Grundstücke litten oft unter Überschwemmungen. Um die widerstreitenden Interessen auszugleichen, war die Stadt seit dem 18. Jahrhundert bemüht, höchste Wasserpässe für den Sommer und den Winter festzulegen. Dennoch kam es immer wieder zu Beschwerden von Gewerbetreibenden und den Grundstückseigentümern. Zur Sicherung der von der Stadt festgelegten Pegelmaße wurde am Jungfernstieg ein Pfahl in die Alster gerammt, an dem der höchste und niedrigste Wasserstand markiert wurde.

Wegen des ständigen Wechsels des Wasserzuflusses und seines Verbrauchs war es deshalb oft gar nicht möglich, den Wasserstand der Alster konstant zu halten. Durch Beschluss der Stadt vom 19. November 1842 wurde der Wasserstand der Alster endgültig festgesetzt, durch den 1846 erfolgten Bau der Rathausschleuse konnte dieser erstmals zuverlässig auf der bestimmten Höhe gehalten werden. Der Bau der Schleuse ermöglichte zudem die Schifffahrt zwischen Alster und Elbe; sie besitzt zwei Schleusenkammern von je 7,20 Meter Breite und 40 Meter Länge.

Wie ist die Situation heute? Das Fließverhalten der Alster ist bezogen auf den gesamten Flusslauf sehr unterschiedlich. Von der Quelle bis zur ersten Alsterschleuse Ehlersberg in Kayhude ist die Alster ein natürliches Fließgewässer.[31] Der weitere Flusslauf wird durch Schleusen und Wehre bestimmt. Folgende Schleusen und Wehre existieren heute noch: Schleuse Kayhude/Ehlersberg (Kammer ist nicht mehr vorhanden), Schleuse Mellingburg, Rathausschleuse und Schaartorschleuse sowie Wehre bei Sandfelde, Rade, Wulksfelde, Wohldorf/Duvenstedt, Poppenbüttel und Ohlsdorf/Fuhlsbüttel.

Bis zur früheren Schleuse Ohlsdorf/Fuhlsbüttel, die 2011 abgebrochen wurde und jetzt nur noch als Wehr betrieben wird, mäandert der Fluss durch eine Landschaft mit Steilufern und weist eine geringe Fließgeschwindigkeit auf. Das Wehr Ohlsdorf/Fuhlsbüttel markiert die Grenze des Oberlaufs der Alster. Danach folgt der bereits Anfang des 20. Jahrhunderts kanalisierte Flussabschnitt. Obwohl es unterhalb des Wehrs durch den ständigen Wasserzufluss eine leichte Strömung gibt, handelt es sich bei diesem Teil der Alster um ein Stillgewässer. Das hängt damit zusammen, dass einerseits Außen- und Binnenalster wie ein Sammelbecken der im zentralen Hamburger Stadtgebiet auftretenden Zuflüsse fungieren, und andererseits die Rathausschleuse den Wasserstand zwischen ihr und dem Wehr in Ohlsdorf/Fuhlsbüttel steuert. Die Rathausschleuse besitzt auf der Seite zu den Alsterarkaden hin einen Durchlass, das sogenannte Freigerinne, über das das Wasser ablaufen kann.

Bei hohen Wasserzuflüssen können beide Schleusenkammern ergänzend zur Wasserabfuhr eingesetzt werden. Die Wasserregulierung in der Rathausschleuse erfolgt

Rathausschleuse

möglichst nur nachts. Die Schiffsschleusungen finden im Sommer zwischen 6 und 22 Uhr statt, im Winter bis 18 Uhr. Durch die Regulierung des Wasserstands soll ein mittlerer Pegelstand von NN + 3,00 Meter eingehalten werden. Bei normalen Zuflussverhältnissen kommt es während der Aufstauphase am Tag zu einem durchschnittlichen Anstieg des Pegels von nur 1 Zentimeter pro Stunde. Bei einer Öffnung der Schleusenkammern kommt es zu starken Strömungen und Turbulenzen, die eine erhebliche Gefahr für den Schiffsverkehr darstellen; er wird dann aus Sicherheitsgründen eingestellt.

Neben der Rathausschleuse wirkt die Schaartorschleuse, die letzte Alsterschleuse, bei der Regulierung des Wasserstands mit. Sie wurde 1966 nach dem Hochwasser der Elbe vom Februar 1962 als Ersatz für die 1839 errichtete Graskellerschleuse erbaut. Die Schaartorschleuse verfügt über zwei Kammern mit einer Breite von 7,2 Meter und einer Länge von 44 Metern. Sie verbindet das Alsterfleet mit der Elbe und überbrückt somit die unterschiedlichen Wasserhöhen von Alster und Elbe. Direkt neben der Schaartorschleuse befindet sich das Alsterschöpfwerk, welches 1965 als Teil des Hochwasserschutzes errichtet wurde. Die drei Pumpen können bei hohen Elbwasserständen 36 Kubikmeter Wasser in der Sekunde aus der Alster in die Elbe pumpen. Zum Thema der Regulierung des Alsterwasserstands gehört auch die Frage, wie man mit einem auftretenden Hochwasser an der Alster umgeht. In ihrem Einzugsgebiet gibt es einige Problembereiche, wie ein Hochwasser in der Oberalster am 7. Februar 2011 gezeigt hat. Während das damalige Hochwasser an der Außenalster kaum spürbar war, stand das Wasser in Poppenbüttel im Bereich des Alsterwanderwegs von der Beickerbrücke bis unterhalb der Mellingburger Schleuse zeitweise 2,5 Meter über Normal. Für die Zukunft wird insbesondere während der Wintermonate in der Region Hamburg etwa ein Sechstel bis über die Hälfte mehr an Niederschlägen prognostiziert.

Überflutete Bank, 9. Februar 2011

Sich in Fachkreisen darüber Gedanken zu machen, wie einem Hochwasser auf der Alster zu begegnen ist, ist Gegenstand eines internationalen Forschungsprojekts mit dem Namen „DIANE-CM", „Dezentrale und integrierte Analyse von Hochwasserrisiko durch kollaborative Modellierung – collaborative modelling". Für das Forschungsprojekt sind zwei Testregionen ausgewählt worden, der Fluss Roding bei London und die Alster. An dem Forschungsprojekt beteiligt sind die Leuphana-Universität in Lüneburg, das Imperial College London, die Stadt Hamburg und Anwohner der Alster. Hauptanliegen des Projekts ist es, zu testen, wie das Bewusstsein der Bewohner und der Behörden für die Risiken solcher Hochwasserereignisse im städtischen Raum erhöht werden kann. Weiter geht es darum, in einem Hochwasserfall die Zusammenarbeit der Länder Schleswig-Holstein und Hamburg zu optimieren, ebenso das Zusammenspiel von Behörden, Anliegern und Rettungskräften. Die Projektergebnisse sollen einen wichtigen Beitrag liefern zur Erstellung des offiziellen Hochwasser-Managementplans für das Einzugsgebiet der Alster.

DIE MÜHLEN

Die Mühlen im Alstertal und in der Stadt stellten die Ernährung der Bevölkerung sicher. Wassermühlen sind die ältesten von Menschen genutzten Maschinen, die nicht durch Muskelkraft angetrieben werden, sie sind bereits seit dem 5. Jahrhundert v. Chr. aus Mesopotamien bekannt. Die Römer brachten die Wassermühlentechnik nach Germanien. Seit dem Mittelalter waren Wasserräder als Antrieb von Mahlmühlen in West- und Mitteleuropa verbreitet. Die Mühlen wurden in erster Linie zum Mahlen von Getreide zu Mehl und zum Schroten von Gerste und Hafer verwendet. Wassermühlen haben das Weichbild Hamburgs und seiner Umgebung stark geprägt. Welche Bedeutung die Mühlen für die Stadt in der Vergangenheit hatten, erkennt man noch heute, wenn man den Stadtplan aufschlägt: Viele Straßen tragen den Wortbestandteil „Mühle" in ihrem Namen. Die jetzige Außen- und Binnenalster fungierten als ehemalige Mühlenteiche. Kurz nachdem Graf Adolf III. von Schauenburg auf dem Gelände der Neuen Burg gegenüber der Altstadt eine Handelsstadt gegründet hatte, ließ Wirad von Boizenburg oberhalb des Hafens, an der Stelle der alten Furt, den Bauerndamm zum Schutz des Alstertals gegen die täglich zweimal eindringenden Fluten der Elbe aufschütten. Der erste Staudamm folgte in seinem Verlauf der alten Landstraße, heute im Bereich von Großer Burstah und Graskeller. Die erste und älteste Kornmühle an der Alster war die Wassermühle, die bei der Mühlenbrücke am Bauerndamm, dem heutigen Großen Burstah, errichtet wurde; sie lag etwa im Bereich der Zentrale der heutigen Hamburger Sparkasse. Da sie sich im Eigentum des Grafen befand, hieß sie auch Herrenmühle.

Durch den Staudamm wurden die zum Kirchenbesitz gehörenden Uferwiesen einige Fuß hoch unter Wasser gesetzt, der dabei entstandene Mühlenteich erstreckte sich etwa bis zur Höhe der heutigen Auguststraße/Alte Rabenstraße. Dies war der Anfang einer Entwicklung, die zu dem späteren Alstersee in seiner heutigen Ausdehnung führte. Was den genauen Zeitpunkt des Staudammbaus betrifft, sind keine Dokumente überliefert. Man geht aber davon aus, dass die Herrenmühle schon seit 1165 existierte, wobei sicher ist, dass die erste Stauung der Alster vor 1195 erfolgte. In einer Urkunde aus diesem Jahr werden die Mühle und die Überschwemmungen der

Mühlen an der Alster

Ländereien der Kirche erstmals erwähnt. Der Staudamm hatte somit zum ersten Mal den Bau eines befahrbaren Wegs zwischen beiden Alsterufern ermöglicht.

Nachdem Hamburg seit 1230 einen starken Bevölkerungszuwachs verzeichnete, veranlasste Graf Adolf IV. von Holstein im Jahre 1235 den Bau des Oberdamms, um eine zweite Stauung der Alster zu erreichen und die sogenannte Obermühle zu bauen. Seit dieser Zeit hieß die Herrenmühle auch Niedermühle, weil sie am Niederdamm stand. Die zweite Alstermühle wurde dort errichtet, wo heute der Ballindamm an den Jungfernstieg anschließt. Der aufgeschüttete Oberdamm reichte vom Fuß der Anhöhe, auf der die Petri-Kirche steht, bis zum Gänsemarkt; es ist der heutige Jungfernstieg. Im Gegensatz zu dem ersten Staudamm, der einen geschwungenen Verlauf hatte, war der zweite Staudamm geradlinig und verband den östlichen Geestsporn mit dem Abhang der westlichen Geest. Der Oberdamm wurde bald Reesendamm genannt. Entweder erhielt er diesen Namen nach dem altniederdeutschen Wort „reesen" für „stauen" oder nach dem Betreiber der Mühle Heinrich Reese. Ihm gehörte die Mühle aber nur kurze Zeit, dann übernahm die Stadt selbst diesen für sie wichtigen Geschäftsbetrieb und verpachtete ihn an den Voreigentümer Reese. Der Reesendamm wurde bis 1250 und auch später noch mehrfach verbreitert und erhöht. Eine Straße gleichen Namens existiert noch heute an dieser Stelle.

Die zweite Stauung der Alster war in ihrer Wirkung weitaus nachhaltiger als die erste. Sie zerlegte den damaligen Alstermühlenteich in zwei Teile, die Kleine Alster im Süden und die in einen seeartigen Mühlenteich aufgestaute Große Alster im Norden. Dadurch wandelte sich das Bild der Alster von einem bis dahin schmalen Wasserlauf zu einem großen Stausee, der die angrenzenden Ländereien bis Eppendorf hinauf unter Wasser setzte und dadurch das Grundeigentum der Kirche verletzte.

Durch beide Stauungen der Alster sollten die Ertragskraft und Wirkung beider Mühlen verbessert werden. Dabei haben die damaligen Wasserbauer die Menge des zu stauenden Wassers und das Fassungsvermögen des Alstermühlenteichs unzureichend berechnet, was bedeutet, dass beide Stauungen der Alster offenbar auf einer ingenieurtechnischen Fehlleistung beruhen. Graf Adolf III. hatte sich bei der ersten Stauung 1195 gegenüber der Kirche bereits verpflichtet, sie für die Überschwemmung ihrer Ländereien zu entschädigen. So leistete 1245 Graf Adolf IV. Schadenersatz für die Zerstörung der Eppendorfer Mühle, deren Triebkraft sich erheblich vermindert hatte. Gewissermaßen als Gegenleistung erkannte die Kirche den neu geschaffenen Zustand an. Die Absprachen zwischen den Grafen und der Kirche lassen aber vor allem vermuten, dass beide Stauungen in ihren Ausmaßen nicht geplant waren, sodass man pointiert feststellen kann: „Hamburgs größter Glücksfall ist eigentlich ein Unglücksfall." [32]

1266 verkauften die Schauenburger die Obermühle und 1283 die Niedermühle an Hamburger Bürger, kurze Zeit später erwarb die Stadt beide Mühlen. Über ein halbes Jahrtausend bis hin zum Hamburger Brand 1842 bestimmten sie das wirtschaftliche Leben im alten Hamburg maßgeblich. 1255 kaufte die Stadt vom Stormarner

Amtmann die Kornmühle bei der Kuhmühle. Hatte sie bei einem zu geringen Wasserstand der Eilbek kein Wasser zum Mahlen, mussten die Mahlgäste, wie die Kunden der Müller genannt wurden, bis zur Ratsmühle nach Fuhlsbüttel fahren. Diese Mühle und die damit verbundenen Rechte erwarb die Stadt um 1350. In den Jahren

Mühle an der Lombardsbrücke 1850

1554/1555 wurde eine Mühle am Graskeller errichtet, die die Stauung der Kleinen Alster nutzte. Bei dieser Mühle war der Müller zugleich Schleusenmeister für den Schiffsverkehr durch die Graskellerschleuse. Zudem war er für die Öffnung der Freischütten zuständig, wenn der Wasserstand der Außenalster zu hoch war.

Am Oberlauf der Alster und der Aue gab es weitere Wassermühlen. In Eppendorf, das 1140 erstmals urkundlich erwähnt wird, war seit Beginn des 13. Jahrhunderts eine Kornwassermühle in Betrieb. Die Mühle stand im Eigentum des Zisterzienserinnenklosters Harvestehude, das 1293 von dem an der Pepermölenbek im heutigen Altona gelegenen Dorf Herwardeshuthe an das Nordende der Außenalster verlegt worden war. Weitere Wassermühlen wurden in Poppenbüttel und Wellingsbüttel betrieben.

Die Mühlen an und in der Nähe der Alster konnten zunächst wirtschaftlich betrieben werden, da die Alster über ausreichende Zuflüsse aus ihrem großen Entwässerungsgebiet verfügte. Dies änderte sich mit einer zunehmenden Entwaldung entlang der Alster als Folge der Kultivierung des benachbarten Geländes. Die gestaute Alster litt im 18. Jahrhundert immer häufiger unter Wassermangel. Auch die nach Abschluss der Versicherungsakte mit Dänemark praktizierte Säuberung der Alster

LEBENSADER WASSER

und ihrer Zuflüsse im Holsteinischen bewirkte keinen Rückgang des Wassermangels. Seit Beginn des 19. Jahrhunderts verschlechterte sich die wirtschaftliche Lage der Alstermühlen derart, dass sie den Bedarf der Stadt an gemahlenem Korn nicht mehr decken konnten. Hinzu kam die Konkurrenz durch den Bau von Windmühlen und Korndampfmühlen, die von Wasserkraft unabhängig waren. Außerdem wurden beim Großen Brand im Mai 1842 die fünf innerstädtischen Wassermühlen zerstört. Elf Jahre später wurde an der Poststraße eine Stadtwassermühle gebaut. Das Wasser für den Antrieb wurde durch einen auf Pfählen errichteten unterirdischen Durchlass, den Mühlenkanal, der aus zwei gemauerten Tunneln bestand, von der Binnenalster dem Bleichenfleet zugeleitet. Der Betrieb wurde 1887 wieder eingestellt. Danach wurden keine Alsterwassermühlen in der Stadt mehr betrieben.

Mühlstein

Im Gegensatz zu dem verlustreichen Betrieb der Wassermühlen war der Handel mit Mühlsteinen weitaus einträglicher. Schon nach dem Bau der Niedermühle hatte die Stadt damit begonnen, Mühlsteine aus dem Rheinland zu importieren; dafür wurde sogar ein besonderes Amt eingerichtet. Der Basalt aus der Gegend von Andernach, die „Mühlsteinlava", war zum Mahlen von Getreide besonders geeignet. Der Mühlsteinhandel versorgte nicht nur die städtischen Mühlen, sondern ebenso die Mühlen des Umlands. Noch in der ersten Hälfte des 17. Jahrhunderts verzeichneten die Abrechnungen der Eigentümer der Mühlsteine beträchtliche Gewinne.

Dem Müller ging im Mittelalter der Ruf der Unehrlichkeit voraus, der durch den Mühlzwang – eine Art Benutzungszwang mit Monopolwirkung – noch verschärft wurde. Der Mühlzwang war ein herrschaftliches Vorrecht, die Inanspruchnahme einer bestimmten Mühle von den Untertanen zu erzwingen. Er war Gegenstand häufiger Streitigkeiten zwischen dem Müller und seinen Mahlgästen. So wurde der Müller oft als Betrüger verleumdet. Wenn man einen Sack Getreide abgab, bekam man angeblich viel weniger an gemahlenem Gut zurück. Die Mahlgäste begriffen nicht, dass Getreidemehl bei gleichem Gewicht ein viel geringeres Volumen hat als Getreide. Durch die berufliche Herabsetzung war der Müller zum sozialen Außenseiter gemacht worden. Daraufhin sahen sich die Landesherren gezwungen, dagegen einzuschreiten und Mühlordnungen zu erlassen. Diese enthielten strenge Regeln über Rechte und Pflichten des Müllers, unter anderem wurde so geregelt, wie groß der Anteil des Müllers am Mahlgut als Lohn für das Mahlen zu sein hatte. Viele Mahlgäste, die das Mehl umgehend zur Verarbeitung brauchten, hatten die Gewohnheit, sich vorzudrängeln oder den Müller zu bestechen, um bevorzugt bedient zu werden. Beides wurde durch den Erlass der Mühlordnungen verboten. Das Sprichwort „Wer zuerst kommt, mahlt zuerst!" leitet seinen Ursprung aus der kurfürstlichen Mühlordnung von Trier von 1736 her. Ähnliche Vorschriften finden sich in vielen Mühlordnungen anderer Städte.

Im Gegensatz zu anderen deutschen Städten erfreuten sich die Müller in Hamburg eher eines guten Rufes. Schließlich bildeten sie eine anerkannte Zunft, das „Mülleramt", welches sich „löblich" und „ehrbar" nennen durfte; wobei sie sich in Hamburg insbesondere durch ihre Wohltätigkeit auszeichneten.

DIE ALSTERSCHWÄNE

Die Alsterschwäne gehören zu Hamburg wie die Tauben in Venedig zu San Marco. Man nimmt an, dass die Schwäne schon in grauer Vorzeit an den sumpfigen Ufern der Alster ansässig gewesen sind, insbesondere in den ausgedehnten Uhlenhorster und Winterhuder Mooren. Jedenfalls haben schon zur Zeit der Schauenburger

Schwäne auf der Alster

LEBENSADER WASSER

Grafen Schwäne auf hamburgischen Gewässern gelebt. Die Schauenburger ließen ihr Wappen mit einem Schwan zieren. Es zeigt auf rotem Hintergrund einen silbernen Höckerschwan in Kampfstellung, mit einer goldenen Krone um den Hals. Der Kreis Stormarn führt ebenfalls ein solches Wappen. Schon in der Antike galt der Schwan als heiliger Vogel. Viele ältere Bauernhäuser in Norddeutschland tragen noch heute statt der häufig verbreiteten Pferdeköpfe Schwäne als Verzierungen des Giebelschmucks, die als Glücksbringer und Götterboten fungierten.

Das Halten von Schwänen war früher ein Privileg, welches nur Herrscherhäusern vorbehalten war. Da Hamburg wie eine freie Reichsstadt auftrat, nahm die Stadt das Halten von Schwänen als Zeichen ihrer Freiheit und Unabhängigkeit von kaiserlicher politischer Bevormundung für sich in Anspruch. Auf dem berühmten Matthiae-Mahl des Senats reichte man früher eine Pastete aus dem Brustfleisch junger Schwäne, die auf mit Schwanfiguren verziertem Ratssilber serviert wurde. Dieses Gericht ist heute von der Speisekarte verschwunden. Im Rathaus ist eine Weinkanne aus neuerer Zeit zu bewundern, deren Füße wiederum Schwanenmotive zeigen.

Schwäne waren in der Politik seit Jahrhunderten als repräsentative Gastgeschenke der Stadt sehr beliebt. Aber auch Hamburg selbst bekam einmal Schwäne als politisches Geschenk. Als sich nach dem Zweiten Weltkrieg der Bestand der Alsterschwäne drastisch reduziert hatte, schenkte die junge englische Königin Elizabeth II. dem Bürgermeister der Hansestadt anlässlich der Internationalen Gartenbauausstellung 1953 zwei Höckerschwanenpaare, die vom Flughafen in einem Konvoi, angeführt von einem Wagen mit der Schwanenflagge des Schwanenmeisters der englischen Königin, zum Gelände der Ausstellung gebracht wurden. Auch die Vertreter des Senats der Stadt schenkten zu verschiedenen Gelegenheiten einigen deutschen Städten und Staaten wie Österreich, Israel, Türkei, Brasilien und Japan Alsterschwäne als festliches Präsent.

Eine Mühlenabrechnung aus dem Jahre 1591/92 belegt, dass die Schwäne auf der Alster bereits damals mit Getreidefutter versorgt wurden, wahrscheinlich auch schon früher. Seit dem 12. Juni 1664 sind die Tiere durch den Rat der Stadt unter besonderen Schutz gestellt. Eine Verfügung von diesem Tage belehrte die Bürger, dass es sich bei den Schwänen nicht um wilde, sondern um zahme Tiere handle und es bei Strafe verboten sei, die Vögel zu beleidigen, zu verletzen oder gar zu töten. Eine Polizeibekanntmachung vom 18. April 1873 lautete:

„Es wird hierdurch ein Jeder gewarnt, den Schwänen auf der Alster Leid zuzufügen, namentlich sie im Nisten und Brüten zu stören, nach ihnen zu werfen,

Futterhaus der Schwäne auf der Außenalster

zu schießen, sie zu schlagen oder Hunde darauf zu hetzen. Wer dies Verbot übertritt, wird, unter Vorbehalt des zu leistenden Schadenersatzes außerdem nach § 360, 13 des Strafgesetzbuchs mit Geldstrafe bis zu 50 Thaler oder Haft bestraft. Die Polizei-Offizianten, die Polizei-Wächter und der Alsteraufseher sind angewiesen, auf die Befolgung dieses Verbots zu achten."

1904 hatte man den Schwänen ein schmuckvolles Futterhaus gebaut, welches auf der Alster verankert wurde und nachts beleuchtet war. Wenige Monate danach wurde es durch Brandstiftung zerstört, aber noch im selben Jahr wieder erneuert. 1915 wurde das Futterhaus wegen Petroleummangels zum Schiffloch an der Krugkoppelbrücke verlegt, wo es 1928 wegen Baufälligkeit abgerissen werden musste.

Seit 1891 werden die Schwäne durch einen städtisch bezahlten Schwanenvater (scherzhaft Lohengrin genannt) betreut. Der derzeitige Schwanenvater Olaf Nieß hat das weltweit einzigartige Amt vor fünfzehn Jahren von seinem Vater Harald Nieß übernommen, der das Amt zuvor vierzig Jahre lang bekleidet hatte. Die Dienststelle heißt Schwanenwesen und ist im Bezirksamt Hamburg-Mitte angesiedelt. Da die Alster in der kalten Jahreszeit zufrieren kann und die Schwäne in dieser Zeit nicht ausreichend Nahrung finden, werden die rund 200 Vögel vom Schwanenvater und seinen Helfern eingefangen, in einen Kahn geladen und in den eisfrei gehaltenen Eppendorfer Mühlenteich verbracht, wo sie im Winter versorgt werden. Der Eppendorfer Mühlenteich entstand durch die Stauung der Tarpenbek, bevor sie in die Alster fließt. Der jährlich im November stattfindende Umzug in das Winterquartier und die Rückkehr im März sind ein Spektakel besonderer Art. Der Auszug der Schwäne aus dem Wintergehege gilt traditionell als Beginn des Frühlings.

Im 16. Jahrhundert kam eine Legende auf, wonach die Versorgungspflicht der Stadt gegenüber den Schwänen durch ein Privatvermächtnis eingeschränkt werde. Die Alsterschwäne, hieß es, besäßen ein für ihren Unterhalt ausgesetztes Vermögen. Wilhelm Melhop beschreibt dieses Gerücht und mutmaßt, es habe seinen Ursprung darin, dass einem Grundstück in der Spitalerstraße die Zahlung einer Rente auferlegt war „zum Unterhalt der Armen und der Schwäne bis zu ewigen Zeiten".[33] Die Rente soll vom Kloster St. Johannis erhoben worden sein. Zwei Jahre später machte Kurt Ferber in einem Aufsatz der Legende ein Ende. In dem alten, in lateinischer Sprache verfassten Text wird nicht von „cygnorum" (Schwänen), sondern von „egenorum" (Bedürftigen) gesprochen.[34] Die Legende beruhte auf einem einfachen Lesefehler. Das ändert nichts an dem reizvollen Flair, das bis heute von den Schwänen ausgeht:

> „Wenn nebeliger Abendschatten sich über die ruhigen Alsterbecken senkt und die Schwäne auf dem kaum bewegten Wasser vornehm und still in würdiger Haltung dahinschweben: dann enthüllt die Alster ihre märchenhaften, durch die edelgestalteten Schwäne traumhaft verschönten Reize."[35]

DIE ALSTER ALS TRANSPORTWEG

Die Geschichte der Transporte von Gütern auf der Alster war in ihren Anfängen stark vom Handel zwischen den Ländern des nordöstlichen Europas und Mitteleuropas geprägt. Dabei spielte die Landstrecke zwischen Lübeck und Hamburg eine maßgebliche Rolle, wenn auch eine negative. Sie stellte ein ärgerliches Handicap beim Transport der sonst auf dem Wasserweg beförderten Güter dar. Es wurden daher immer wieder Überlegungen angestellt, wie man die Güter über den Wasserweg einfacher und kostengünstiger transportieren könnte.

WARENVERKEHR ZWISCHEN HAMBURG UND LÜBECK IM MITTELALTER

Im Mittelalter gab es zwischen Hamburg und Lübeck einen intensiven Warenverkehr. Ein großer, von den Städten der Hanse geschaffener Verkehrsweg im nordöstlichen Europa verlief von Nowgorod nach Brügge und London. Da die Seestrecke

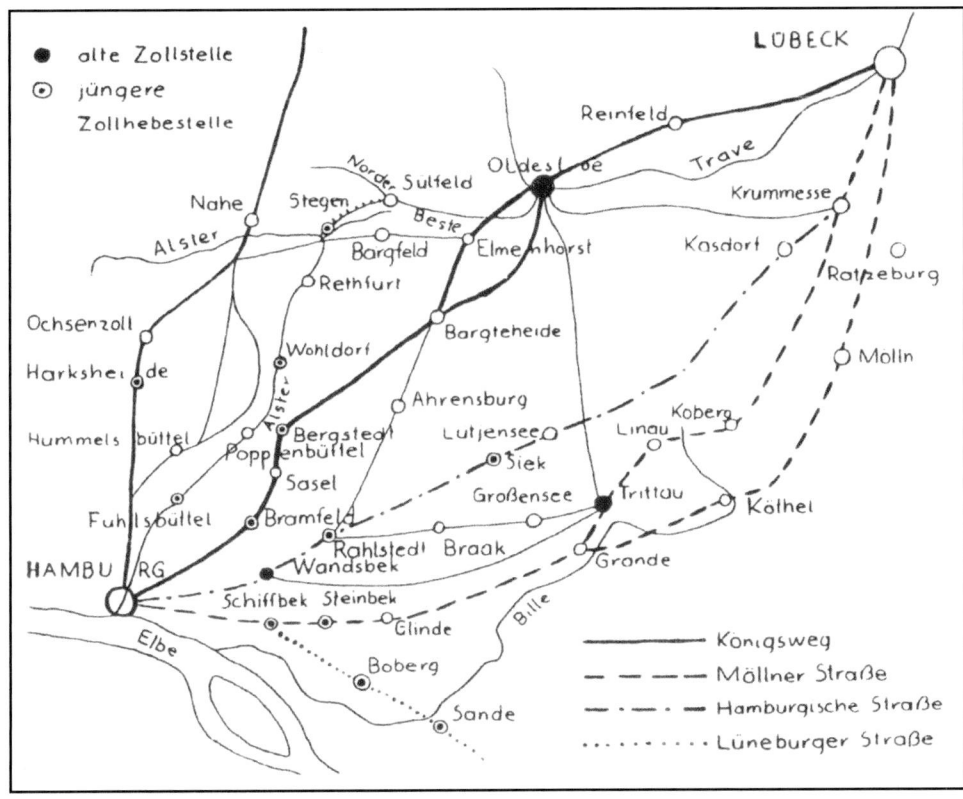

Alte Landstraßen zwischen Hamburg und Lübeck

um Jütland herum zunächst noch als sehr gefährlich galt und wenig genutzt wurde, ließen die Kaufleute ihre Waren (Pelze, Wachs, Honig, Getreide, Flachs, Hanf, Holz, Teer, Eisen- und Kupfererzeugnisse) aus den Ostseeländern auf dem Seeweg nach Lübeck transportieren, wobei Lübeck das Stapelrecht an der Trave für seinen Handelsverkehr beanspruchte und damit auch ein Ausweichen über den Sund bekämpfen wollte. In Lübeck wurden die Güter auf flache Schuten umgeladen und die Trave aufwärts nach Oldesloe verschifft. Neben der Trave führten Landstraßen, die vom Personen- und auch vom Warenverkehr genutzt wurden, von Lübeck nach Oldesloe, wo Frachtfuhrwerke die Handelswaren übernahmen und sie auf dem Landweg nach Hamburg verbrachten. Dabei wurde oft der „Königsweg" genutzt über Bargteheide, Bergstedt, Sasel und Bramfeld, auch „Lübecker Weg" genannt (via Lubicensis). Ebenso verlief der Transport in umgekehrter Richtung.

Die Straßen zwischen Lübeck und Hamburg waren im Mittelalter die am stärksten frequentierten zwischen Ostsee und Nordsee und verliefen unter anderem quer durch das berüchtigte Wald- und Sumpfgebiet Wunnekenbrook. Als 1241 die Städte Lübeck und Hamburg einen Vertrag zum Schutz dieser Wege schlossen, hieß es darin:

> „Darin erprobt sich wahre und reine Freundesliebe, dass der Freund sich nicht nur an des Freundes Glück erfreut, sondern auch im Unglück an seinen Beschwerden und Verlusten teilnimmt…Wenn etwa Räuber oder andere schädliche Leute sich gegen unsere oder ihre Bürger erheben sollten in dem Gebiet zwischen der Mündung der Trave in die Ostsee bis nach Hamburg und weiter über die gesamte Niederelbe bis zur Nordsee und unsere oder ihre Bürger feindlich anfallen, so wollen wir allen Aufwand und alle Kosten zur Vertilgung und Ausrottung solcher Räuber mit ihnen und sie wieder mit uns zu gleichen Teilen tragen." [36]

Die Wege zwischen Lübeck und Hamburg verliefen in der Nähe der Oberalster, und zwar beiderseits des Flusses. Im Jahre 1368 wurden Waren im Wert von 200.000 Lübische Mark von Lübeck über Oldesloe nach Hamburg befördert. Die Lübische Mark (lat. Marca Lubicensis) war ab dem 14. Jahrhundert eine einheitliche Währung für die Hansestädte Lübeck, Hamburg, Wismar, Lüneburg, Rostock, Stralsund und Anklam. Hamburg ließ die von seinen Kaufleuten in die Ostseeländer veräußerten Waren (Bier, Wein, Tuchballen, Leinen, Metallwaren, Salz) in umgekehrter Richtung nach Lübeck transportieren. Sie waren als Halb- oder Fertigprodukte mindestens ebenso wertvoll wie die von Lübeck nach Hamburg beförderten Güter.

Doch der Warentransport zwischen Hamburg und Lübeck war zeitraubend, teuer und gefährlich. Der sandige Boden und das wellige Gelände im Gebiet Stormarns bereitete den Fuhrwerken erhebliche Schwierigkeiten, hinzu kam die ständige Gefährdung durch Raubritter und Wegelagerer. Die Kaufleute gingen daher zunehmend dazu über, ihre Güter trotz der nach wie vor erheblichen nautischen Gefahren durch den Öresund und um Skagen herum transportieren zu lassen. Hamburg und Lübeck hatten daher allen Grund, den Warenverkehr zwischen beiden Städten grundlegend zu verbessern und zu erleichtern.

Die Flößerei von Holz war der erste Schritt für den Transport von Gütern auf der Alster. Beim Erwerb der Alster durch Hamburg zu Beginn des 14. Jahrhunderts spielte die Schiffbarkeit des Flusses noch keine Rolle. Damals wurde der Fluss überwiegend zum Flößen von unverbundenem Holz und als Trinkwasserreservoir genutzt. Die schnell wachsende Stadt hatte einen großen Bedarf an Holz für den Bau von Fachwerkhäusern, Schiffen sowie als Brennholz für die Haushalte und Gewerbebetriebe. Das Holz kam unter anderem aus Stormarn, wo im Mittelalter dichte Mischwälder aus Buchen, Eichen, Erlen und anderen Laubhölzern wuchsen. Arbeiter brachten das Holz zu den Sammelplätzen, von wo es auf der Alster flussabwärts geflößt wurde und wobei man das Stammholz bis zur Stadt am Reesendamm treiben ließ. Das Scheitholz wurde in Alsterdorf aufgefangen, gestapelt und zusammen mit gesammelten Feldsteinen auf Alsterkähnen nach Hamburg transportiert. Dabei war der Einsatz solcher flachen Lastkähne erst möglich, nachdem Mitte des 13. Jahrhunderts durch den Bau des Reesendamms die Stauung der Alster bis über Eppendorf hinauf reichte.

Ein kühner Plan: Der Alster-Beste-Kanal

Um eine Schifffahrtsstraße zwischen Alster und Trave und damit zwischen Hamburg und Lübeck herzustellen, entwickelte der „tollmutige" Hamburger Bürgermeister Detlev Bremer (1403-1464) die Idee, die bisher nur flößbare obere Alster in einen schiffbaren Fluss umzuwandeln und diesen durch einen Kanal mit der Norderbeste zu verbinden. Die Norderbeste entsteht aus dem abfließenden Wasser des Lunder und des Nienwohlder Moores südlich von Itzstedt, fließt an Borstel und Sülfeld vorbei und durchquert den Grabauer See. Bei Blumendorf nimmt sie die Süderbeste auf, danach strömt der Fluss durch ein tiefes Tal nach Oldesloe, wo er in die Trave mündet. Die Idee des Alster-Beste-Kanals[37] war geboren.

Ihr vorausgegangen war ein ähnliches Projekt, der Bau des Stecknitz-Kanals. Er wurde 1391-1398 nach einer Vereinbarung zwischen den Vertretern der aufstreben-

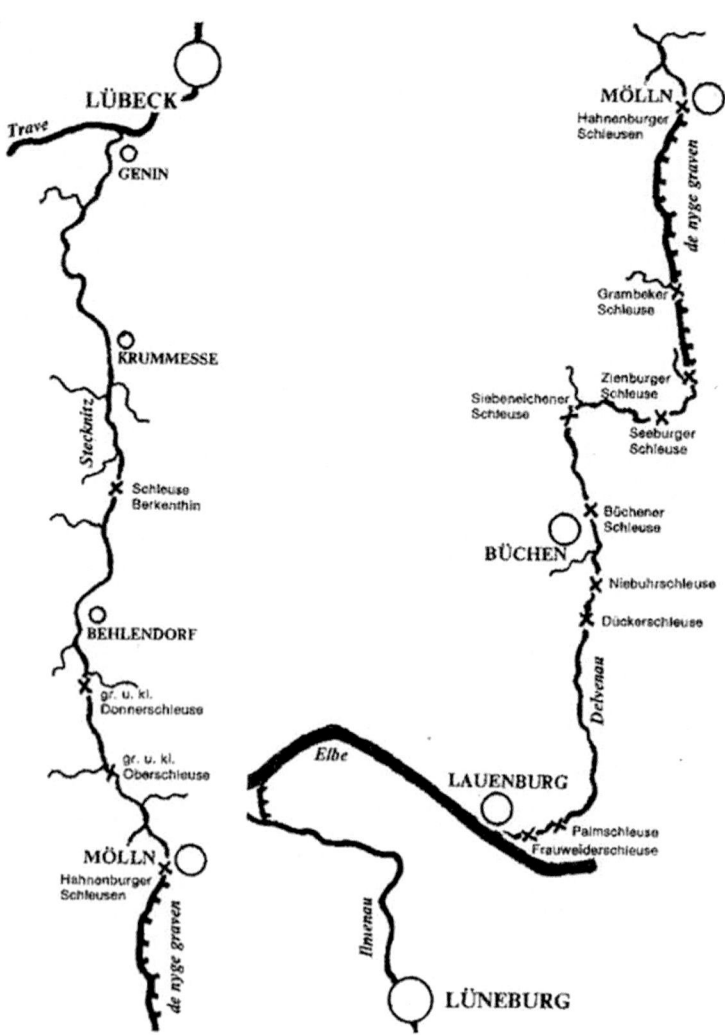

Skizze des Stecknitz-Kanals

den Hansestadt Lübeck und dem Herzog Erich IV. von Lauenburg-Sachsen (1368-1412) gebaut. Der Wasserweg führte von Lübeck die Trave aufwärts bis zur Stecknitz, die durch einen Kanal mit der Delvenau verbunden wurde, welche ihrerseits in die Elbe mündete. Der Stecknitz-Kanal war der erste Wasserscheidenkanal, er verband die Elbe mit der Trave und damit die Ostsee mit der Nordsee. Der Kanal wurde über 500 Jahre betrieben und diente in erster Linie dem Salztransport von Lüneburg nach Lübeck. Der Salztransport spielte im Mittelalter eine große Rolle, da Salz für die Konservierung von Fisch und Fleisch unverzichtbar war. Salz war damals das für Lübeck wichtigste Massengut, des Weiteren wurde es in die Städte der Anrainerstaaten im gesamten Ostseeraum transportiert.

Der Wasserweg führte durch das Hoheitsgebiet des Herzogs von Sachsen-Lauenburg. An ihn musste Zoll abgeführt werden, ein für die hansestädtischen Kaufleute ständiges Ärgernis. Zudem war die Stecknitzfahrt sehr beschwerlich, nicht nur wegen der vielen Schleusen, sondern auch, weil die Fortbewegung der drei oder vier aneinandergekoppelten Kähne entlang unwegsamer Treidelpfade äußerst mühsam war.

Nach der Vorstellung von Bürgermeister Detlev Bremer sollte der neue Wasserweg nach Lübeck zunächst dem natürlichen Wasserlauf der Alster von Hamburg bis nach Stegen und anschließend dem der Alten Alster folgen. Hier sollte ein künstlicher Kanal anschließen, der quer durch das Nienwohlder Moor verlaufen und bei Sülfeld das um 9 Meter niedrigere Tal der Norderbeste erreichen sollte, die bei Oldesloe in die Trave mündet. Die Trave war damals von Lübeck bis Oldesloe schiffbar. Nach Bremers Konzept war der gesamte Wasserlauf 91 Kilometer lang. Die Alster und die Alte Alster sollten auf 40 Kilometer genutzt werden, der Kanal sollte eine Länge von 8 Kilometer haben. Die Norderbeste sollte östlich der Wasserscheide bei Sülfeld über

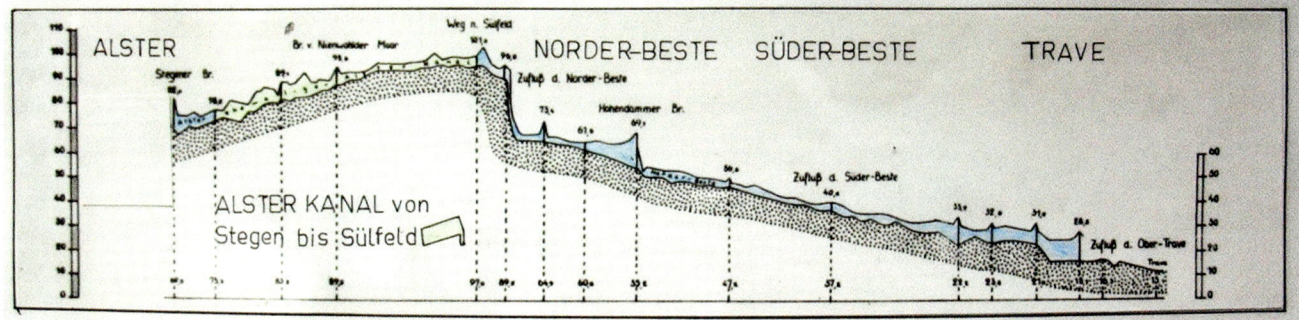

Skizze des Alster-Beste-Kanals

15 Kilometer und die Trave von Oldesloe bis Lübeck über 28 Kilometer genutzt werden.

Wegen der Topologie des Geländes entlang der Trasse musste bei der Realisierung des Projekts mit erheblichen Problemen gerechnet werden. Die Alster wies auf der 40 Kilometer langen Strecke von Hamburg bis Stegen ein Gefälle von fast 17 Metern auf. Das Gelände zwischen Sülfeld und Stegen stieg auf 8 Kilometern nochmals um etwa 8 Meter an. Die Norderbeste liegt nach steilem Abfall des Geländes 9 Meter tiefer und hat von dort bis zur Einmündung in die Trave ein Gefälle von 14 Metern. Es kam darauf an, die Scheitelstrecke zwischen Sülfeld und Stegen so auszugleichen, dass der zu errichtende Kanal ausreichend Wasser führte, um einen Schiffsverkehr zu ermöglichen. Problematisch war weiterhin, dass sich die damalige Quelle der Alster hauptsächlich aus dem Oberflächenwasser des Nienwohlder Moores speiste. Vor allem die Befestigung der Kanalufer im Moor musste Schwierigkeiten bereiten, zumal die Wände des Kanals dem seitlichen Druck des schwammartigen Moores ausgesetzt waren. Der Bau des Kanals bedeutete somit für die damalige Zeit eine große wasserbautechnische Herausforderung.

Verträge von 1448 und 1525

Obwohl Hamburg über alle Rechte an der Alster verfügte, konnte das Bauvorhaben nur mit Zustimmung des Grafen Adolf VIII.[38] von Holstein (1401-1459), dem letzten Schauenburger, verwirklicht werden. In seinem Besitz befanden sich die Norderbeste und das Land, durch das der Kanal gebaut werden sollte. Am 19. März 1448 schloss die Stadt Hamburg einen Vertrag mit Graf Adolf VIII.[39] Gegenstand des Vertrags war es, die Alster und die Norderbeste so miteinander zu verbinden, dass auf Schiffen Kaufmannsgüter von Lübeck über Oldesloe nach Hamburg und umgekehrt transportiert werden konnten. Die Kosten für den Kanalbau sowie für den Schleusen- und Dammbau sollten von beiden Seiten zu gleichen Teilen getragen werden. Graf Adolf VIII. verpflichtete sich, die Grundstücke, die bei der Ausführung des Unternehmens benötigt wurden, von den Eigentümern auf eigene Kosten zu erwerben. Soweit die Stadt Hamburg oder ihre Bürger Ländereien in den Streckenbereichen besaßen, die für den Bau des Kanals benötigt wurden, wollte Hamburg diese zur Verfügung stellen. So hieß es in dem Vertragstext unter anderem:

> „...dass wir mit Gottes Hilfe die Beste und die Alster mit einem Kanal ... an geeigneter Stelle verbinden ... und so breit und tief anlegen, dass man darauf mit Schiffen das Kaufmannsgut aus der Trave bei Oldesloe bis nach Hamburg an der Elbe fahren kann und wiederum aus der Elbe in die Trave hinein bis nach Lübeck, bei Kosten, Arbeitsaufwand und Risiko zu gleichen Teilen..."

Das für die transportierten Güter zu zahlende Kanalgeld sollte zu gleichen Teilen zwischen den Vertragspartnern aufgeteilt werden. Für Graf Adolf VIII. sollten der Zoll in Hamburg sowie das Geleit- und Pfandgeld in Oldesloe ungekürzt erhalten bleiben. Diese Einnahmen waren als Ausgleich für den Ausfall von Zolleinnahmen bei der Benutzung der Landwege gedacht. Für Hamburg beschränkte der Graf die Abgaben allerdings auf Bier und Eichenholz. Ferner ließ sich Hamburg seine Eigentums- und Hoheitsrechte an der Alster aus den drei Verträgen von 1306, 1309 und 1310 noch einmal bestätigen.

Beide Seiten rechneten damit, dass der Herzog von Sachsen-Lauenburg den für den Kanalbau Verantwortlichen Schwierigkeiten bereiten würde, weil der neue Schifffahrtsweg einen Teil des Warenverkehrs von dem Stecknitz-Kanal auf sich ziehen werde; dies hätte einen Ausfall von Zolleinnahmen bedeutet. Graf Adolf VIII. und die Stadt verpflichteten sich daher zu gegenseitiger Hilfeleistung und Unterstützung, falls Dritte ihnen oder einem von ihnen wegen des Kanalbaus Schwierigkeiten bereiten würden.

Lübeck war zunächst nicht Vertragspartei. Graf Adolf VIII. und Hamburg hatten sich allerdings auf einen möglichen Beitritt Lübecks zu dem Vertrag verständigt. Als sich die Stadt später dem Vertragswerk anschloss, entschieden sich die Vertragspartner auf eine Drittelung der Baukosten. Der Warenverkehr war ja für Lübeck wirtschaftlich ebenso wichtig wie für Hamburg. Es ist unbekannt, wann Lübeck dem Vertragswerk beigetreten ist.

Mit dem Bau des Kanals wurde noch 1448 begonnen. Große Baukolonnen zogen in das obere Alstertal: Vermessungsbeamte, Zeichner, Erdarbeiter, Holzfäller, Zimmerleute, Schmiede und Schlosser, fachkundige Wasserbauer aus den Niederlanden standen als Berater zur Verfügung. Von Sülfeld bis Fuhlsbüttel wurde der Alsterlauf eine einzige große Baustelle. Zunächst musste die Alster durch den Bau von Schleusen schiffbar gemacht werden. Von der Graskellerschleuse in Hamburg bis kurz vor Sülfeld waren für 37 Flusskilometer zehn Stauwehre erforderlich. Oberhalb von Stegen wurde im Anschluss an die Alte Alster auf der Scheitelstrecke der Kanal ausgehoben und bis an das Sülfelder Moor herangeführt.

Obwohl Hamburg bereits bei der Anlage von Fleeten und Schleusen erfahren war, gestalteten sich die Arbeiten an der eigentlichen Kanalstrecke schwierig. Der moorige Untergrund und der Höhenunterschied von acht Metern auf einer Strecke von 7,35 Kilometern zwischen Stegen und dem Scheitelpunkt im Nienwohlder Moor bereiteten erhebliche Probleme. Vom Scheitelpunkt bis zur Norderbeste musste auf nur einem Kilometer ein Höhenunterschied von neun Metern überwunden werden. Auch wenn die Kanalufer mit Holz und Flechtwerk befestigt wurden, kam es doch immer wieder zu Einbrüchen des moorigen Bodens. Obwohl die Alte Alster ein wasserreicher Quellfluss war, wurde dem Kanal nicht ausreichend Wasser zugeführt, zumal es das Problem gab, dass das hochgewölbte Nienwohlder Moor eine Wasserscheide bildete, die Norderbeste neun Meter tiefer als die Alster lag und alle Bäche und Flüsse in dieser Gegend entweder in östlicher Richtung zur Trave oder in westlicher Richtung zur Alster hinabfließen.

In Hamburg und Lübeck verfolgte man aufmerksam den Fortgang der Arbeiten. In Lübeck wurden Wetten darüber abgeschlossen, ob das Werk gelingen würde, entsprechende Wettverträge wurden in öffentliche Bücher eingetragen. Aus diesen Büchern ist überliefert, dass Jurien Monnik mit Bernd Meyer um 40 Lübische Mark wettete, dass Letzterer die Fertigstellung des Kanals zwischen Hamburg und Lübeck und seine Benutzung für beladene Schiffe nicht erleben werde.[40] Monnik gewann die Wette. 1452 wurden die Arbeiten abgebrochen, nachdem Hamburg mit 12.224 Lübischen Mark fast das Gesamtvolumen seines städtischen Jahreshaushalts für die Baumaßnahmen aufgewendet hatte. Das Moor bereitete den Kanalbauern immer neue Schwierigkeiten, da es die Grabenwände ständig eindrückte und den Schleusenwerken keinen festen Baugrund bot. Solche technischen Schwierigkeiten sowie finanzielle Gründe führten zum Abbruch des Kanalbaus. Hamburg stand vor dem finanziellen Ruin. Weder Graf Adolf VIII. von Holstein noch die Stadt Lübeck hatten sich an den Baukosten beteiligt.

Hamburg ließ sich durch das Misslingen der Wasserstraßenverbindung nicht entmutigen. Die Idee, die Alster mit der Trave zu verbinden, geriet nicht vollends in Vergessenheit. Etwas mehr als 75 Jahre nach dem ersten Versuch gab es einen zweiten Anlauf zur Realisierung des Projekts. Hamburg gelang es, die Stadt Lübeck erneut

König Friedrich I. von Dänemark

für den Plan zu interessieren. Zu dem Interesse Lübecks wird beigetragen haben, dass sich der Handelsverkehr zwischen beiden Handelsstädten in der zweiten Hälfte des 15. Jahrhunderts erheblich gesteigert hatte. Im April und Mai 1524 fanden in Hamburg auf Veranlassung Kaiser Karls V. Verhandlungen über die Wiedereinsetzung seines Schwagers Christian II. als König von Dänemark statt. Dabei brachten die Vertreter Hamburgs unter Führung des Bürgermeisters Hinrich Salsborch die Vollendung des Projekts des Alster-Beste-Kanals zur Sprache. Es gelang ihnen, von König Friedrich I. von Dänemark drei Tage nach dessen Krönung am 7. August 1524 die schriftliche Zusicherung zu erhalten, dass Verhandlungen über eine Vollendung des Kanalprojekts aufgenommen würden, sobald der König in die Herzogtümer zurückgekehrt sei.

Im Frühjahr des folgenden Jahres reiste der dänische König nach Holstein. Am 10. März 1525 begannen auf der Burg Segeberg zwischen dem König und den Vertretern von Hamburg und Lübeck die Verhandlungen. Bereits am 14. März 1525 wurde eine Verständigung erzielt.[41] Diesmal gehörte neben Hamburg und Lübeck auch Dänemark zu den Vertragsparteien. Überdies hatte die schleswig-holsteinische Ritterschaft nach dem Aussterben der Schauenburger im Ripener Vertrag vom 5. März 1460 den dänischen König Christian I. zum Landesherrn gewählt, und dessen Sohn war Friedrich I. Seit dieser Zeit regierte mehrere Jahrhunderte lang der jeweilige dänische König auch in Schleswig und Holstein.

In dem Vertrag übernahmen die beiden Städte allein die Baukosten zu gleichen Teilen. Der König verpflichtete sich, das auf seinem Territorium benötigte Gelände frei von allen Lasten zur Verfügung zu stellen und es, wo erforderlich, zu erwerben. Hamburg und Lübeck stellten das Land zur Verfügung, welches sie selbst oder ihre Bürger besaßen. Ferner stellte der König das zum Bau der Schleusen und Stauungen nötige Holz aus seinen Waldungen sowie 500 Mann acht Tage lang für die Schanz- und Grabenarbeiten kostenlos zur Verfügung.

Die von den Kanalbenutzern zu zahlende Vergütung sollte in erster Linie für die Unterhaltung der Wasserstraße, der Schleusen und der Stauungen verwendet werden. Der König hatte den Vorbehalt erneuert, dass der alte gräfliche Zoll neben dem Schleusengeld auch zukünftig zu zahlen sei. Hamburg und Lübeck durften eine gleiche Anzahl von Schiffen auf dem Wasserweg einsetzen. Trotz der Bereitstellung von Grund und Boden durch den König verblieb die Landeshoheit bei ihm. Der Vertrag wiederholte und bestätigte die Hamburg eingeräumten Eigentums- und Hoheitsrechte an der Alster.

Mit den Vorarbeiten wurde im Frühjahr, mit den eigentlichen Bauarbeiten am 7. August 1526 begonnen. Wie beim ersten Versuch erwies sich der Bau wieder als sehr schwierig. Die Bauausführung lag allein in den Händen und in der Verantwortung Hamburgs. Die Stadt hatte eine aus Rat und Bürgerschaft gemischte Deputation gegründet, an deren Spitze mit großer Tatkraft der Hamburger Bürgermeister Hinrich Salsborch stand. Leitender Ingenieur und „Grabenmeister" war Hans Hesse, der sich seit Jahren als Ingenieur für Befestigungsbauten und als Sachverständiger für Kanalbauten bewährt hatte.

Alster-Beste-Kanal im Nienwohlder Moor

Die Planungen entsprachen weitgehend denen des ersten Baus, die Ausmessungen sollten auf der Scheitelstrecke 13,74 Meter in der Breite und 1,71 Meter in der Tiefe betragen. Diese Maße wurden aber nicht erreicht. Die Bauarbeiten wurden in dem milden Winter 1526/27 nicht unterbrochen, im ebenfalls milden Winter 1528/29 ruhten die Arbeiten nur zwei Wochen im Februar. Doch der Kanalbau wurde immer teurer.

Für den neuen Wasserweg baute man 26 Schleusen, davon 8 auf der Norderbeste, 10 auf der Scheitelstrecke und 8 auf der Alster. Am 22. August 1529 trafen endlich die ersten vier Schiffe mit Kaufmannsgütern von Lübeck in Hamburg ein. Danach waren aber noch weitere Bauarbeiten erforderlich, Schleusendämme und die Ufer auf der Scheitelstrecke mussten erhöht werden. Ferner war ein Treidelweg zwischen Nienwohld und Stegen herzustellen. Erst im Sommer 1530 waren die Arbeiten abgeschlossen, mehr als fünf Jahre nach Vertragsabschluss.

Die Baukosten betrugen 43.500 Lübische Mark, das entsprach dem Anderthalbfachen des ordentlichen Stadthaushalts von Hamburg. Entgegen den Absprachen musste die Stadt die Kosten für die Errichtung der Wasserstraße allein tragen und daür Anleihen bei den vier städtischen Hauptkirchen und bei vermögenden Bürgern und Stiftungen aufnehmen. Der Haushalt Hamburgs war dadurch über viele Jahre stark beansprucht. Lübeck war durch Kriegsausgaben finanziell schwer belastet und hatte deswegen in den Jahren 1525 bis 1529 nur 7.000 Lübische Mark zu den Kosten des Kanalbaus beigetragen. Den Rest seines Kostenanteils hat Lübeck erst in den Jahren 1545 bis 1553 entrichtet.

Einwendungen gegen den Bau

Hamburg, Lübeck und der dänische König mussten verschiedene Einwendungen von dritter Seite überwinden. Der Kanal sollte durch die Marquard von Buchwald gehörenden Güter Jersbek-Stegen und Borstel geführt werden, worüber keine Verständigung erzielt werden konnte. Als Herzog Magnus I. von Sachsen-Lauenburg vom Projekt der Wasserstraße Kenntnis bekam, erhob er ebenfalls Einwendungen. In beiden Fällen kam es zu langwierigen rechtlichen Auseinandersetzungen.

Schon vor Abschluss des Vertrags über den Kanal hatten Vertreter der Stadt Hamburg mit Marquard von Buchwald in Wohldorf Verbindung aufgenommen, um mit ihm über eine Entschädigung zu verhandeln. Es war aber nicht zu einer Verständigung gekommen. Am 20. Mai 1526 einigten sich der König und Marquard von Buchwald auf ein Verfahren darüber, wie die Entschädigung festgestellt werden solle. Da man sich auf ein Schiedsgericht verständigt hatte, bestellte der König vier seiner Räte und Buchwald vier seiner Freunde zu Schiedsrichtern, die einen Monat nach der Fertigstellung des Kanals, nachdem vier Schiffe ihn passiert hatten, in Sülfeld zusammentreten sollten, um die Entschädigung festzusetzen. Die Entschädigungssumme sollte Hamburg bezahlen und sich dafür an dem Anteil des Königs am Schleusengeld schadlos halten. Da Buchwalds Ländereien durch den Kanal durchschnitten worden waren, verpflichteten sich Hamburg und Lübeck, bei Sülfeld eine Brücke über den Kanal zu bauen, für die Buchwald einen Schlüssel erhielt. Der Schiedsspruch erging am 11. Januar 1531 auf dem Kieler Umschlag.[42] Diese Institution war um die Mitte des 15. Jahrhunderts entstanden. Der Adel hatte den Kieler Umschlag zu einem zentralen Markt für Geldgeschäfte gemacht, der immer im Januar stattfand. Buchwald wurden 1.700 Lübische Mark als einmalige und endgültige Entschädigung für den Kanalbau zugesprochen.

Nachdem Herzog Magnus I. von Sachsen-Lauenburg von dem Wasserstraßenprojekt erfahren hatte, bemühte er sich umgehend, den Bau des Kanals zu verhindern. Er fürchtete um den Rückgang seiner Zolleinnahmen auf dem Stecknitz-Kanal und auf der Elbe sowie um die Verletzung der ihm vom dänischen König eingeräumten Rechte am Amt Tremsbüttel. Da die Verhandlungen mit Vertretern der Stadt Hamburg erfolglos geblieben waren, erhob Herzog Magnus am 8. September 1525 Klage vor dem Reichskammergericht in Esslingen am Neckar gegen die Städte Hamburg und Lübeck. Zur Begründung der Klage führte er nicht die ihm entgehenden Zolleinnahmen auf dem Stecknitz-Kanal und die Verletzung seiner territorialen Rechte am Amt Tremsbüttel an, sondern behauptete, der Kanalbau verletze die ihm vom Kaiser Karl V. 1521 bestätigten Elbprivilegien. Magnus erwirkte vor dem Reichskammergericht am 12. September 1525 ein „Poenalmandat" – eine Art einstweiliger Verfügung – gegen

Hamburg und Lübeck, durch das sie verurteilt wurden, das Kanalprojekt „genzlich" zu unterlassen, weil dadurch Magnus' Rechte verletzt würden. Ferner wurden beide Städte zu einer Strafzahlung von je 200 Goldmark verurteilt.

In dem Rechtsstreit vertraten Hamburg und Lübeck den Standpunkt, das Reichskammergericht sei für die Entscheidung gar nicht zuständig, weil der „neue Graben" weder das Herzogtum Lauenburg berühre, noch ein Zufluss zur Elbe hergestellt werden solle, sondern nur eine Verbindung zwischen Alster und Trave über die Norderbeste. Am 18. Mai 1525 erweiterte Magnus seine Klage gegen den dänischen König Friedrich I. Am 18. Februar 1527 erließ das Reichskammergericht eine einstweilige Verfügung gegen Friedrich I. und verurteilte ihn zur Zahlung von 200 Goldmark. Am 6. Juli 1528 verhängte das Reichskammergericht, welches jetzt seinen Sitz in Speyer hatte, ein „Executorialmandat" gegen Hamburg und Lübeck. Daraufhin erklärten beide Hansestädte, sie würden die Arbeiten am Bau des Kanals aufgeben. Gleichzeitig übergaben sie das Projekt dem dänischen König, der danach bestätigte, dass alle am Bau beteiligten Personen seiner Obrigkeit unterstünden.

Karte des Verlaufs des Alster-Beste-Kanals von 1528

DIE ALSTER ALS TRANSPORTWEG

Um den Nachweis zu erbringen, dass der „neue Graben" das Herzogtum Lauenburg gar nicht berührte, legten die Hamburger am 21. Oktober 1528 eine Karte als Prozessanlage vor.

Die hier wiedergegebene Karte ist eine im Schleswig-Holsteinischen Landesarchiv aufbewahrte kolorierte Darstellung. Sie ist die älteste handgezeichnete Karte von Schleswig-Holstein, das Original hat einen Durchmesser von 28 Zentimeter. Sie ist Ost-West-orientiert, das heißt oben ist Osten und unten Westen. Der seitlich links liegende Norden ist durch das Wort „Denmarck" gekennzeichnet. Durch die Karte verläuft eine Linie, die sie in zwei Teile teilt. Der größere hellgrüne Teil stellt das holsteinische und der dunkelgrüne das lauenburgische Gebiet dar. Die Kugelgestalt der Karte war im Mittelalter typisch für Weltkarten. Nach der Karte führt der Alster-Beste-Kanal weit von der lauenburgischen Grenze entfernt an Sülberg bei Stegen und an Oldesloe vorbei bis Lübeck, befindet sich also ausschließlich auf holsteinischem Gebiet. Die Karte berücksichtigt nicht, dass die Lauenburger Herzöge seit dem Jahre 1475 Besitzer des Gutes Tremsbüttel waren, das mit einigen Dörfern direkt an den Kanal grenzte.

Schließlich erklärte Magnus I. von Sachsen-Lauenburg überraschend, dass das „Executorialmandat" gegen die Hansestädte wohl ungerechtfertigt gewesen sei, da der dänische König als Herzog von Holstein die treibende Kraft beim Kanalbauprojekt gewesen sei. Da ein Vorgehen gegen König Friedrich I. politisch nicht opportun erschien, wurde der Prozess am 31. Januar 1531 ohne Urteil in gegenseitigem Einvernehmen abgeschlossen. Zu diesem Zeitpunkt war der Kanal schon in Betrieb.

Schifffahrt auf dem Alster-Beste-Kanal

Nach der Fertigstellung des Kanals Mitte August 1530 begann der regelmäßige Schiffsverkehr. Der Jubel war groß, mit dem die ersten vier aus Lübeck in Hamburg ankommenden Schiffe begrüßt wurden. Die Talfahrt von Lübeck nach Hamburg dauerte zwei bis drei Tage, von Hamburg die Alster aufwärts dauerte die Fahrt bis zu vierzehn Tage. Die „Steckelschiffe", die später auch „Alsterböcke" genannt wurden, waren offene Schuten von etwa 23 Meter Länge und 4,5 Meter Breite. Es gab Voll-, Halb-, Viertel- und Achtelschiffe, die leer 21-26, beladen 67-79 Zentimeter eintauchten. Die Besatzung betrug je nach Größe drei bis fünf Mann. Unterbrochen war die Schifffahrt im Winter von Martini bis Petri (11. November bis 22. Februar) sowie während der Heuernte im Juli, da die Besatzungen dann auf den Feldern arbeiteten.

Die von den Alsterschiffen beförderten Güter waren in erster Linie Kalk, Holz und Torf, man transportierte aber auch Tuche, Pelze, Felle, Butter und Wachs. Es ist unbekannt, wie umfangreich das Verkehrsaufkommen genau gewesen ist, da die Zollbücher des Alstervogts dem Großen Brand 1842 zum Opfer gefallen sind. Die Schiffe fuhren niemals einzeln, sondern zur besseren Nutzung des Wassers in den Schleusen immer in Flotten zwischen vier und fünfzehn Einheiten. Von Hamburg bis Fuhlsbüttel wurden die Alsterschiffe mit der Stange fortbewegt, oberhalb von Fuhlsbüttel wurden sie meist getreidelt.

Die Schifffahrt auf dem Kanal verlief jedoch nicht störungsfrei. Benachbarte Gutsherren hielten mehrfach Schiffe an, einmal wurden neun Schiffe mit Kaufmannsgütern eines Lübecker Ratsherrn wochenlang festgehalten, weil der Junker von Jersbek im Überstaugebiet einer der Kanalschleusen Hafer gesät hatte, den er noch vor der Durchfahrt der Flotte einbringen wollte. Das Amt Trittau versuchte, eigene Gebühren von den Schiffen zu erheben, und Mitglieder der Familie Buchwald legten zur Behinderung gefällte Bäume über den Wasserweg.

Doch diese Störungen waren nicht der eigentliche Grund, weshalb der Betrieb der Wasserstraße 1550 eingestellt wurde. Ausschlaggebend dafür war, dass es mit den geringen Mitteln der damaligen Wasserbauarchitektur nicht möglich war, dem Kanal die notwendige Tiefe sowie den Schleusen die nötige Widerstandskraft gegen die Bodenverschiebungen zu geben. Die Wasserbautechnik musste vor den Tücken des Nienwohlder und Sülfelder Moores kapitulieren. Der Kanal zog dem Moor das Wasser ab und führte es der Alster und der Beste zu. Bei anhaltenden Niederschlägen stürzten die Uferbefestigungen immer wieder ein, sodass der Moorschlamm sich in das Kanalbett ergoss. Nach einem großen Dammrutsch im Jahre 1549 hat man die Versuche aufgegeben, die Kanalstrecke in einem befahrbaren Zustand zu erhalten. Das war das Ende der Wasserstraße zwischen Lübeck und Hamburg. Sie wurde von 1550 an nur noch auf der Alster von Stegen bis Hamburg genutzt, kurz danach nur noch auf der Strecke zwischen Fuhlsbüttel und Hamburg.

Zu dem Ende der Nutzungszeit des Alster-Beste-Kanals haben aber auch Änderungen der politischen Rahmenbedingungen beigetragen. Der Transport der Handelsgüter hatte sich infolge der großen überseeischen Entdeckungen und Eroberungen verlagert, es waren neue Verkehrswege und Handelszentren von der Ostsee zur Nordsee entstanden. Die Verbindung zwischen Lübeck und Hamburg verlor an Bedeutung. So hat der Alster-Beste-Kanal nie die ihm von den Hansestädten zugedachte Rolle zu spielen vermocht. Trotz seines Misserfolgs beweist er Unternehmergeist und Zielstrebigkeit der Hanseaten.

Spätere Pläne einer Wasserstraße zwischen Alster und Trave

Die Bedeutung eines Schifffahrtswegs zwischen Alster und Trave blieb der Bevölkerung weiter bewusst. Der Wunsch nach einer Wiederherstellung der Wasserstraße kam bis zu Beginn des 19. Jahrhunderts immer wieder auf.

1609 beantragte die Hamburger Bürgerschaft beim Rat der Stadt, sich erneut mit der Realisierung einer Wasserstraße zwischen Alster und Trave zu befassen. Nachdem dieser Wunsch ungehört blieb, wiederholte die Bürgerschaft ein Jahr später ihr Ersuchen. Der Rat verwies darauf, dass die Wasserverbindung ohne die Zustimmung des dänischen Königs nicht wiederhergestellt werden könne.

Auch auf Seiten der Stadt Lübeck gab es Interesse an einer Wiederherstellung der Wasserstraße. Ihr Bürgermeister Heinrich Brockes unternahm 1618 einen Besichtigungsritt die Beste aufwärts und weiter bis nach Stegen. Er veranlasste die Erstellung eines Gutachtens, welches für einen etwaigen Bau der Wasserstraße zu einem günstigen Ergebnis kam.

In einer Besprechung im August 1679 mit dem Lübecker Mühlenmeister Hinrich Stahlbuch bekundete König Christian V. von Dänemark (1646-1699) lebhaftes Interesse an einem Kanalplan. Der Hamburger Senat verwies jedoch auf die Erfahrung mit den wasserbautechnischen Schwierigkeiten und die lästige Streitsucht der Buchwalds auf Borstel und Jersbek.

Auch 1770 gab es konkrete Überlegungen, die Alster mit der Trave durch die Beste zu verbinden und, parallel dazu, die Trave mit der Schwentine zu vereinigen, um so einen Schifffahrtsweg zwischen den drei Städten Hamburg, Lübeck und Kiel herzustellen. Dieses Vorhaben geriet jedoch bald wieder in Vergessenheit.

Im Jahre 1820 machte die Patriotische Gesellschaft in Hamburg den Bau einer Wasserstraße zwischen Hamburg und Lübeck zum Gegenstand eines Preisausschreibens, nachdem der Bau einer solchen Verbindung zeitweilig auch als ein Glied des von Napoleon geplanten großen Kanalsystems in Betracht gezogen war.[43] Die Ausarbeitungen des Salinen-Oberinspektors Dr. Lorentzen und des Artillerie-Kapitäns von Justi erhielten den ersten Preis. Sie schätzten die Baukosten auf eine Million Lübische Mark und veranschlagten eine Bauzeit von drei Jahren. Ihre Pläne wurden nicht weiter verfolgt.

Danach ist die Idee einer Wasserstraße nicht wieder aufgenommen worden. In den dreißiger Jahren des 19. Jahrhunderts begann der Bau der Eisenbahnstrecken sowie gut befahrbarer Landstraßen. Als sich deren Verkehrsnetze bis in die Regionen der Alster näherten, kam es zum Erliegen des Schiffsverkehrs. Endgültig verstummten die letzten Rufe nach einer künstlichen Wasserstraße, als Oldesloe 1885 Eilzugstation wurde. Die Tatsache, dass sich die Menschen über einen Zeitraum von fast

400 Jahren immer wieder mit der Idee einer Wasserverbindung zwischen Alster und Trave beschäftigt haben, lässt sich nur durch den sehr intensiven Warentransport auf dem Verkehrsweg zwischen dem Baltikum und Russland auf der einen und Belgien und England auf der anderen Seite erklären. Für dessen Abwicklung wäre es ideal gewesen, wenn die Landstrecke zwischen Lübeck und Hamburg durch eine Wasserstraße hätte ersetzt werden können.

DIE ALSTERSCHIFFER

Die Schiffer auf dem Stecknitz-Kanal wurden Steckelfahrer oder Stecknitzfahrer genannt. In Anlehnung hieran entstand die Bezeichnung Alsterschiffer. Sie waren oft auf Schiffen Hamburger Holzhändler beschäftigt und waren oberhalb des Alsterdorfer Damms in oder nahe bei Fuhlsbüttel ansässig. Einige von ihnen besaßen auch eigene Schiffe. Fast alle Alsterschiffer waren in einer Gilde geeint, die schon im 16. Jahrhundert bestanden haben soll. Die Bruderschaft erhob jährliche Beiträge, um erkrankte Mitglieder zu unterstützen. Außerdem zahlte sie ihren Mitgliedern die Kosten für die Behebung von Schiffsschäden und war zum Beispiel im Besitz großer Schrauben, mit deren Hilfe über eine hölzerne Hebevorrichtung die Schiffe auf die seitliche Kante gestellt werden konnten, sodass der flache Boden ausgebessert werden konnte.

Alsterschiffer

Die Alsterschiffer hatten ihre eigene Tracht. Sie bestand aus einer kurzen Tuchjacke aus Laken mit zwei Reihen silberner Knöpfe von der Größe eines Talers, dazu Kniehosen mit Silberschnallen, weißen Strümpfen und Schuhen mit silberner Schnalle. Auf dem Kopf trugen sie eine Pelzrandmütze.

Wenn im Winter die Schifffahrt ruhte, trafen sich die Alsterschiffer bei einem der Gildebrüder und feierten das gemeinsame Fest „De Schrubenköst" mit einem großen Essen und Tanz um ein aufgetakeltes Alsterschiff; die Gildekasse trug hierfür die Kosten. Bei der „Schrubenköst" erschienen die Alsterschiffer in ihrer Tracht. Zum Tanz spielten in der Regel drei Musikanten auf mit Klarinette, Waldhorn und Posaune. Es wurde kräftig getrunken: „Dat Supen von Beer, Köm und Punsch weur de Hauptsoak."[44] Die Alsterschiffer waren treue Gäste in den Krugwirtschaften bei den Schleusen. Hier mussten sie bei ungünstigen Wasserverhältnissen warten, sodass der Schleusenmeister zum Herbergsvater für die Schiffsmannschaft wurde. Die Alsterschiffer mussten bei jeder Talfahrt dem Schleusenmeister zwei Kloben Holz mitbringen, damit sie sich, wenn sie auf der Fahrt nass oder kalt geworden waren, am Feuer trocknen und wärmen konnten. Ferner wärmten die Alsterschiffer ihr mitgebrachtes Essen in den Schleusenhäusern auf. Auf den aus Holz gebauten Alsterschiffen war jeglicher Gebrauch von Feuer verboten. Nach dem Großen Brand wandten sich viele Alsterschiffer dem Sandbaggern im Streek zwischen Fuhlsbüttel und Eppendorf zu, durch das ein höherer Ertrag erzielt werden konnte. Mit dem Ende des Gütertransports auf der Alster gegen Ende des 19. Jahrhunderts starb der Beruf des Alsterschiffers aus.

Die weiterhin große Nachfrage nach Holz, aber auch nach Torf und Kalk, veranlasste die Stadt, die obere Alster trotz des Scheiterns des Kanalprojekts jedenfalls bis Stegen für den Güterverkehr schiffbar zu halten. Ausschlaggebend war, dass dadurch der Kalktransport nach Hamburg kostengünstiger wurde. Die Stadt hatte einen erheblichen Bedarf an Kalk für den Festungs- und Häuserbau sowie für den Export. Wurde der Kalk früher von Lüneburg und Helgoland bezogen, stellte man sich nach der Schiffbarmachung der oberen Alster vollständig auf den Segeberger Kalk um. Trotz seiner hervorragenden Qualität hatte man ihn wegen des aufwändigen und teuren Landtransports bislang von der Lieferung ausgeschlossen. Der Betrieb der Alsterschifffahrt von und bis Stegen hatte 1465 begonnen. Seit diesem Zeitpunkt schloss Hamburg regelmäßig Kalklieferverträge mit dem dänischen König, den Landesherren und deren Amtmännern ab. Nach der ersten Vereinbarung sollten zwanzig Schiffsladungen im Jahr von Holstein nach Hamburg transportiert werden. 1586 wurden mehr als 19.000 Zentner Segeberger Kalk nach Hamburg transportiert, 1601 waren es bereits 33.600 Zentner. Die von Hamburg eingeführten Kalkmengen stiegen danach auf eine jährliche Gesamtmenge von rund 40.000 Zentnern an.

In Hinblick auf diese Mengen entschloss man sich zur Verlegung des städtischen Kalkhofs an die Alster, nahe der heutigen Staatsoper. Von dort verbrachte man den Kalk über einen Stichkanal direkt bis zu den Kalköfen. Der Kalk wurde auf Pferdewagen von Segeberg bis an die Oberalster zum Gut Stegen transportiert, wo ein Stapelplatz, eine sogenannte Hude, angelegt wurde, die später nach dem

Amtmann Kay Rantzau den Ortsnamen Kayhude erhielt. Ein zweiter bei Stegen gelegener Stapelplatz wurde nach dem Gutsherrn Marquard Buchwald Markwardshude genannt. 1790 kam der Kalktransport auf der Alster zum Erliegen, weil man sich auf eine Erhöhung des Fuhrlohns nicht einigen konnte. 1796 wurde erneut ein Vertrag abgeschlossen, der bis zum 1. Januar 1800 lief und bis 1802 verlängert wurde. Danach hörten die Kalklieferungen nach Hamburg auf, weil der Lüneburger Gips billiger war und den Segeberger Kalk verdrängte.

Die alte Alsterschifffahrt war umständlich und mühevoll. Da das Wasser nicht tief war, wurde es mithilfe von Schleusen gestaut. Nach dem Öffnen der Schleusentore trieben die Alsterkähne mit der Flutwelle talabwärts bis zur nächsten Schleuse. Dort mussten sie oft warten, bis das Wasser hoch genug stand. Alsteraufwärts schoben drei oder vier Männer den Alsterkahn mit Staken bis Eppendorf. Von dort zogen ihn drei bis vier Frauen an einer Stange bis zum Treudelberg bei Poppenbüttel. Die Frauen gingen auf dem Uferweg entlang, den man Treudel- oder Treidelweg oder auch Leinpfad nannte. Waren die Alsterkähne bei der Bergfahrt beladen, wurden sie von Pferden entlang dem Uferweg gezogen.

Treidelnde Frauen

Neben Holz, Torf und Kalk wurden auch Ziegel nach Hamburg gebracht. So wurde die Petrikirche überwiegend aus Ziegelsteinen der Ziegelei in Nahe erbaut. Die Stadt brauchte große Mengen Brennholz für den Betrieb der kupfernen Siedepfannen der Brauereien sowie Schiffbauholz für die Werften auf dem Grasbrook. Da das Gebiet der oberen Alster stark bewaldet war, wurden große Holzmengen von Stegen flussabwärts transportiert. Die Beförderung von Holz

Lastschifffahrt auf der Alster

nach Hamburg wurde für Jahrhunderte zur wichtigsten Aufgabe der Alsterschifffahrt. Etwa 200 bis 300 Mal jährlich wurde die Fuhlsbüttler Schleuse durchfahren. Die Stadt hatte in regelmäßigen Abständen unter erheblichen Kosten die Alster gesäubert, was aufgrund der mit Dänemark 1768 abgeschlossenen Versicherungsakte möglich war. In der zweiten Hälfte des 19. Jahrhunderts sank die Zahl der Durchfahrten stetig, und das Ende des Gütertransports auf der Alster nahte. Die wirtschaftlichen Gegebenheiten hatten sich grundlegend verändert. Die englische Steinkohle hatte Brennholz und Torf vom Markt gedrängt. Seit 1899 passierten keine Frachtkähne mehr die Schleusen der Alster.

Handfähren und Alsterschüten

Solange noch keine Alsterdampfer zwischen der Stadt und den nördlichen Vororten Hamburgs verkehrten, wurden die Passagiere bis etwa 1860 mit offenen Handfähren auf der Außenalster transportiert. Diese wurden von einem Jollenführer, den man Fährknecht nannte, meist stehend gerudert. Seit 1842 stellten Bootsfähren eine Verbindung her zwischen der Alten Rabe und der Uhlenhorst. 1845 nahm eine Kettenfähre den Übersetzbetrieb für Vieh und Wagen zwischen Uhlenhorst und Harvestehude auf. Wollte man nach Eintritt der Dunkelheit von Harvestehude nach Uhlenhorst übersetzen, musste man durch lautes Rufen den schlafenden Jollenführer wecken, wenn sich seine Handfähre auf dem gegenüberliegenden Ufer befand. An beiden Ufern befand sich eine Bütje genannte Schlafstelle für den Jollenführer. Gelang es nicht, ihn zu wecken, was im Winter oft der Fall war, hielten pfiffige junge Leute Ausschau, ob eines der wenigen Privatboote in erreichbarer Nähe war, um die fröstelnden Kunden damit überzusetzen – natürlich gegen Entgelt. Klappte das nicht, musste der Passagier einen weiten Umweg von mehr als sechs Kilometer über die nächste Brücke bei der Eppendorfer Kirche in Kauf nehmen.

Über den Betrieb der Handfähren an der Fährstelle bei der Alten Rabenstraße heißt es anschaulich:

> „Die lebhafteste und älteste Fährstelle lag an der Westseite der Außenalster bei der Alten Rabenstraße neben dem viel besuchten Wirtshause dieses Namens. Von dorther gelangten mittels der Fähre auch allerhand unerwünschte Gäste und lästige Leute, die an den Stadttoren nicht durchgelassen wurden, nach der Vorstadt St. Georg und so doch nach Hamburg hinein, weshalb E.E. Rat 1766 das Übersetzen solchen Bettlergesindels von der Rabe nach St. Georg bei namhafter Strafe und Fortnahme der Fahrzeuge verbot. Außerdem erhielten die Wachen an der Alster beim Neuenwerk die Ordre, alle dort etwa an Land gesetzten Bettler ungesäumt aus dem Tor Nr. 4 (Lübeckertor) wieder hinauszubringen."[45]

Seit Mitte des 19. Jahrhunderts befand sich am Anlegesteg an der Alten Rabenstraße eine Bootsvermietung. Dort lagen Boote zum Übersetzen, Rudern und zum Segeln bereit. Verglichen mit heute waren die Boote wenig einladend, groß, plump, flach und ohne Kiel. Obwohl die Boote sich nur schwer rudern ließen, waren sie gefragt, wenn man mit ihnen zu dem begehrten öffentlichen Badeplatz am gegenüberliegenden Ufer, dem Schwanenwik, gelangen wollte. Der Personenverkehr mit den Handfähren fand sein Ende, nachdem die ersten Alsterdampfer ihren Dienst aufgenommen hatten.

Die Alsterschütenfahrten waren in Hamburg über Jahrhunderte sehr beliebt für Spazierfahrten auf der Binnen- und Außenalster. So fuhr bereits 1538 König Christian III. von Dänemark (1503-1559) auf einem schön verzierten Ewer auf der Alster spazieren. Die Alsterschüten waren schwerfällige Ruderkähne mit einem Dach zum Schutz vor Regen, sie verfügten über Platz für acht bis zehn Fahrgäste, die längsseits auf Sitzbänken Platz nahmen. In der Mitte befand sich ein Tisch. Der Ruderknecht saß im Freien. Auf den Alsterschüten verlustierten sich die honorigen Hamburger und speisten und tranken an langen Sommertagen im Familien- und Freundeskreis. Besonders anspruchsvolle Genießer der Tafelfreuden engagierten ähnlich wie heute namhafte Köche für die Zubereitung der Speisen. Für die musikalische Unterhaltung sorgte eine mit einer Kapelle besetzte Schüte gleicher Bauart, die sich zwischen den Alsterschüten bewegte. Besonders beliebt waren die Spielschüten, auf denen nicht nur gegessen und getrunken, sondern auch gespielt wurde. Über die Alsterschütenfahrten auf der Binnen- und Außenalster haben in- und ausländische Reiseschriftsteller immer wieder mit großer Begeisterung berichtet.

Konrad von Hövelen 1668: „Sommers kann man die herrliche Lust auf den Spielschüten genießen." Der Chronist Steltzner schrieb 1733: „Des Sommers fährt man auf Schüten nach der Rabe und nach Harvestehude und anderen Orten mehr ... Des Abends schwimmen zuweilen zwanzig und mehr Schüten mit der angenehmsten Musik auf der Alster herum." Bei dem ausländischen Reisenden Thomas Nugent heißt es gegen Ende des 18. Jahrhunderts: „Eine ganz eigene Belustigungsart bietet der Alsterfluss; der von ihm in der Stadt gebildete See ist an schönen Sommerabenden fast ganz mit einer Art Gondeln bedeckt. Man speist, familien- und partienweise fahrend, in diesen Gondeln zu Nacht, und ein mit Musik besetztes Fahrzeug schlängelt sich öfters durch die Reihen dieser Gondeln. Das Ganze hat eine unbeschreiblich gute Wirkung."

J. A. Minder berichtet 1798, dass die Archen an warmen Sommertagen bis spät in die Nacht mit Menschen aus allen Ständen gefüllt, in langen Reihen mit Musik und Erleuchtung auf dem Alsterbassin umherfuhren und vom Jungfernstieg gesehen einen herrlichen Anblick boten. In einer Reisebeschreibung aus dem Jahre 1733 von A. A. Aanacker heißt es: „Dieses Wasser oder Fluss ist sehr angenehm, wo besonders Leute einander beggenen mit Musik und anderen lustigen Compagnien. Herr Ramin sagte uns, dass viele Heiraten diesem Wasser zu danken, weilen, wenn sonst keine Gelegenheit vorhanden, bekannt zu werden, so werden sie auf der Alster bekannt, und gehet es zu in Spazierenfahren wie in Venedig."

Alsterschütenfahrt

Angesichts der Beliebtheit dieser Bootsfahrten verwundert es nicht, dass bei solchen Gelegenheiten der Frohsinn manches Mal in Lärm ausartete und der Übermut die Fahrgäste veranlasste, Feuerwerkskörper abzubrennen. Solche Auswüchse waren schon 1717 der Grund für eine Verfügung des hamburgischen Rats, die den Schütenführern bei Strafe untersagte, „ihre Fahrzeuge zum Anzünden von allerhand Lustfeuerwerk und zum Abfeuern von Geschützen auf der Binnen- und Außenalster herzugeben".[46] Ferner verfügte der Rat, dass die Alsterschütenführer dafür Sorge tragen sollten, dass sie rechtzeitig vor Schließung des Alsterbaums bei der Lombardsbrücke zurückzukehren und diese Weisung ihren Fahrgästen mitzuteilen hätten.

Die Alsterschütenfahrten hatten ihren Höhepunkt im 18. Jahrhundert. Nach der französischen Besetzung Hamburgs zwischen 1806 und 1814 gerieten sie in Vergessenheit. Sie verloren wohl auch deswegen ihren Reiz, weil der Ausbau der Vororte sich weiterentwickelt hatte und andere Erholungsorte in Hamburgs Umgebung diesem Vergnügen den Rang streitig gemacht hatten.

Aus Anlass ihres 25-jährigen Bestehens hat die Congregation der Alster-Schleusenwärter der Stadt Hamburg eine Alsterschüte zum Geschenk gemacht, die dank einer großzügigen Spende des Ehren-Alster-Schleusenwärters Prof. Dr. Schnabel von dem Verein „Jugend in Arbeit" als Nachbau in Eichenholz gefertigt und am 8. September 2008 von der Ehefrau des Spenders, Else Schnabel, im Alsterpavillon auf den Namen „Else" getauft wurde. Anschließend wurde die Alsterschüte dem Präsidenten der Bürgerschaft und der Direktorin des Vereins für Hamburgische Geschichte übergeben.

DIE ALSTERDAMPFSCHIFFFAHRT

Nachdem die Stadtbefestigung Hamburgs in der Mitte des 19. Jahrhunderts gefallen und die Vororte mehr und mehr erschlossen waren, entdeckten die Menschen die natürliche Ästhetik der Alster und strömten in großer Zahl aus der Stadt. Sie besiedelten die Alsterufergebiete von Winterhude, Uhlenhorst und Harvestehude. Während dieser Zeit wurde die Idee geboren, die Menschen mit Dampfschiffen auf der Alster zu befördern.

Der aus Bremen stammende Versicherungsmakler Gustav Adolph Droege hatte sich als einer der ersten Bürger auf der Uhlenhorst niedergelassen. Ihm waren die täglichen Kutschfahrten in sein Stadtbüro ebenso lästig wie die Fahrt mit den Handfähren. So entstand die Idee, eine regelmäßige Dampfschifffahrt auf der Alster einzurichten. Am 2. Oktober 1854 beantragte er bei der Stadt die Genehmigung eines Liniendienstes mit Dampfschiffen auf der Strecke zwischen dem Jungfernstieg und Eppendorf mit zwei Haltestellen an der Alten Rabenstraße und auf der Uhlenhorst.

Droeges Antrag stieß auf erheblichen Widerstand. Die Landherrenschaft, die die zu Hamburg gehörenden Landgebiete verwaltete, befürchtete, die Außenalster werde damit als Ort des Vergnügens und der Erholung gefährdet. Zudem würde das Vorhaben das Ende des Milch- und Gemüsetransports von Eppendorf aus bedeuten, weil die Güter dann von den Alsterdampfern in die Innenstadt gebracht würden. Schließlich sah man Feuergefahr durch Funkenflug, weil der Schornstein bei der Fahrt unter der hölzernen Lombardsbrücke hindurch niedergeholt werden musste. Diesen Bedenken stimmte der Alsteraufseher Pantelmann zu, der selbst einer der größten Bootsvermieter auf der Binnen- und Außenalster war. Er hielt eine Dampfschifffahrt auf der Alster für polizeiwidrig. Es sei nicht abzusehen, welche Gefährdung für die Ruder- und Segelboote davon ausgehen würde. Ein Beförderungsbedürfnis sei nicht gegeben, da die Fährboote den Personentransport ohne Probleme alleine abwickeln würden.

Senator Dr. Blumenfeld, der Polizeichef der Stadt, teilte die Bedenken gegen Droeges Antrag. Seiner Ansicht nach konnte man nicht zugunsten eines Kapitalisten alle Jollenführer außer Lohn und Brot setzen und das anwachsende Proletariat noch weiter vermehren. Auch sah er eine Gefährdung der Ruder- und Segelboote. Demgegenüber sprachen sich die Bauinspektoren Forsmann und Maack für den Antrag aus. Sie verwiesen darauf, dass auch nach Einführung der Pferde-Omnibusse keine Droschke außer Dienst gestellt worden sei.

Die Baudeputation teilte die Ansicht ihrer Beamten, und der Senat genehmigte am 17. März 1856 Droeges Antrag zum Betrieb eines Alsterdampfers auf drei Jahre, widerruflich mit vierwöchentlicher Kündigung. Jede Verkehrserleichterung, so wurde argumentiert, sei ein Gewinn.

Bei der Realisierung des Projekts hatte Droege keine glückliche Hand. Nachdem die Anschaffung des 1843 in Magdeburg gebauten Raddampfers *Stadt Mülheim* und die Überführung eines vergleichbaren Dampfers an die Alster misslungen waren, weil Seewasser in die Maschine gelangt war, ließ Droege in Koblenz ein neues Schiff bauen, welches er auf den Namen seiner Tochter Helene taufte. Bei Ankunft in Hamburg stellte sich heraus, dass die *Helene* wegen ihrer Länge und Breite die Alsterschleuse nicht passieren konnte. Erst nachdem der Radkasten, der Schornstein und einige Aufbauten vorübergehend entfernt worden waren, gelang es, die *Helene* in die Kleine Alster zu verbringen.

Die offizielle Probefahrt fand am 6. August 1857 in Anwesenheit des Bürgermeisters Dr. Binder, des Senators Dr. Petersen als Polizeichef und des Senators Büsch als Leiter der Baudeputation statt. Sie missglückte. Sachverständige befanden das Schiff als zu groß, weil es statt der erlaubten 60 mehr als 200 Fahrgäste befördern konnte, was über den damaligen Bedarf weit hinausging. Zudem ließ die Maschine keine

Befeuerung mit Koks zu. Nach dieser blamablen Probefahrt wurde die *Helene* wieder auf die Elbe zurückgebracht. Droege verzichtete auf die Realisierung des Projekts und auf seine Konzession.

Zwei Jahre später wurde das Projekt von dem Schiffsmakler Johann Peter Parrau mit Erfolg realisiert. Im März 1859 erhielt er unter den gleichen Bedingungen wie Droege die Genehmigung zur Alsterdampfschifffahrt vom 1. Mai des Jahres bis Ende April 1862. Bereits vor der Erteilung der Konzession hatte Parrau bei der Reiherstiegswerft den Bau eines 13,5 Meter langen und 2,5 Meter breiten Schraubendampfers in Auftrag gegeben. Die behördliche Probefahrt bestand das Schiff – auf den Namen *Alina* getauft – am 14. Juni 1859 glanzvoll. Der offizielle Betrieb der Alsterdampfschifffahrt begann einen Tag später. Die Fahrten starteten am Jungfernstieg mit Endstation Winterhude und Mühlenkamp und in umgekehrter Richtung. Täglich fanden je neun Fahrten statt. Die *Alina* wurde zu einem großen Erfolg, auch wirtschaftlich. Perrau ließ mit der *Hilda* ein zweites Schiff bauen, das im Frühjahr 1860 in Dienst gestellt wurde.

Obwohl die Vereinigten Alsterschiffer ursprünglich unter Führung von Pantelmann Gegner der Dampfschifffahrt gewesen waren, beantragten sie schon 1859 eine eigene Konzession für den Personentransport, die sie auch erhielten. Pantelmanns Kommentar: „Unserem Broterwerb ist zwar ein schwerer Schlag erteilt, aber da alles zu den Dampfschiffen drängt, können ganz gut zwei Dampfer nebeneinander bestehen." Auch die Behörden gaben ihre Bedenken gegen die Alsterdampfschifffahrt auf. Als dritter Interessent für eine Konzession für zwei Alsterdampfer trat Kapitän Arnesen auf. Sie wurde ihm unter der Bedingung erteilt, dass sich alle drei Konzessionäre auf gemeinsame Linien und Fahrpläne einigten und sie die Kosten für weitere Anlegestellen und für den Schiffsdurchlass am Alsterbaum übernahmen. Eine Einigung kam jedoch nicht zustande. Arnesen verzichtete auf seine Ansprüche zugunsten der vereinigten Fährleute, die die Schiffe *Concordia* und *Astrea* bauen ließen. Während Parraus Schiffe unter rotem Anstrich fuhren, trugen die Schiffe der Fährleute eine grüne Farbe. Um den Andrang der Fahrgäste zu bewältigen, brachten beide Unternehmen 1861 je einen weiteren Dampfer in Betrieb.

Höhen und Tiefen

Den finanziellen Erfolg der Alsterdampfschifffahrt beweist eine weitere Konzessionserteilung an den Eppendorfer Jollenführer Rambcke, der mit seiner *Eppendorf* aber nur das rechte Alsterufer befahren durfte. Im September 1861 waren acht Alsterdampfer in Betrieb, 1863 waren es schon zehn. Dieser Erfolg war außer einer ständigen Zunahme der Fahrgastzahl auch dem Umstand zu danken, dass der Alsterbaum von Mai bis Oktober bis Mitternacht geöffnet blieb und nach der Errichtung der neuen Lombardsbrücke aus Stein im Jahre 1866 ganz wegfiel.

In den folgenden Jahren wechselten die Inhaber der Konzessionen mehrfach. Einen erheblichen Aufschwung erlebte die Alsterdampfschifffahrt, als Otto Wichmann 1880 in das Geschäft einstieg. Ab 1. Oktober 1887 war er Chef der gesamten Alsterflotte, die damals aus 30 Schiffen bestand und unter verschiedenen Farben fuhr. 1901 erhielten sie einheitlich einen schwanenweißen Anstrich und wurden damit zur „Weißen Flotte". 1908 gelang es Wichmann, den Konzessionsvertrag bis zum Jahr 1925 zu verlängern. 1911 beförderten die Alsterdampfer fast 11 Millionen Personen, und das auch nachts. Die Alsterdampfer waren zu einem leistungsfähigen und preiswerten Nahverkehrsmittel Hamburgs geworden.

Der konstante Höhenflug wurde erst durch die Konkurrenz der Pferdebahnen und durch die Aufnahme der Ringlinie der Hamburger Hochbahn im Jahre 1912 gebremst. Mit Ausbruch des Ersten Weltkriegs wurde der Dampferbetrieb weiter reduziert, weil es keine Kohlen gab. Das Ende des Krieges war zugleich das Ende der privaten Alsterdampfschifffahrt. Nach dem Ersten Weltkrieg übernahm die Hamburger Hochbahn AG die gesamte Flotte. Den technischen Betrieb übertrug sie der Ewerführerei Lütgens & Reimers. Es gab erhebliche Probleme, das Dampfergeschäft rentabel zu gestalten. In den 1920er Jahren betrugen die Fahrgastzahlen nur noch rund 6 Millionen jährlich, in den 1930er Jahren noch 4 Millionen. Immer wieder musste der Betrieb eingestellt werden.

Restaurantschiff Galatea

1931 wurde die auf der Johann-Oelkers-Werft in Hamburg-Harburg gebaute *Alster* in Betrieb genommen, der letzte „richtige", nämlich mit Dampf betriebene und größte aller Alsterdampfer. Seine Konstruktion beruhte auf Tests der Schiffbauversuchsanstalt. 1951 ersetzte man den Dampf durch einen dieselelektrischen Antrieb. Nach 1962 wurde die *Alster* mehrfach veräußert, die Antriebsanlage wurde entfernt und das Schiff wurde zum schwimmenden Restaurant umgebaut. Seit 1990 liegt das Schiff als Restaurantschiff *Galatea* auf der Binnenalster am Ballindamm.

Mit Beginn des Zweiten Weltkriegs am 1. September 1939 wurde die Alsterschifffahrt mit Ausnahme der Fährlinie zwischen Harvestehude und Uhlenhorst eingestellt; diese Verbindung blieb noch bis 1944 in Betrieb. 1945 besaß die Hamburger Hochbahn AG acht betriebsfähige Motorschiffe und mit der *Alster* einen Dampfer. Der Rest der Flotte war verschrottet oder verkauft worden.

Nach 1945 fuhren die britischen Besatzer exklusiv unter dem Union Jack auf den Alsterschiffen. Ab dem 25. November 1946 konnten auch die Hamburger die Schiffe benutzen, der Linienbetrieb wurde wieder aufgenommen. Von einem normalen Schiffsbetrieb war man jedoch noch weit entfernt. Während die Fahrgastzahlen nach der Währungsreform wieder leicht anstiegen, machte die Alsterschifffahrt im Jahre 1951 mit den beiden Neubauten *Goldbek* und *Eilbek* einen entscheidenden Schritt voran. 1956 wurde die *Rodenbek* als Neubau in Dienst gestellt.

Wegen des zunehmenden Individualverkehrs ging die Auslastung der Alsterschiffe in den folgenden Jahren jedoch immer mehr zurück. 1950 benutzten etwa vier Millionen Fahrgäste die Alsterschiffe, 1962 waren es nur noch knapp die Hälfte. Die Hamburger Hochbahn AG war ständig bemüht, das Defizit zu verringern. So wurde der „Festmoker" durch an den Schiffen angebrachte Anlegemagneten ersetzt. Da sich das übrige Verkehrsangebot in der Stadt weiter verbesserte, nahm die Zahl der Fahrgäste ab. Man konzentrierte sich auf die touristische Nutzung der Alsterschiffe durch das Angebot von Kanal-, Fleet- und Brückenfahrten. Neben den Touristikfahrten entwickelte sich auch das Chartergeschäft gut.

Alstertouristik

1977 gliederte die Hamburger Hochbahn AG die Alsterschifffahrt aus ihrem Betrieb aus und gründete am 27. April 1977 die ATG Alster-Touristik GmbH als Tochtergesellschaft. Für kurze Zeit führte man die Linienschifffahrt wieder ein, die Fahrgastzahlen sanken jedoch erneut. Am 7. Februar 1984 beschloss der Senat, die Linienschifffahrt mit den Alsterdampfern endgültig einzustellen.

In den folgenden Jahren wurde erheblich in Umbauten und neue Schiffe investiert. Die *Goldbek* wurde luxuriös als Salonschiff ausgebaut, 1990 wurde der *Schleusenwärter S.C.* in Betrieb genommen, die Buchstaben „S.C." stehen für die Abkürzung „Symbolis Causa". 1994 kamen mit der fast baugleichen *Quartierslüüd* und 1998 mit dem *Alsterschipper* zwei weitere Schiffe hinzu. Alle Schiffe sind Flachschiffe, die auch unter niedrigen Brücken hindurch fahren und auf den Fahrten durch die Kanäle, in den Fleeten der Speicherstadt und über die Dove-Elbe auch in Bergedorf eingesetzt werden können. Als Sponsor gewann die ATG die Versicherungsgruppe Volksfürsorge.

1995 wurde das erste *Alstercabrio* eingesetzt, wegen des großen Erfolgs folgte 1996 ein zweites Schiff. Die Touristen und die Hamburger waren von diesem Schiffstyp begeistert. Im Jahr 2000 wurde der damals weltgrößte Solarkatamaran *Alstersonne* in Fahrt gesetzt. Für den Betrieb des Schiffes wird ausschließlich sonnenerzeugter Strom eingesetzt. Danach nahm 2003 der *Fleetenkieker* und 2006 der *Alsterschwan* den Betrieb auf. 2004 wurde die Restaurierung der denkmalgeschützten *Aue* abgeschlossen und das Schiff wieder in Fahrt gesetzt. Zusammen mit der Firma Zemships betreibt die ATG seit August 2008 mit dem *FCS Alsterwasser* (Fuel Cell Ship) ein mit zwei Brennstoffzellen angetriebenes, komplett schadstofffreies Schiff zur Personenbeförderung.

Das allgemeine Touristikangebot ab Jungfernstieg besteht heute aus Alsterkreuzfahrten, Alsterrundfahrten, Kanalfahrten über die Außenalster und ihre Seitenkanäle, Fleetfahrten in der Alt- und Neustadt und in der Speicherstadt, Vierlande-Fahrten durch die Vier- und Marschlande nach Bergedorf sowie Dämmertörns. Hinzu kommen individuell geordnete Charterfahrten.

Zur Alsterdampfschifffahrt gehört auch die Geschichte der Alsterdampfschiffswerft. Die erste Werft gründete Eduard Justus 1870 am Leinpfadkanal. Dieser Kanal ist ein Teil des ehemaligen Laufs der Alster, der unterhalb des Winterhuder Fährhauses parallel zum Anfang des 20. Jahrhunderts kanalisierten Alsterlauf (Alsterstreek) verläuft. Er zweigt an der Anlegestelle Winterhuder Fährhaus vom Alsterstreek ab und verläuft auf dessen östlicher Seite hinter den Anwesen der Straße Leinpfad bis zum Rondeelteich. Vor der Maria-Louisen-Brücke gibt es vom Leinpfadkanal bis zum Alsterstreek eine kurze Querverbindung, den Werftkanal, der unter der Werftbrücke verläuft.

Alsterdampfschiffswerft von Heinrich Ed. Justus am Leinpfadkanal 1877

Beide erinnern an die Werft, die sich hinter den Villen Leinpfad 55-60 am Kanal befand. Nachdem sich die Anlieger über den von der Werft verursachten Lärm beschwert hatten und der Streit bis zum Reichsgericht gelangt war, wurde die Werft 1912 an die Jarrestraße verlegt. Das Werftgelände erreichen die Alsterdampfer über den Osterbekkanal. Heute wird die kleine Werft für Instandsetzungsarbeiten unter dem Namen ATG Alsterwerft betrieben.

Die Namen der Alsterdampfer

Die ersten Alsterdampfer trugen die Mitte des 19. Jahrhunderts üblichen weiblichen Namen wie *Helene*, *Alina* und *Astrea*. Zu Beginn der 1870er Jahre wurden die Neubauten auf die Namen von Vögeln getauft (*Möwe, Reiher, Star, Falke*). Ab 1866 wurden die ersten „Stadtteil"-Dampfer in Betrieb genommen: *Harvestehude, Eppendorf, Winterhude*. Um die Wende zum 20. Jahrhundert brachte die euphorische Kaiserzeit für Schiffe wohlklingende Namen von Gestalten der griechischen Mythologie hervor wie *Niobe, Najade, Rhea* und *Galatea*. In den 1930er Jahren führten die Schiffe dann wieder Stadtteilnamen wie *Alsterdorf, Hohenfelde, Mundsburg, Uhlenhorst*.

Die Nationalsozialisten benutzten die Alsterdampfer, um sie mit Namen verdienter Parteigenossen zu „schmücken". Die ersten acht während der NS-Zeit in Betrieb genommenen Alsterdampfer wurden nach Parteigenossen benannt. Einige dieser Personen waren bei Inbetriebnahme der Schiffe bereits verstorben und wurden durch die Namensgebung als „Blutopfer der Bewegung" geehrt. Sogar die kleinen Alsterbarkassen erhielten von den Nazis neue Namen wie *Treue, Glaube, Wahrheit, Vertrauen* und *Entschlossenheit*.

Alsterdampfer mit dem Namen eines Hamburger Nazis

Nach 1945 erfolgte die letzte Umbenennung der Alsterdampfer. Die Schiffe tragen seitdem die Namen kleiner Nebenflüsse der Alster wie *Ammersbek, Bredenbek, Osterbek, Rodenbek* und *Susebek*. Die ab 1995 in Betrieb genommenen Alsterdampfer erhielten Namen, die einen engen Bezug zur Alster haben, etwa *Alstercabrio, Alsterschipper, Alstersonne, Fleetenkieker, Alsterschwan* und *Alsterwasser*.

DIE ALSTER ALS TRANSPORTWEG

Die Geschichte der Alsterschifffahrt ist ein beredtes Zeugnis der tiefen Verbundenheit der Bürger mit der Perle der Stadt, aber auch des unternehmerischen Einfallsreichtums der Betreiber der Alsterdampfer – wie die Schiffe im Volksmund weiter heißen, auch wenn sie seit Langem nicht mehr mit Dampf betrieben werden – außer den vom Verein Alsterdampfschiffahrt betriebenen Schiffen.

Verein Alsterdampfschiffahrt

Der Verein Alsterdampfschiffahrt e.V. kümmert sich um die Erhaltung und den Betrieb historischer Dampf- und Motorschiffe, die zur Personenbeförderung auf der Alster eingesetzt werden. Ziel ist es, die Schiffe der Öffentlichkeit zugänglich zu machen und damit eine weitere museale Attraktion für die Stadt zu schaffen. Dem Verein gehören drei schon im 19. Jahrhundert gebaute und auf der Alster eingesetzte Alsterdampfer. Ihre Passagiere werden von drei Mann Besatzung über die Alster geschippert: einem Kapitän, einem Conducteur und einem Maschinisten. Diese drei Schiffe haben eine recht bewegte Geschichte hinter sich.

Alsterdampfer St. Georg

Der eine Dampfer wurde 1876 als *Falke* für die Alsterreederei H.E. Justus gebaut. 63 Jahre lang wurde das Schiff im Liniendienst eingesetzt. Nach einem Umbau erhielt der Dampfer 1911 den neuen Namen *Galatea*, 1936 den Namen *St. Georg*. Nach dem Zweiten Weltkrieg hatte ein aus dem Osten geflüchteter Schiffer die *St. Georg* gekauft, um mit ihr zwischen Hamburg und Lüneburg Personenschifffahrt zu betreiben. Als dies misslang, brachte man die *St. Georg* nach Berlin. Nachdem das Schiff als *Deutschland* und später als *Planet* zwischen Wannsee und Kladow eingesetzt worden war, sollte es verschrottet werden. Der Verein Alsterdampfschiffahrt rettete das Schiff 1988 und ließ die *St. Georg* auf einer Werft in Dresden-Laubegast wieder in den Zustand der 1920er/1930er Jahre zurückversetzen. Der Verein verlegte den Dampfer 1994 auf die Alster. Seit dieser Zeit dampft die *St. Georg* wieder in ihrem heimatlichen Gewässer. Das Schiff wird angetrieben von einer Zwei-Zylinder-Dampfmaschine aus dem Jahr 1922 mit 75 PS und einer Dampfleistung von 1 t/h durch einen mit Öl gefeuerten Kessel.

Der Alsterdampfer *Nixe* hat ein noch bewegteres Schicksal hinter sich. Das Schiff wurde 1875 auf der Hamburger Reiherstiegwerft als erster Schleppdampfer für den Einsatz auf der Alster gebaut und unter dem Namen *Biene* in Fahrt gesetzt. Auftraggeber waren die Reederei H. E. Justus und die Vereinigten Alsterschiffer. 1902 wurde das Schiff durch Einsetzen eines Mittelstücks zu einem Personendampfer umgebaut und unter dem Namen *Nixe* wieder in Fahrt gesetzt. Nach 1923 wurde das Schiff an eine Abwrackwerft in Warnemünde verkauft. Ein Liebhaber bewahrte sie vor dem Verschrotten, und das Schiff gelangte nach Zehdenik in der Uckermark, wo es umgebaut und bis 1939 unter dem Namen *Gilda* für Fahrten nach Berlin eingesetzt wurde. Während des Zweiten Weltkriegs verschlug es das Schiff nach Magdeburg, wo es 1944 bei einem Luftangriff beschädigt wurde. Nach der Reparatur kam das Schiff nach Rathenow an die Havel. Dort erhielt es den Namen *Dora* und transportierte Güter für die Rote Armee. Nach dem Krieg wurde die *Dora* wieder als Ausflugsdampfer eingesetzt. 1969 wurde das Schiff mithilfe eines Kettenschleppers der Sowjetarmee in Premnitz an Land gezogen. Aus der *Dora* wurde ein beliebtes Ausflugslokal, und nach dem Mauerfall das erste Bordell in der Region. 2006 erlosch das Rotlicht an Bord, und der betagte Dampfer verfiel zusehends.

Alsterdampfer Nixe

2010 kaufte der Verein die *Dora* und verbrachte sie ebenfalls wie die *St. Georg* zur Schiffswerft in Dresden-Laubegast, die über viel Erfahrung in der Restaurierung alter Dampfschiffe verfügt. Bis das älteste Dampfschiff Deutschlands wieder Alsterwasser unter dem Kiel hat, wird es noch geraume Zeit dauern.

Das dritte Schiff des Vereins Alsterdampfschiffahrt e.V. ist der Alsterdampfer *Winterhude,* 1879 für die Vereinigten Alsterschiffer gebaut. Er war einer von 28 Alsterdampfern, die zwischen 1860 und 1890 gebaut wurden. Nach einer ersten Überholung 1904 fuhr das Schiff unter dem neuen Namen *Neptun* auf der Alster, wurde 1936 auf den Namen *Hohenfelde* umgetauft und 1941 nach Lübeck verkauft, wo sie als *Herrenwyk* auf der Trave eingesetzt wurde. 1951 wurde das Schiff an die Verkehrsbetriebe der Stadt Mülheim an der Ruhr verkauft. Unter dem Namen *Mülheim an der Ruhr* und ab 1954 als *Bottrop* wurde das Schiff im Liniendienst auf der Ruhr und für Rundfahrten im Duisburger Hafen eingesetzt. 1973 erwarb die Mülheimer Rudergesellschaft das zur Ausmusterung anstehende Schiff und nannte es *Möwe*. Der Verein Alsterdampfschiffahrt e.V. erwarb das Schiff 1998 und verbrachte den Schiffsrumpf nach einem Aufenthalt in Peenemünde 2008 auf die Schiffswerft Dresden-Laubegast zur Restaurierung. Die Decksaufbauten sollen auf der Grundlage von noch erhaltenen Plänen detailliert aus Holz nachgefertigt werden.

DIE VERWALTUNG DER ALSTER

Nachdem die Alster in Hamburgs Eigentum übergegangen war, wurde sie wegen ihrer Bedeutung für die Stadt zunächst von zwei Mühlenherren verwaltet, die Mitglieder des Rats der Stadt waren. Sie waren zuständig für die Abrechnungen der Mühlen sowie für die Einhaltung der Mühlen- und Brotordnung. Außerdem hatten sie seit 1356 am 24. Februar jeden Jahres das Matthiae-Mahl für den Rat auszurichten.

Matthiae-Mahl

Der Matthias-Tag am 24. Februar galt im Mittelalter als Frühlingsbeginn und als Termin für den Dienstbotenwechsel. Das Matthiae-Mahl in Hamburg, seit 1356 historisch belegt, ist das älteste heute noch begangene Festmahl der Welt. Zu Matthiae wurden früher die Aufgaben im Senat neu verteilt und der neue Bürgermeister aus dem Kreis der Senatoren gewählt. Im 16. Jahrhundert ist die Verwaltung der oberen Alster dann auf die Waldherren übergegangen, die ebenso wie die Mühlenherren Senatoren und damit Ratsmitglieder waren. Die Ausübung der Flusshoheit sowie die Aufsicht über die Strom- und Schifffahrtspolizei lagen bei ihnen.

Alstervogt und Schleusenmeister

Die eigentliche Aufsicht über den Flusslauf hatte ein schon ab 1309 bestellter Alstervogt (Praefectus Alstriae) übernommen. Zu seinen Aufgaben gehörten die Beaufsichtigung des Flusses und die Aufrechterhaltung der öffentlichen Sicherheit und Ordnung. Ferner war er zuständig für das Einnehmen und Abrechnen der Schleusengelder. Der Wirkungskreis des Alstervogts umfasste die gesamte obere Alster und den Alster-Beste-Kanal, solange dieser bestand. Da er für ein von der Stadt entfernt gelegenes Gebiet zuständig war, stand ihm außer einer Wohnung ein Pferd zur Verfügung. Die Alstervögte waren in aller Regel wohlhabend und genossen besonderes Vertrauen beim Rat. Sie waren Mitglieder der Martinsbrüderschaft der Müller. Die Alstervögte waren oft selbst Holzhändler und hatten so ein ureigenes Interesse daran, dass der Schifffahrtsbetrieb auf der Alster einwandfrei ablief. Den Alstervogt nannte man später Alsteraufseher. Ab 1732 gab es zwei Alsteraufseher, einer war zuständig für den Bereich von der Stadt bis Fuhlsbüttel und der andere von dort bis Stegen. Nachdem es keinen Schiffsverkehr mehr auf dem Alster-Beste-Kanal gab, übte die Stadt Hamburg ihr Eigentumsrecht und ihre Hoheitsgewalt nur noch bis Stegen aus. Die oberhalb gelegenen Schleusen ließ man verfallen.

Der obere Alsteraufseher hatte die gleichen Aufgaben wie zuvor der Alstervogt. Da die Alster zum Teil durch Staatsgebiet floss, welches unter dänischer Herrschaft lag, musste er nicht selten gegen dänische Anlieger einschreiten, was durchaus zu Komplikationen führen konnte. Der untere Alsteraufseher war für den ungehinderten Wasserabfluss verantwortlich, insbesondere dafür, dass dieser nicht von Anliegern behindert wurde. Immer wieder bauten Anlieger Flechtwerke und andere Hindernisse in die Alster. Die Anweisungen der Alsteraufseher wurden vom Bauhof der Stadt erledigt, der für die Reinigung des Flussbetts zuständig war und für die erforderliche Tiefe des Flusses verantwortlich zeichnete. Der einwandfreie Zustand des Alsterlaufs und seiner Schleusenanlagen wurde durch alljährliche Flussbefahrungen kontrolliert, was seit Mitte des 19. Jahrhunderts durch Beamte der Baudeputation geschah.

Der untere Alsteraufseher hatte sich zudem um alle polizeilichen Angelegenheiten auf der Binnen- und Außenalster zu kümmern. Er musste während der Frostzeit im Winter entscheiden, ab wann das Eis betreten werden durfte. Er hatte das sommerliche Baden in der Alster zu beaufsichtigen und darauf zu achten, dass es dabei zu keinen Sittenverstößen kam. Zudem musste er der Baudeputation über den Zustand der staatlichen Anlagen berichten und bis zur Bestellung eines Schwanenvaters 1891 die Schwäne versorgen.

Neue Anforderungen machten die Umgestaltung des Polizeidienstes erforderlich, und so wurde 1891 die Alsterpolizei ins Leben gerufen. Diese erhielt 1892 ein Wachhäuschen am Rabenstraßensteg und übernahm alle in den Bereich der Polizeibehörde fallenden Aufgaben des Alsteraufsehers, dessen Stelle aufgehoben wurde.

Neben dem Alstervogt und den Alsteraufsehern waren die Schleusenmeister für die Aufrechterhaltung eines ordnungsgemäßen Schifffahrtsbetriebs auf der Alster verantwortlich. Sie hatten die Schleusen und Uferwerke zu beaufsichtigen, den Wasserstand zu regeln und bei Beschädigungen Meldung zu machen. Sie waren hamburgische Bedienstete und wurden ebenfalls vom Waldherrn ernannt und vereidigt.

Das Gehalt der Schleusenmeister war eher bescheiden. Dennoch wurde das Amt oft in der Familie „vererbt". Söhne und Schwiegersöhne der alten Schleusenmeister wurden bevorzugt eingestellt, aber auch jene Männer, die die Witwen verstorbener Schleusenmeister heirateten.[47] So begründete Heinrich Timmermann 1599 in Wohldorf eine familiäre Folge, der letzte Schleusenmeister der Familie starb 1931.[48] Die im Dienste der Stadt stehenden Schleusenmeister hatten den „Schleusenmeister-Eid" abzulegen[49]:

„Ich lobe und schwöre zu Gott dem Allmächtigen, dass nach der vom Wohlweisen Landherrn erhaltenen Bestallung über den mir angetragenen Schleusenmeisterdienst, zuförderst Einem Hochedlen und Hochweisen Rath der Stadt Hamburg alle Treue und Gehorsam bezeigen, deren Bestes nach allen meinen Vermögen befördern und was nachteilig, so viel mir immer möglich abwenden will. Daneben in meinem Amte mich jederzeit treu, wachsam und unverdrossen erweisen, die mir anbefohlenen Schleusen mit allem Zubehör, samt dem Herrschaftlichen Wohnhause, Tag und Nacht aufs beste beobachten, die Schleusen zu keinem anderen Ende, als zur Fortschaffung der auf- und niedergehenden Schiffe zu gebrauchen, im geringsten aber nicht derselben zu meinem Privatnutzen, entweder in der Fischerei oder anderer Absichten halber zu missbrauchen. Der Fischerei auch nicht anders, als nach Anweisung und Befehl der Wohlweisen Landherrn gebrauchen, die in dem Flusse von Fremden oder Einheimischen ungebührlich ausgeübte Fischerei, sie geschehe heimlich oder öffentlich, keineswegs verstatten, sondern solche bestmöglichst wehren und davon dem Wohlweisen Landherrn sofort Nachricht abstatten will. Wann auch wegen des die Schleusen passierenden Alsterflusses, hauptsächlich beobachtet werden muss, dass in demselben zum Nachteil meiner Herren nichts präjudicirliches an Stauwerk, Wasserzäune oder andere dergleichen Hinderung ein- oder angelegt werde, so will den freien Lauf der Alster und alle deren Gerechtsame, jederzeit bestens beobachten, bei entstehenden Vorfällen, sogleich dem regierenden Wohlweisen Landherrn Bericht abstatten, nach dieses Herrn Befehl mich allemahl gehorsamlich achten, und mit demjenigen, was Vorfahren an Gehalt und erlaubten Accidenten genossen, friedlich und vergnüget sein, auch ohne Vorwissen des Wohlweisen Landherrn weder was neues auf- noch was altes abkommen lasse. So wahr mir Gott helfe und sein heiliges Wort."

Schleusenmeisterhaus

Den Schleusenmeistern wurde oft ein Haus gestellt, welches der Stadt gehörte und in dem sie eine kleine Gastwirtschaft als Nebenerwerb betrieben. Neben dem Schankrecht besaßen sie ein Fischereirecht. Die Schleusenmeister lebten ferner von den Abgaben der Alsterschiffe. Schiffe mit Holzladung mussten den Schleusenmeistern ein oder zwei Kloben Holz liefern, während die anderen ihnen für ihre Dienste Geld entrichten mussten.

Neben den allgemeinen Aufgaben der Schleusenmeister gab es für Einzelne von ihnen spezielle Verpflichtungen. So musste der Mellingburger Schleusenmeister dem Bergstedter Pfarrer Eier, Schinken und

Speck liefern. Am Michaelistag durfte der Pastor im Schleusenhaus eine kostenlose Mahlzeit zu sich nehmen, der Küster hingegen erhielt nur ein Schwarzbrot. Nach dem Ende des Gütertransports auf der Alster am Ausgang des 19. Jahrhunderts verlegten sich die Schleusenmeister auf die Land- und Gastwirtschaft. Mit dem Aufblühen des Personenverkehrs auf der Alster entwickelten sich die ehemaligen Schankstätten zu beliebten Restaurants, die ihren Betreibern ein gutes Einkommen sicherten.

Alster- und Schleusenverordnungen

Im Laufe der Jahrhunderte gab es eine große Anzahl von Verordnungen, die den Schiffsverkehr und die Benutzung der Schleusen regelten. Die älteren Verordnungen bezogen sich auf den Verkehr mit Lastkähnen. Die erste bekannte Alster- und Schleusenordnung nennt kein Datum. Ihre elf in niederdeutscher Sprache verfassten Regeln, die den Schiffsverkehr, den Holzkauf, den Holzdiebstahl und die Gerichtsbarkeit betrafen, lassen vermuten, dass sie um 1584 entstanden sind. Zu dieser Zeit wurde der Alster-Beste-Kanal schon nicht mehr als Transportweg genutzt. Zweck dieser Alsterverordnung war es sicherzustellen, dass die Schiffe auf ihren Fahrten genug Wassertiefe vorfanden. So sah sie vor, dass Schiffe die Schleusen nur unter Ausnutzung des Schleusenstaus und in Flotten durchfahren durften. Eine Flotte von drei Schiffen musste vorausfahren. Die anderen sollten dann am nächsten Tag folgen. Leere Schiffe waren wartepflichtig und mussten die beladenen passieren lassen. Dem Schleusenmeister war es verboten, Schiffe nach Gunst oder Trinkgeld vorzuziehen. Fahrzeugführer, die sich vordrängelten, wurden bestraft, ebenso solche, die andere Schiffe vorsätzlich beschädigten.

Als Anfang des 17. Jahrhunderts für den Gütertransport auf der Alster immer mehr und immer größere Schiffe eingesetzt wurden, musste ihre Zahl und Größe beschränkt werden. Es durften nicht mehr als 40 Schiffe auf der Alster betrieben werden und ihr Volumen durfte den Umfang von 24 Faden (= 50,1 Kubikmeter) nicht überschreiten. Gegen diese beiden Vorgaben wurde oft verstoßen. Anfang des 19. Jahrhunderts enthielt eine Verordnung Regelungen über den maximalen Tiefgang der Schiffe. Er betrug für abwärts fahrende Schiffe 2 Fuß und 4 Zoll (= 0, 67 m) und für aufwärts fahrende Schiffe maximal 1 Fuß und 3 Zoll (= 0, 36 m). Tiefer eintauchenden Schiffen war die Durchfahrt zu verweigern. Die am schwersten beladenen Schiffe mussten die Schleuse zuletzt durchfahren, damit sie die Fahrt der übrigen Schiffe nicht behinderten, falls sie auf Grund geraten sollten. Kein Schiffer, der auf Grund geriet, hatte Anspruch auf Freiwasser, um wieder freigehoben zu werden. Den Schiffern war bei Androhung von Strafe verboten, eigenmächtig und ohne vorherige Anmeldung bei den Schleusenmeistern und ohne deren Erlaubnis eine Schleuse zu öffnen, zu durchfahren oder zu schließen. Jeder Verstoß der Schiffer gegen die Verordnung musste dem Waldherrn angezeigt werden.

Alsterkahn

Entscheidende Veränderungen bezüglich der Verordnungen und daraus abgeleiteter Benutzerrechte ergaben sich bereits in der ersten Hälfte des 19. Jahrhunderts. Nachdem sich seit den 1830er Jahren ein reger Freizeit- und Sportverkehr entwickelt hatte und seit den 1860er Jahren der Liniendienst auf der Binnen- und Außenalster aufgenommen worden war, wurde am 18. Mai 1865 von der Polizeibehörde die erste für alle Fahrzeuge geltende Alsterordnung erlassen. Danach hatten die Sportboote den Alsterdampfern auszuweichen, die ihrerseits mit reduzierter Geschwindigkeit fahren mussten. Nachdem die Zahl der Sportboote erheblich angewachsen war, wurden die Ge- und Verbote auf der Alster ausführlicher normiert. Diese Alsterordnung vom 20. März 1929 trat erst nach einem halben Jahrhundert, nämlich am 31. Dezember 1980 außer Kraft.

Heute wird der Verkehr durch das Hafenverkehrs- und Schifffahrtsgesetz vom 3. Juli 1979 (HVSchG)[50], die Hafenverkehrsordnung vom 12. Juli 1979 (HVO)[51], die Alsterschifffahrtsverordnung vom 3. Januar 2006 (AlsterSchVO)[52] und die Internationalen Regeln von 1972 zur Verhütung von Zusammenstößen auf See (Kollisionsverhütungsregeln-KVR) gesetzlich geregelt. Die Fahrregeln auf der Alster im Einzelnen bestimmen sich nach der Hafenverkehrsordnung. Auf der Alster und ihren Kanälen und Fleeten gilt, dass die Berufsschifffahrt Vorrang hat. Ihre Anlegestellen dürfen nicht von anderen genutzt werden. Im Übrigen gilt: Wer von rechts kommt, hat Vorfahrt. Es gibt kein Fahrwasser mit Vorrang. Alle Wasserfahrzeuge mit Ausnahme der Berufsschifffahrt sind gleichberechtigt. Diese Fahrregeln gelten allerdings nicht für Segelfahrzeuge untereinander. Segelboote müssen nach den internationalen Kollisionsverhütungsregeln (KVR) manövrieren.[53]

Grundsätzlich gilt auf allen Hamburger Gewässern einschließlich der Alster das Gebot, rechts zu fahren. Die Hafenverkehrsordnung hat 2007 dazu eine wichtige Ergänzung erhalten.[54] Danach können abweichend vom allgemeinen Gebot, rechts zu fahren, Sportfahrzeuge auf der Binnen- und Außenalster auch die linke Fahrwasserseite benutzen, wenn die Verkehrslage dies erlaubt. Damit wurde ein bisher von den Behörden geduldetes Verhalten gesetzlich erlaubt. Sportboote dürfen also auch auf der Harvestehuder Seite die Alster aufwärts fahren, entgegenkommende Fahrzeuge müssen an Backbord passiert werden.

Die Höchstgeschwindigkeit für alle Fahrzeuge mit Maschinenantrieb auf der Alster, ihren Kanälen und Fleeten beträgt 8 Kilometer pro Stunde (4,3 Knoten).

Für die Einhaltung der Gesetze sorgt heute die Außenstelle Alster des Wasserschutzkommissariats 2. An der Außenstelle Alster (Harvestehuder Weg 1a), verrichten vier Polizeibeamte ihren Dienst. Sie betreuen ca. 292 Hektar Wasserfläche, die sich in Binnenalster, Außenalster, Kleine Alster und die Kanäle gliedert. Als Einsatzmittel steht der Außenstelle Alster das Funkstreifenboot „WS 19" zur Verfügung.

WASSERTAXIS AUF DER ALSTER

2010 befasste sich das Verwaltungsgericht Hamburg mit der Klage eines Unternehmens, das einen Taxenbetrieb auf Elbe und Alster mit zehn Motorbooten einrichten wollte. Die Stadt hatte jedoch keine Erlaubnis erteilt. Die Begründung lautete, die entgeltliche Personenbeförderung sei nach der Alsterschifffahrtsverordnung verboten. Eine Ausnahme gelte nur für Fahrzeuge, die für die Freie und Hansestadt Hamburg fahren, oder für historische alstertypische Fahrzeuge.[55]

Dem Verein Green Life zur Förderung einer nachhaltigen Lebensweise e.V. war es im Jahre 2011 gelungen, von der Stadt die Erlaubnis zum Betrieb eines Solarbootes auf der Alster zu erhalten. Der Besitzer eines Alsterstegs legte sein Dieselmotorboot für die Saison still und stellte den Steg dem CO_2-frei betriebenen Boot *Solaris* zur Verfügung. Das Boot führte kostenlose Umwelttouren für Bürger auf der Alster durch. Ziel des Einsatzes der *Solaris* ist es, die Bürger, insbesondere Kinder und Schüler,

CO_2-freies Solarboot auf der Alster

darüber aufzuklären, dass es eine Technologie gibt, die den emissionsfreien Antrieb eines solchen Bootes ermöglicht. Die Hamburger Umweltbehörde hat die Genehmigung für weitere kostenlose Umwelttouren über das Jahr 2011 hinaus allerdings abgelehnt.

Das Befahren von schiffbaren Gewässern, zu denen auch die Alster zählt, mit Wasserfahrzeugen ist grundsätzlich für jedermann gestattet. Der Senat hat dieses Recht jedoch durch den Erlass der Alsterschifffahrtsverordnung eingeschränkt, die für maschinengetriebene Schiffe eine Erlaubnis vorsieht.

Die Tatsache, dass ein Schiff emissionsfrei betrieben wird, rechtfertigt nicht die Erteilung einer Erlaubnis. Entscheidend ist, dass das Schiff motorgetrieben ist. Die in § 2 Abs. 2 AlsterSchVO genannten Tatbestände, die die Erteilung einer Erlaubnis rechtfertigen, liegen bei einem CO_2-frei betriebenen Schiff nicht vor.

DIE ENTWICKLUNG DER STADT

Bei der Entwicklung Hamburgs kommt der Alster eine zentrale Rolle zu. Das gilt für die Entstehung der Uferstraßen, der Stadtteile, der Brücken, aber ebenso für die Errichtung markanter Bauten an der Alster.[56] Die Entscheidung über die Kanalisierung der Alster, die mit einem Konzept für die Erschließung eines neuen Villengebiets verbunden war, prägte die bauliche Entwicklung der Stadt nachhaltig.

UFERSTRASSEN DER BINNENALSTER

Die älteste Uferstraße der Binnenalster ist der schon im Mittelalter entstandene Jungfernstieg. Die beiden anderen Uferstraßen, der Neue Jungfernstieg und der Ballindamm, sind erst im 19. Jahrhundert gebaut worden. Da hier die Privatgärten der Anwohner bis an das Ufer reichten, war ein Rundgang um die Binnenalster bis dahin nicht möglich. Das zusammengehörige Ensemble von Binnenalster, Jungfernstieg, Ballindamm und Neuem Jungfernstieg, ergänzt durch die Lombardsbrücke, bildet heute das unverwechselbare Herzstück des Hamburger Stadtbilds und ist eines der traditionellen Touristenziele von außergewöhnlicher Attraktivität.

Der Jungfernstieg entstand bereits 1235, als Graf Adolf IV. ihn als Damm durch die Niederung der Alster legen ließ, um die Alster zu stauen und hier eine Mühle zu

Große Holzstapel am Reesendamm

betreiben. Der Damm hieß zunächst Reesendamm. Erst in späteren Jahrhunderten entwickelte sich der Damm zu einem Ort der Freizeitvergnügungen und speziell des Promenierens. Dazu kam es, weil durch die Anlage eines Festungswalls zwischen 1615 und 1625 Mühle und Binnenalster in das Weichbild der Stadt mit eingeschlossen wurden. Der Reesendamm, der über Jahrhunderte als Holz- und Lagerplatz gedient hatte, wurde 1665 erhöht und verbreitert und mit zwei Reihen von Linden, sieben Meter voneinander entfernt, verschönt. Sie sollten den Fußgängern Schatten bieten.

Jungfernstieg, 1892

Den Damm in einen Spazierweg zu verwandeln, war ein ganz ungewöhnlicher Vorgang. Denn man ging in der damaligen Zeit in Hamburg nicht spazieren, sondern begab sich nur zur Erledigung von Geschäften oder zum Besuch von Gaststätten auf die Straße. Der neu geschaffene Spazierweg ermöglichte es, dass man in der Stadt in frischer Luft lustwandeln konnte, ohne den Schutzraum der Stadt verlassen zu müssen. Insbesondere sonntags führten die Familien ihre unverheirateten Damen, die Jungfern, auf der Flaniermeile spazieren. Der Spazierweg erhielt anfangs die Bezeichnung „Pallemaille", nach kurzer Zeit bürgerte sich der Name „Jungfernstieg" ein, der seit 1684 auch offiziell übernommen wurde.

Der Jungfernstieg war zur Zeit seiner Entstehung alles andere als der Primus unter Hamburgs Straßen gewesen. In seiner unmittelbaren Nähe befanden sich Gerbereien, die Gebäude der Mühlen und der Wasserkünste, das Werk- und Zuchthaus sowie seit ca. 1600 der städtische Kalkhof mit seinen unförmigen, ständig rauchenden Meilern. Dennoch bevorzugten die Hamburger den Jungfernstieg schon früh als Spaziermeile, zumal er auch bei den Gästen der Stadt sehr beliebt war. Eine Glanzzeit erlebte der Jungfernstieg um 1780, als hier abwechslungsreiche Trachten, Puderfrisuren und Reifröcke, Haarzöpfe und reich verzierte Uniformen spazieren geführt wurden. Um der starken Zunahme des Verkehrs Rechnung zu tragen, wurde der Jungfernstieg 1796/1797 durch Aufschüttungen aus der Binnenalster um acht auf 24 Meter verbreitert und mit 40 Öllaternen „taghell" erleuchtet; 1799 wurde der erste Alsterpavillon errichtet. 1817 eröffnete das Hotel de Russie an der Ecke Große Bleichen/Jungfernstieg, und 1823 kam gegenüber der alten Wasserkunst an ihrem östlichen Ende das Hotel Belvedere dazu, schließlich eröffnete 1837 das Streit's Hotel.

Wie lebhaft es im ersten Viertel des 19. Jahrhunderts auf dem Jungfernstieg zuging, beschreibt ein Schriftsteller:

„Das wimmelnde Leben und Treiben im Schatten der jungen Bäume auf der mit Ketten eingefassten Promenade, die eigentlich der Jungfernstieg heißt, behagten mir vortrefflich, allein das ewige Rasseln, Rollen, Klappern, Klirren und Schreien fingen schon jetzt an, mich zu inkommodieren. Da eine Karosse, dort ein Stuhl-, hier ein Torfwagen; dazwischen klapperten ein paar Pferde mit guten und schlechten Reitern in vollem Galopp, als seien sie

Streit's Hotel am Jungfernstieg

DIE ENTWICKLUNG DER STADT

Jungfernstieg im Winter 1840

Friedens- oder Lottokuriere... Und vollends schreiende Kutscher, weinende Kinder, zankende Wasser- und Milchträger, Gemüse- und Fischweiber mit abscheulichen Nasentönen... dazwischen knarrende Schubkarren, Peitschenknall und lärmende Pflasterer." [57]

Ein besonders feierliches Ereignis fand hier am 5. Oktober 1841 statt. Von der Hamburger Turnerschaft von 1816 und der Hamburger Liedertafel von 1823 wurde vor dem Streit's Hotel „Das Lied der Deutschen", das spätere „Deutschlandlied", feierlich uraufgeführt. August Heinrich Hoffmann von Fallersleben hatte es am 26. August 1841 auf der – seinerzeit britischen – Insel Helgoland geschrieben. Die Hamburger Sänger präsentierten das Deutschlandlied anlässlich eines Fackelzugs für Carl Welcker, der dem Verfassungsausschuss angehörte und dem die Ausarbeitung einer gesamtdeutschen Verfassung oblag.

Sieht man von den beiden Weltkriegen einmal ab, war der 6. Mai 1842 der Schicksalstag für den Jungfernstieg. Am 5. Mai morgens, es war der Himmelfahrtstag, brach in der Deichstraße am Nikolaifleet ein Feuer aus, das von den herbeigeeilten Feuerwehrleuten nicht gelöscht werden konnte. Das Gebälk der Fachwerkhäuser der Altstadt war aufgrund eines sehr warmen Frühjahrs dermaßen ausgetrocknet, dass sich die Flammen schnell ausbreiten konnten. Die Brandursache konnte nie geklärt werden. Nachdem ein erheblicher Teil des Nikolai-Viertels zerstört worden war, erfasste der verheerende Brand am 6. Mai auch den Jungfernstieg. Bald standen die meisten Häuser in Flammen.

Die Menschen retteten ihr Hab und Gut in die am Ufer der Binnenalster liegenden Schuten, doch bald wurden auch diese eine Beute des Feuers. Die Wasserfläche war mit Trümmern schwimmender Teile von Häusern und halbverbrannten Schiffen bedeckt. Die hölzernen Brücken des Jungfernstiegs waren eingestürzt, die Schleusen und die Wassermühlen niedergebrannt. Das Wasser der Alster stürzte ungebremst in die Kleine Alster. Durch die Sprengung des Gasthofs Alte Stadt London (heute Hamburger Hof), des daran angrenzenden Hauses des Bankiers Salomon Heine und des benachbarten Streit's Hotel gelang es, die Ausbreitung des Feuers zum Gänsemarkt und dem Neuen Jungfernstieg hin zu stoppen. Plünderer machten sich währenddessen über die Weinbestände der brennenden Bürgerhäuser her.

Großer Brand am Jungfernstieg 1842

Der Brand breitete sich weiter nach Osten und Norden aus und zerstörte große Teile der Stadt östlich der Binnenalster. Am 8. Mai, am vierten Tag nach Feuerausbruch, brannte das letzte Haus in der Straße Kurze Mühren. Deren Verlängerung zum Ballindamm hin heißt deshalb bis heute Brandsende. Der Große Brand verwüstete mehr als ein Viertel des damaligen Stadtgebiets, forderte 51 Menschenleben und machte jeden zehnten Hamburger obdachlos. Ein Fünftel des Gebäudebestands mit damals 160.000 Einwohnern wurde zerstört.

Ausmaß der Brandzerstörung

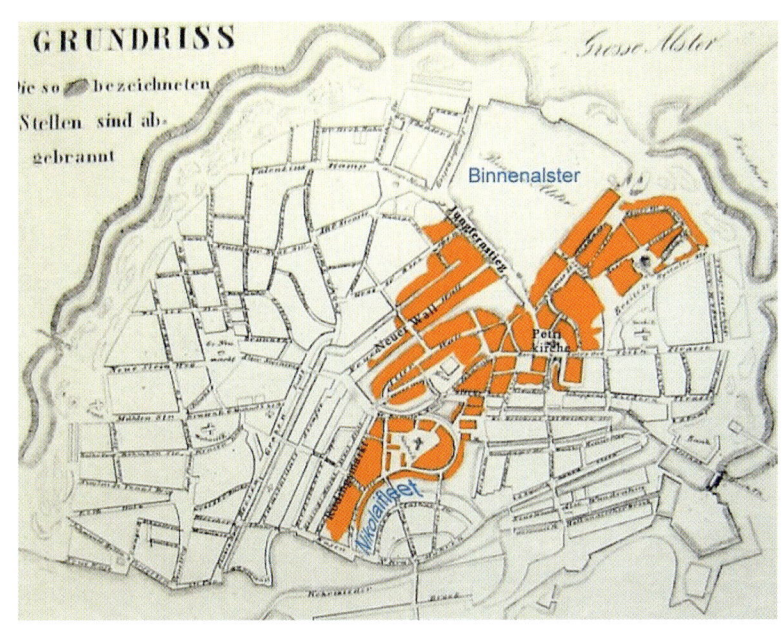

Die großflächigen Zerstörungen in der Altstadt ermöglichten es allerdings auch, dass das innere Stadtgebiet neu gestaltet werden konnte. Der Jungfernstieg wurde höher gelegt, an der Wasserseite wieder mit zwei Baumreihen bepflanzt. Er wurde durch die Rücknahme der Bauflucht um

DIE ENTWICKLUNG DER STADT

sechs Meter verbreitert und in gerader Linie bis zur Bergstraße fortgeführt. Bald säumten helle Häuser im klassizistischen Stil und mit gestalterischen Anleihen von italienischer Architektur den Jungfernstieg. Die neue Reesendammbrücke wurde aus Stein gebaut. Unter der Leitung des Hamburger Architekten Alexis de Chateauneuf entstand mit der Kleinen Alster, den Alsterarkaden und dem künftigen Rathausmarkt sowie der Börse, seit 1884/97 dann auch mit dem Rathaus ein neu gestaltetes Stadtzentrum, das Fritz Schumacher 1920 als das „städtebauliche Kunstwerk Hamburg schlechthin" beschrieb. Das Gesamtensemble von Binnenalster, Jungfernstieg und dem bereits 1825-27 angelegten Neuen Jungfernstieg wurde 1868 abgerundet durch die für den Betrieb der Verbindungsbahn von Hamburg nach Altona benötigte, neu gebaute Lombardsbrücke.

Ende des 19. Jahrhunderts wurde der Jungfernstieg im Zuge des Baus eines Straßenbahngleises von 30 auf 47 Meter verbreitert. Der Alsterpavillon wurde abgebrochen und weiter in die Alster hinein gebaut. Die Aufhängung für die elektrische Leitung der Straßenbahn verband man mit der Elektrifizierung der Beleuchtung. Hierdurch entstanden übergroße, das Gesamtbild störende Eisengerüste. Die mit der Verbreiterung verbundene architektonische und gärtnerische Neugestaltung des Jungfernstiegs fand in der Bevölkerung keine Zustimmung.

Lombardsbrücke

Während des Baus der U-Bahn-Station wurde der Jungfernstieg 1930 erneut umgestaltet. Die wasserseitige Promenade wurde enger gefasst, sodass eine Lindenreihe, aber auch die sperrigen Eisengerüste weichen mussten. Bei den Erdarbeiten der U-Bahn-Station wurde einer der Eichenpfähle entdeckt, auf denen der Reesendamm zum Aufstauen der Alster 1235 errichtet worden war. Der Eichenpfahl ist von dem Hamburger Bildhauer Richard Luksch zu einer Plastik verarbeitet worden, die an die Opfer eines Wassereinbruchs beim Bau der Station in den 1930er Jahren erinnert; sie kann heute auf dem Bahnsteig der U1 besichtigt werden. Der Künstler schnitzte sieben Frauenfiguren in den Eichenpfahl, deren Gewänder die sieben Jahrhunderte symbolisieren, die seit der Errichtung des Mühlenwehrs vergangen waren.[58]

Der Schriftsteller Hermann Claudius (1878-1980), ein Urenkel des Journalisten und Schriftstellers Matthias Claudius (1740-1815), der den „Wandsbeker Boten" redigierte, verfasste dazu die Verse:

„De Jahrhundert de sünd söben
Jungfern sünd de sülwen bleewen,
Und ick ole Ekenpahl
stah hier op dat sülwe Mal."

In jüngster Zeit ist Hamburgs beliebteste Flaniermeile im Anschluss an einen Wettbewerb erneut umgestaltet worden. Die Baumreihe in der Straßenmitte wurde entfernt, die Straße enger geführt und die Gehwege beiderseits verbreitert, der gesamte Bereich erhielt ein helleres Pflaster. Bis auf den Alsterpavillon wurden alle am Wasser liegenden Gebäude abgerissen. Auch der Schiffsanleger wurde neu gestaltet, zu dem man auf der Wasserseite über eine großzügige Treppenanlage gelangt. Die U-Bahn für die Anbindung der Hafencity an die Stadt hat am Jungfernstieg ihren Anfang. Mit der Neugestaltung wird die Nahtstelle zwischen Stadt und Wasser wieder sichtbar gemacht.

Eichenpfahl mit den sieben Jungfrauen

Jungfernstieg heute

Der Jungfernstieg hat sich als beliebte Promenade zu einem der prominentesten öffentlichen Orte der Stadt entwickelt. Er ist heute wirklich der Primus unter Hamburgs Straßen. Seine Geschichte ist ein Spiegelbild der Geschichte der Alster. Er ist zugleich das markanteste Symbol der Verflechtung von Wasser und Land in Hamburg.

Die Hamburger bedauerten es in den frühen Jahren sehr, dass der Jungfernstieg nicht um die Binnenalster herum weitergeführt wurde. Die Privatgärten der Anwohner hatten über viele Jahrzehnte einen Rundgang um das geliebte Gewässer verhindert. Erst nach Ende der französischen Besatzung 1814 kam es zu entscheidenden städtebaulichen Veränderungen. Die Wallanlagen wurden ab 1820 unter Leitung des Bremer Kunstgärtners Isaak Hermann Altmann in Landschaftsgärten verwandelt. Der Festungswall zwischen Dammtor und Lombardsbrücke wurde abgetragen, der Kalkhof auf dem Gelände der heutigen Staatsoper stellte seinen Betrieb ein, der Kalkgraben wurde zugeschüttet und darauf die Fehlandtstraße angelegt. Ferner wurde die Große Theaterstraße gebaut. Ein Damm wurde am westlichen Ufer der Binnenalster längs der Gärten aufgeschüttet und 1825-27 der

Neue Jungfernstieg mit Ufermauer, Alleen und Bürgerhäusern bis zur neu angelegten Esplanade errichtet. Diese Straße führte vom Jungfernstieg/Ecke Colonnaden zur Esplanade/Lombardsbrücke und unterquerte die Eisenbahn, sodass ihr nördlicher Abschnitt an der Kreuzung Alsterglacis/Kennedybrücke heute bereits im Stadtteil Rotherbaum liegt. Der Architekt Carl Ludwig Wimmel verwandelte das Viertel zwischen Binnenalster und Dammtor in eine Vorstadt etwa im Stil der Biedermeier-Architektur, die nach der Gründerzeit zu einem wesentlichen Bestandteil des Bauwesens in der Hamburger City wurde.

Auch die Südostseite der Binnenalster war bis ins 19. Jahrhundert hinein nicht von einer Straße eingefasst. Hier erstreckte sich die Binnenalster bis nahe an die heutige Hermann- und Ferdinandstraße. Damals bestand die Ostseite der Binnenalster aus einem planlosen Durcheinander von Häuserrückseiten, unter denen sich das Zucht- und Werkhaus besonders düster hervortat. Der Große Brand gab den Anstoß zu einer grundlegenden baulichen Umgestaltung. Der Glockengießerwall wurde bis zur Alster beseitigt, mit seinen Erdmassen und den Trümmern der niedergebrannten Häuser wurde der Alsterdamm aufgeschüttet, der damit zur dritten baumbestandenen Uferpromenade der Binnenalster wurde. Mit dem Trümmerschutt aus dem Zweiten Weltkrieg wurde er abermals verbreitert und ausgebaut. 1947 erfolgte die

„Die Windsbraut" von Hans Martin Ruwoldt

DIE ENTWICKLUNG DER STADT

Umbenennung in Ballindamm, zum Andenken an den Reeder Albert Ballin. Das Gebäude der Hapag-Lloyd AG, dessen Generaldirektor Ballin ab 1899 war, liegt am Ballindamm. Seit 1900 entstanden hier viele Kontorhäuser, die sich im Laufe der Jahrzehnte mit den Bauten an der Hermann- und Ferdinandstraße zu einem einheitlichen Viertel entwickelt haben und ein Stück Reeder-Repräsentanz sowie Kaufmannsgeist der Hamburger in den Fassaden spiegeln.

DIE AUSSENALSTER UND IHRE STADTTEILE

Die Ufer der Außenalster waren bis zum Anfang des 19. Jahrhunderts nahezu unbebaut, der Fluss war von Wiesen, Äckern und Wäldern umgeben. Das Gebiet um die Außenalster bestand überwiegend aus sumpfigen Niederungen, die bis zur Herabsetzung der Flusshöhe um rund einen Meter nach dem Brand von 1842 regelmäßig überschwemmt wurden. Die Dörfer nördlich der Stadt hielten zumeist Abstand zum Fluss. Zur damaligen Zeit führten die Menschen in den sich entlang der Außenalster erstreckenden Vororten und auch weiter flussaufwärts ein ländliches Leben. 1838 hatte das Dorf Winterhude erst 380 Einwohner, die sich von Ackerbau und Viehzucht ernährten. Das Wiesenufer an der Alster gegenüber der Eppendorfer Kirche war eine Stelle, an der die Kähne im Winter an Land gezogen wurden, um sie vor Schnee und Eis zu schützen. Der Lagerplatz wurde „Hude" genannt, und da er für den Winter gedacht war, hieß er „Winterhude". Von Winterhude nach Eppendorf führte eine wackelige Fußgängerbrücke über die Alster, die 1848 durch den Eppendorfer Steg ersetzt wurde.

Erst ab der Mitte des 19. Jahrhunderts nahmen die Hamburger Bürger langsam die Ufer der Außenalster in Besitz. Der heute beliebte Rundgang um die Alster war bis Anfang des 20. Jahrhunderts gar nicht möglich. Die Wohngegenden um die Außenalster sind das Ergebnis umfangreicher und mit großem Weitblick getätigter Investitionen von Persönlichkeiten wie John Fontenay (1769/70-1835), Johann Friedrich Bernhard Sierich (1794-1850), Adolph Sierich (1826-1899), Julius Gertig (1829-1898) und August Abendroth (1796-1867), aber auch von anderen, weniger bekannten Hamburger Kaufleuten.

Rotherbaum

Der südliche Teil des Westufers der Außenalster gehört zum Stadtteil Rotherbaum. Der Name wurde vom Rothen Baum abgeleitet, einem vor der Stadt befindlichen

Wachtposten an der Rothenbaumchaussee, der einen roten Schlagbaum besessen haben soll. Das historische „th" im Namen hat sich bis heute erhalten. Diese Gegend hatte sich relativ rasch von den verheerenden Folgen der französischen Besatzung erholt. Die Franzosen hatten im Jahre 1813 bis zur jetzigen Linie Hallerstraße-Fährdamm alle Gartenhäuser niedergebrannt und sämtliche Bäume gefällt.

Im Stadtteil Rotherbaum erwarb der amerikanische Staatsbürger französischer Abstammung John Fontenay neben den bereits in seinem Besitz befindlichen Grundstücken vor dem Dammtor ab 1816 in großem Umfang Ländereien in unmittelbarer Alsternähe. John Fontenay soll 1797 von Philadelphia nach Hamburg gekommen sein. Im Mai 1801 wurde er zum Schiffsmakler gewählt und erhielt das Hamburger Bürgerrecht. Er sicherte mit seinem Geschäftspartner Thomas Goulton Hesleden während der ersten Elbblockade durch die Engländer über Tönning die Versorgung der Stadt. Als die Franzosen Hamburg 1806 besetzten, ging Hesleden nach Tönning, Fontenay blieb als Hamburger Bürger in der Stadt. Hesleden ließ sich später auf Helgoland nieder. Fontenay reiste mit seiner Frau und den vier Stiefkindern im Mai 1810 nach London und ein Jahr später nach Frankreich. Zwei Jahre lang lebte er als amerikanischer Staatsbürger in Clermont-Ferrand und kehrte nach dem Ende der Franzosenzeit im Mai 1814 nach Hamburg zurück. In den folgenden Jahren zählten Fontenay und Hesleden zu den erfolgreichsten Hamburger Schiffsmaklern. Ein Gedenkstein (mit Urne) für Fontenay befindet sich neben dem Kriegerdenkmal an der Einmündung der Straße Fontenay in den Harvestehuder Weg.

Gedenkstein John Fontenay

Das parkähnliche Gelände zwischen Alster, Badestraße und Mittelweg wurde nach ihm schlicht „die Fontenay" genannt. Im Laufe der Zeit wurden an den Straßen Fontenay, Klein Fontenay, Fontenay-Allee und Badestraße Wohn- und Geschäftshäuser errichtet. Es wurden neue Bäume angepflanzt, Landhäuser erbaut und Gärten angelegt. Sämtliche Abwässer der Gebäude wurden in die Außenalster entsorgt. 1831 bestimmte Fontenay testamentarisch das Gelände als Fideikommiss – ein unveräußerliches und unteilbares Erbe – für seine Nachkommen. Fontenay starb 1835 in seinem Haus Mittelweg 185. Sein Stiefsohn Friedrich Kirsten übernahm als Familienoberhaupt und Schiffsmakler die Nachfolge in der Firma und wurde erster Testamentsvollstrecker. „Fontenays Testament" ist heute eine Stiftung des privaten Rechts, die über hundert Nachkommen von Fontenays Stiefkindern verbindet.

DIE ENTWICKLUNG DER STADT

Der Stadtteil Rotherbaum behielt bis in die Mitte des 19. Jahrhunderts sein ländliches Gepräge. Auf der Strecke vom Dammtor bis zur Alten Rabenstraße standen als Straßenbeleuchtung einsame drei Öllampen. Die Entwicklung zu einem mehr städtischen Gepräge begann erst mit der Aufhebung der Torsperre Ende 1860 und der Einführung der Gasbeleuchtung. Bis dahin gab es südlich der Fontenay keine Häuser am Alsterufer. Entlang des Stadtgrabens führte ein Weg vom Dammtor zur Außenalster. Dieser Weg, der 1856 zur Straße Alsterglacis erweitert worden war, wurde 1864 weiter ausgebaut und „Alsterufer" genannt. Damit endete die Straße vor dem Fontenayschen Grundstück in einer Sackgasse. Bei den Anwohnern vom Rothenbaum stieß die Idee, zwischen der Straße Alsterufer und dem Harvestehuder Weg eine Verbindung herzustellen, nicht auf Gegenliebe. In der Bürgerschaftssitzung vom 21. März 1906 hielt der Bürgerschaftsabgeordnete Johann Berenberg-Gossler eine Rede:

> „Wir sind uns alle darin einig, dass, abgesehen von dem scheußlichen Klima, welches wir in Hamburg haben, Hamburg eine der schönsten Städte der Welt ist (Zwischenruf: Bravo!). Diese Schönheit verdankt Hamburg ausschließlich der Alster. Wenn wir nun schon einen solchen Edelstein, wie die Alster ist, haben, dann sollten wir dort auch die Fassung dieses Edelsteins so gestalten, dass die Schönheit desselben hervorgehoben wird."[59]

Erst nach dieser Sitzung wurde eine Verbindung zwischen den Straßen Alsterufer und Harvestehuder Weg hergestellt und damit ein Rundweg um die Außenalster geschaffen. Die verlängerte Straße Alsterufer wurde im Mai 1907 eröffnet und 1908 einschließlich der begleitenden Uferanlagen vollendet.

Harvestehude

Auch in dem Stadtteil Harvestehude, der in nördlicher Richtung von Rotherbaum gelegen bis zum Isebekkanal reicht, hatten die Franzosen 1813 die wenigen in diesem Gartengebiet errichteten Häuser niedergebrannt. Der Name des Stadtteils rührt von einem Zisterzienserkloster her, das 1245 durch die Gräfin Heilwig von Holstein gegründet wurde. Zwischen dem Pöseldorfer Weg und der Magdalenenstraße wurden Remisen und Häuser für Kutscher, Handwerker, Krämer und Dienstboten gebaut. Das 1295 nach Harvestehude umgesiedelte Zisterzienserkloster Herwardeshuthe hatte im Laufe der folgenden Jahrhunderte einen großen Grundbesitz erworben, der nach dem Abriss des Klosters 1530 in die Verwaltung des an der Kleinen Alster gelegenen St. Johannis-Klosters überging. Erst im 19. Jahrhundert wurde der Landbesitz zur Bebauung freigegeben. Im Jahre 1866 kaufte das Klosterland-Konsortium, ein Zusammenschluss Hamburger Bürger, vom Kloster St. Johannis das Gelände. Das Konsortium erschloss das Gelände durch ein schachbrettartiges Straßennetz und verkaufte es weiter, zumeist an Immobilienspekulanten, die auf den inzwischen parzellierten Grundstücken Villen, Stadt- und Etagenhäuser in unterschiedlichen Stilrichtungen vom gründerzeitlichen Historismus über den Jugendstil bis zur Reformarchitektur errichteten. Das Gelände entwickelte sich schnell zu einem bevorzugten Wohngebiet.

Harvestehude

Einen besonderen Weg bei der Besiedelung der Ufer an der Außenalster ging das am Ostrand von Harvestehude und Rotherbaum gelegene Quartier Pöseldorf, welches der dort geborene Ascan Klée Gobert als „hanseatisches Mayfairviertel" bezeichnete.[60] Es ist das Geviert zwischen Alsterchaussee, Mittelweg, Milchstraße und Böhmersweg, ein jahrhundertelang vor dem Dammtor gelegenes Gartengebiet. Seine Bewohner waren Pächter des Klosters St. Johannis. In den zum Teil durch Unterpachtverhältnisse klein gewordenen Gärten „pöselten" („pusselten") die Bewohner emsig, aber nicht über die Maßen ergiebig vor sich hin. So entstand der Name des Quartiers.

Im 19. Jahrhundert wurden Straßen angelegt, an denen Villen gebaut wurden, die Handwerker verdrängten die Gärtner. Hier entstand im Laufe der Zeit ein Gängeviertel, das zwar beide Kriege überstanden hatte, aber einer grundlegenden Sanierung bedurfte. Im Jahre 1959 kaufte der Antiquitätenhändler Eduard Brinkama die heruntergekommene Wagenremise Milchstraße Nr. 10 von der Bundespost und setzte durch eine Sanierung zahlreicher Gebäude den Grundstein für einen Wandel Pöseldorfs zu einem beliebten Viertel.

Der Stadtteil Harvestehude und das rechte Ufer der Außenalster werden in besonderer Weise von dem Harvestehuder Weg geprägt. Seine Geschichte geht zurück auf einen Waldweg, der von der Alten Rabenstraße bis zur Krugkoppel zwischen einer Reihe alter Eichen und Ulmen mit mächtigen Kronen verlief. Der Weg bildete die Verbindung zwischen den bei der Bevölkerung sehr beliebten Gasthäusern Kloster-

DIE ENTWICKLUNG DER STADT

garten und Alte Rabe. Er trennt die hier in westlicher Richtung beginnende Geest von der Alstermarsch, die sich als breiter Wiesen- und Weidegürtel bis an das mit einem Schilfgürtel gesäumte Ufer der Außenalster erstreckte. Das sumpfige Vorland wurde von den Pächtern der Klosterländereien als Viehweide genutzt. Eine Verlängerung des Harvestehuder Wegs Richtung Stadt über das heutige Alsterufer hinaus gab es nicht. Südlich der Alten Rabenstraße reichten die Gärten bis 1907 dicht an die Außenalster. Wer vom Dampferanleger Alte Rabenstraße in die Stadt wollte, musste den Weg über die Alte Rabenstraße und das Dammtor nehmen.

Im Jahre 1818 wurde das Vorland aufgeteilt und an die Eigentümer der Gärten verkauft. An der westlichen Seite des Harvestehuder Wegs begann man danach mit einer großzügigen Landhausbesiedlung. Die Fußwege und der Fahrweg waren noch unbefestigt, unbeleuchtet, im Frühjahr schlammig und im Sommer staubig. Manche Grundstücke entwässerten unmittelbar in die Alster, was sich den Spaziergängern durch üble Gerüche bemerkbar machte.

Das alles änderte sich ab der Mitte des 19. Jahrhunderts grundlegend. Der Harvestehuder Weg entwickelte sich zu einem der schönsten und begehrtesten Boulevards der Stadt. Hamburger Kaufleute errichteten an ihm auf herrschaftlichen Grundstücken prachtvolle Villen. Alfred Lichtwark, der Direktor der Hamburger Kunsthalle, nannte den Harvestehuder Weg, über dessen Verlängerung Alsterufer man die Innenstadt mittlerweile direkt erreichen konnte, die „schönste Straße Hamburgs"[61]. Die prachtvollen Villengrundstücke reichen heute nicht mehr bis an die Alster heran. Im Zusammenhang mit der Internationalen Gartenbauausstellung 1953 wurden die Uferwiesen des Alstervorlands zu einem öffentlichen Park umgestaltet, an dessen östlichem Rand seitdem der Alsterwanderweg am Ufer der Außenalster entlangführt.

Winterhude

Auch das Winterhuder Ufergelände der Außenalster war bis zur Herabsetzung des Wasserspiegels der Alster im Jahr 1843 regelmäßig überschwemmt. Danach war die Uferlinie vor der Einmündung des Streeks bis zum Langen Zug um bis zu 70 Meter zurückgefallen.

Die Besiedelung des Stadtteils Winterhude beruhte auf Investitionen von Privatpersonen. Der Goldschmied Johann Friedrich Bernhard Sierich (1794-1850) kaufte am 30. Oktober 1839 von der Witwe Hinsch einen der Winterhuder Hufnerhöfe an der Ecke Barmbecker Straße und Winterhuder Marktplatz, und später weitere Grundstücke. Als er am 21. November 1850 starb, gehörte ihm ein großes Gebiet in

Winterhude. Sein Sohn Adolph Sierich (1826-1889), ebenfalls Goldschmied, kaufte noch viele Grundstücke hinzu, sodass ihm dank geschickter Bodenspekulation bald die Hälfte des Dorfes Winterhude gehörte.

Adolph Sierich ließ nach dem Vorbild von Uhlenhorst die von ihm erworbenen Gebiete aufschütten und durch den Bau von Kanälen entwässern. Anschließend parzellierte er die Ländereien und ließ Straßen anlegen, die er nach sich, seinen Familienangehörigen oder Freunden benannte: die Adolphstraße nach sich selbst, die Sierichstraße nach der Familie, die Maria-Louisen-Straße, in der er selbst wohnte, nach seiner ersten Frau Maria, die Klärchenstraße nach seiner zweiten Frau Clara Octavia Repsold, die Dorotheenstraße nach seiner Mutter, die Agnesstraße nach seiner Schwägerin, die Willistraße nach seinem Sohn aus zweiter Ehe, die Andreasstraße nach einem Freund, dem Oberingenieur Franz Andreas Meyer, und die Wentzelstraße nach seinem Testamentsvollstrecker.

Adolph Sierich

Ab 1864 erhielt das Winterhuder Alsterufer eine geregelte Uferlinie. Bereits einige Jahre zuvor war das Ufer des Langen Zugs durch Entfernung der sumpfigen Ecke des Papenwärders reguliert worden. Die nördlich dieses Bereichs zwischen 1866 und 1874 geschaffene Straße erhielt den Namen Bellevue. Zum Ufer hin wurden parkartige Gärten geschaffen, die Grundstücke an der Bellevue waren für den Bau vornehmer Landhäuser bestimmt. Zwischen 1890 und 1892 wurde die Straße Fernsicht angelegt, sie bildet seither den nördlichen Abschluss der Außenalster. Sie liegt etwas erhöht und bietet wie die Bellevue eine hervorragende Aussicht über den See. Somit war der Promenadenzug Fernsicht-Krugkoppel geschaffen worden, um Winterhude mit Harvestehude zu verbinden und zugleich die zwischen Alsterfluss und Rondeelkanal liegende Halbinsel zu erschließen.

Adolph Sierich wurde größter Grundbesitzer in Winterhude, Franz Andreas Meyer beriet ihn bei seinen Investitionen. Der Wert der Grundstücke stieg rasant, nachdem am 31. Dezember 1860 die Hamburger Torsperre aufgehoben worden war und die Bewohner der Stadt sich für die Ländereien vor der Stadt interessierten. Als Torsperre wurde die abendliche und nächtliche Öffnung der Stadttore gegen Zahlung einer Gebühr bezeichnet. Sie hatte 1768 schrittweise den Torschluss abgelöst sowie das vollständige Schließen der Tore bei Sonnenuntergang.

Sierich verkaufte die Grundstücke, die mit repräsentativen Stadtvillen bebaut worden waren, gewinnbringend. Durch die Anlage der Kanäle wurde es privaten Bauherren sogar ermöglicht, ihr Grundstück mit dem eigenen Boot zu erreichen. Um Winterhude mit der Innenstadt besser zu verbinden, ließ Adolph Sierich 1864 die Sierichstraße durch eine Brücke über den Langen Zug mit der Adolfstraße auf der Uhlenhorst verbinden. 1870 ließ er von der Maria-Louisen-Straße die Streekbrücke über die Alster nach Harvestehude bauen, die hier den Namen „Streek" führte. Pendant zu den Sierichs war ein weiterer Großinvestor in Winterhude, der Lotterieunternehmer Julius Gertig vom Großen Burstah. Wie Adolph Sierich war Julius Gertig ein geschickter Bodenspekulant und eine rastlose Unternehmerpersönlichkeit. Er bebaute im süd-östlichen Teil von Winterhude um den Mühlenkamp ein Gebiet mit lauten, umweltschädlichen Fabriken, Arbeitervierteln und Wohnsilos sowie vielen Wirtshäusern. Seit 1850 waren die Bleicher die größte Gruppe unter den neuen Bewohnern in Winterhude. 1859 ließ Gertig eine Brücke über die Osterbek bauen, sodass die Städter zu Fuß oder per Kutsche zum Mühlenkamp gelangen konnten. Nach der Schließung der Trabrennbahn auf dem Gelände von Gertigs Gaststätte Mühlenkamp wurde auch dieses Areal für die Bebauung erschlossen. Sieben Straßen wurden angelegt, die nach Hamburger Baumeistern und Architekten benannt wurden: Fersenfeldtsweg, Forsmannstraße, Kuhnsweg, Peter-Marquard-Straße, Preystraße, Schinkelstraße, Wimmelsweg.

Die von den Sierichs und von Julius Gertig in die Grundstücksentwicklung getätigten Investitionen waren weitsichtig. Die von ihnen erworbenen, parzellierten und als Bauplätze verkauften Grundstücke sowie die Anlage des Mühlenkampkanals, des Rondeelkanals und des Rondeelteichs haben Winterhude von einem versumpften Gebiet zu einem beliebten Hamburger Stadtteil an der Alster gemacht.

Julius Gertig

Uhlenhorst

Die Besiedelung des Stadtteils Uhlenhorst – ein Name, der sich von Eulennest ableitet – ist mit dem Namen August Abendroth (1796-1867) eng verbunden. August Abendroth war das älteste von neun Kindern des hamburgischen Senators und Bürgermeisters Amandus Augustus Abendroth (1767-1842), nach dem der Abendrothsweg in Eppendorf benannt ist. Auf der Uhlenhorst – die Uhlenhorst ist der einzige Hamburger Stadtteil mit Artikel – ist die Auguststraße nach seinem Sohn August benannt. Dieser war ähnlich wie sein Vater vielfach begabt, er war Rechtsanwalt, Gründungsmitglied des Kunstvereins, Förderer der Inneren Mission und des Eisenbahnbaus sowie Immobilieninvestor. Gemeinsam mit Carl Heine und Adolph Jencquel ersteigerte er im Jahre 1837 den Hof Uhlenhorst. Zu dieser Zeit waren die Uhlenhorst mit dem benachbarten Hohenfelde und den Winterhuder, Harvestehuder und Eppendorfer Ufergebieten Marschlandschaften mit üppigen Baumgruppen. Abendroth war als Leiter der Bietergemeinschaft der Ansicht, dass ein dringendes Bedürfnis bestand, das brachliegende Land zu erschließen, damit am Wasser liegende Bauplätze für Gartenhäuser, aber auch für gewerbliche Betriebe entstehen konnten.

Dank der 1843 erfolgten Senkung des Alsterspiegels um einen Meter wurde das niedrige Gelände trockengelegt. Abendroth und seine Partner ließen das Gelände weiter anheben und legten zwischen 1844 und 1846 planmäßig Straßen an. Entlang der Außenalster wurde die Straße Schöne Aussicht angelegt. Ferner entstanden der Hofwegkanal und zwischen dem Winterhuder Weg und der Schönen Aussicht der Uhlenhorster Kanal mit dem aus einem Moorloch umgestalteten Feenteich, der durch eine hölzerne Brücke erreicht werden konnte. Dieser wurde 1884 durch eine Steinbrücke, die heutige Feenteichbrücke, ersetzt.

Wegen der umständlichen Verkehrsverbindung nach Hamburg schritt die Besiedelung der Uhlenhorst allerdings zunächst nur langsam voran. Dies änderte sich, nachdem man 1852 zunächst für Fußgänger und 1856 auch für Fuhrwerke eine Uferstraße entlang der Ostseite der Außenalster mit einer direkten Verbindung in die Stadt gebaut hatte. Mit Aufhebung der Torsperre 1860 und infolge der von Abendroth ausgearbeiteten Uhlenhorster Bedingungen, nach denen das direkt an der Alster gelegene Gebiet zwischen dem Uhlenhorster Weg und dem Langen Zug weder mit Mehrfamilienhäusern noch mit gewerblichen Betrieben bebaut werden durfte, erlebte die Besiedelung des Stadtteils einen steilen Aufschwung. Abendroth hatte die Uhlenhorst in einen östlichen und einen westlichen Teil unterteilt, wobei der Hofweg eine Trennlinie bildete. Für die Grundstücke westlich des

August Abendroth 1855

DIE ENTWICKLUNG DER STADT

Hofwegs, also in Alsternähe, galt die Regel, dass „keine Dampfmaschinen errichtet und kein Geschäft etabliert werden darf, welches durch Qualm, üblen Geruch oder übermäßigen Lärm die Nachbarn belästigt"[62]. Mit dieser Klausel schuf Abendroth die Grundlage für die dauerhafte Zweiteilung der Uhlenhorst in einen vornehmen und idyllisch gelegenen Westen und einen eher gewerblich orientierten Osten. Am Ende des 19. Jahrhunderts war die Uhlenhorst fast vollständig besiedelt.

Hohenfelde

Hohenfelde ist ein Stadtteil an der Außenalster zwischen der Uhlenhorst und St. Georg. Auch hier erstreckten sich bis in das letzte Viertel des 19. Jahrhunderts hinein sumpfige Wiesen, die ständig überschwemmt wurden. Auf einem höher gelegenen Gelände lag der Immenhof, in dem eine Gaststätte betrieben wurde. Der Hamburger Weinhändler Johann Hinrich Mund erwarb 1750 den Immenhof und nannte den von ihm errichteten Neubau Mundsburg. Dieser Name bürgerte sich ein und bezog sich bald auf die gesamten Wiesen und Weideländereien entlang der Außenalster. Im Jahre 1813 wurde die Mundsburg von den Franzosen niedergebrannt, nach ihrem Abzug jedoch wieder aufgebaut.

Ab Ende der 1830er Jahre wurde Hohenfelde für die Bebauung erschlossen. Nach der Einstellung des Mühlenbetriebes und der Senkung des Alsterspiegels waren die Wiesen bebaubar geworden. Um das Geld für den Straßenbau aufzubringen, wurde 1852 eine Aktiengesellschaft gegründet, die von der Stadt die Erlaubnis zum Bau eines Fußwegs entlang der Alster von der Lohmühlenstraße nach der Uhlenhorst erhielt. Der Aktiengesellschaft wurde ferner gestattet, von jedem Passanten einen Wegezoll von einem Sechsling zu erheben, bis das Anlagekapital zurückgezahlt war. Der Weg nach Uhlenhorst führte um die Lohmühle herum über den Stadtgraben, bei dem sich wegen des zu zahlenden Zolls ein Absperrgitter mit einer Pforte befand. Hier wurde neben dem Zoll der halbe Schilling oder der Sechsling erhoben. Daher hieß der Durchgang im Volksmund bald Sechslingspforte, nach der die jetzt an dieser Stelle befindliche Straße benannt wurde.

Nach der Verbreiterung des Uferwegs hatte sich seine Benutzung so stark entwickelt, dass das Anlagekapital schon 1858 zurückgezahlt war. Daraufhin erhielt die Aktiengesellschaft die Erlaubnis, den Uferweg auch für den Wagenverkehr herzurichten, wobei das Wegegeld weiterhin zu zahlen war. Als in Hohenfelde weitere Straßen angelegt wurden, insbesondere der Mundsburger Damm, wurde auch der Schwanenwik durch gärtnerische Uferanlagen verschönert.

Schwanenwik

St. Georg

St. Georg ist die älteste Uferbesiedelung der Außenalster. Der Stadtteil verdankt seinen Namen dem nach dem heiligen Georg benannten Lepra-Hospital, das um 1200 außerhalb der Stadt gegründet wurde. Es handelte sich um kein Krankenhaus im modernen Sinn, sondern um ein Asyl für Leprakranke. An seinem heutigen Standort wurde 1821/23 von Carl Ludwig Wimmel ein Krankenhaus nach damals modernen Gesichtspunkten errichtet.

Am Uferstreifen der Außenalster wurde 1726 die jetzige Straße An der Alster angelegt und mit zwei Lindenreihen bepflanzt. Bebaute Grundstücke gab es dort bereits 1682. Im Jahre 1789 standen in der Straße 25 Häuser. Sie waren nicht aneinander gereiht, sondern standen verstreut in den Gärten. Von der noch ungesicherten Uferböschung hatten die Bewohner viele Treppen, Stege und Schwimmbäume in die Alster hinein gebaut. Die Uferstraße hatte zunächst noch keine unmittelbare Verbindung zur Stadt, erst 1830 konnte die Stadt über einen Fußweg durch die Ferdinandspforte erreicht werden; 1855 wurde der Weg zu einem Fahrweg ausgebaut. Mitte des 19. Jahrhunderts war die Gegend entlang der Straße An der Alster dicht bebaut. Die Straße war nun ein hoher Uferweg, der einen schönen Blick auf die belebte, große Wasserfläche bot. Die Straße entwickelte sich mit ihren Schatten spendenden Linden zu einer beliebten Promenade, die 1852 eine Verbindung mit dem in Hohenfelde errichteten Uferweg erhielt, wodurch die Uhlenhorst besser erreicht werden konnte.

DIE ENTWICKLUNG DER STADT

Der Verkehr auf der Straße An der Alster hatte stetig zugenommen, sodass diese 1875 erheblich verbreitert werden musste. Im Zuge dieser Arbeiten entstand die Gurlittinsel gegenüber der Gurlittstraße. Trotz der Straßenverbreiterung blieb die Eigenart eines anmutigen Spazierwegs erhalten. Bei der Gurlittinsel wurde ein Springbrunnen angelegt und zum ersten Mal in Betrieb genommen, als ihn Kaiser Wilhelm I. im September 1881 bei einer Rundfahrt passierte.

In der vor-automobilen Zeit hatte die Straße An der Alster im Frühjahr, Sommer und Herbst ihre großen Tage. Dann war sie Schauplatz der „Rennpassage". Die Straße wurde Sonntag und Montag in den frühen Nachmittagsstunden gesperrt, und es fuhren Fuhrwerke aller Art von der Innenstadt zur Horner Rennbahn. Erwin Garvens hat das Volksfest anschaulich beschrieben:

> „Von dem behäbigen Landauer, mit wohlgenährten Karrossiers bespannt, bis zum schwankenden Dogcart mit zwei schlanken Füchsen à la Tandem davor, von dem flinken Shetlandpony vor einem winzigen unbequemen Wägelchen zu der zwei Dutzend Menschen fassenden vierspännigen Mailcoach und der vorsintflutlichen Break, deren Überfülle einen der Fahrgäste sogar auf das Trittbrett an der Wagentür verbannte, war so gut wie jedes von Pferdekraft bewegte Gefährt vertreten, gehörte es doch zum guten Ton wie zum Vergnügen des Rennbahnbesuches, dass man sich wenigstens für einen Teil des Anfahrtsweges der Rennpassage anschloss, um sich der Menge, die an diesen Tagen den breiten Fahrweg an der Alster und die weiteren Zufahrtsstraßen nach Wandsbek und Horn dicht umsäumte, auf elegantem rollenden Untersatz zu präsentieren."[63]

In der Neuzeit wurde St. Georg ein Stadtteil mit erheblichen Problemen, war doch die Bausubstanz alt und sanierungsbedürftig geworden. Zwei Drittel der Gebäude waren vor 1890 errichtet worden. Der beliebte Stadtteil setzte sich aus Schauspielhaus, Wohnungen, Straßenstrich, Drogenszene, Läden und Lokalen zusammen.

Im November 1965 kam dem Chef der Baugesellschaft Neue Heimat, Albert Vietor, eine Idee, nachdem er jahrelang vom Panoramafenster seines Büros im zwölften Stock des Hamburger Konzerngebäudes den wenig attraktiven Stadtteil betrachtet hatte. Im Juni 1966 stellte Vietor im Phönixsaal des Hamburger Rathauses dem Senat die Pläne für eine radikale Umgestaltung St. Georgs vor. Es handelte sich um das heute fast vergessene Alsterzentrum. Der revolutionäre Entwurf sah vor, St. Georg nahezu vollständig abzureißen und ein futuristisches Kolossalbauwerk mit babylonischen Betonquadern zu errichten, die höher und massiger als Manhattans Wolkenkratzer sein sollten. Ein 700 Meter langer, zehn- und zwölfstöckiger Basisbau in Form eines C sollte mit dem Rücken zur Alster ein weiträumiges Areal umschließen. Darauf sollten fünf gigantische Wohnpyramiden ruhen, die kleinste 130, die größte mit 63 Stockwerken 200 Meter hoch. Die Anlage sollte Wohnraum für 20.000 Menschen und Platz für 16.000 unterirdische Autostellplätze bieten. Die architektonische Gestaltung und das städtebauliche Konzept gingen auf Planungen in den USA zurück.

Geplantes Alsterzentrum in St. Georg

Heute mag man sich wundern, dass der Entwurf des Architekten der Neuen Heimat, Hans Konwiarz, anfangs einige Unterstützung fand, selbst im Senat. Hamburgs Erster Bürgermeister Herbert Weichmann meinte: „Die Hansestadt würde es begrüßen, wenn die Durchführung sich realisieren ließe." Über 70 Prozent der unter 34-Jährigen und die Mehrheit der Befragten in St. Georg befürworteten das Projekt zu Beginn des Jahres 1968. Eine Arbeitsgruppe der Neuen Heimat und des Senats schlug im März 1969 vor, 1972 mit dem Bau des Alsterzentrums zu beginnen. Dann aber setzten sich die Kritiker des Projekts durch, und das futuristische Projekt verschwand mit der Erklärung des Ersten Bürgermeisters, Peter Schulz, „der Alptraum aus Beton" werde nicht gebaut, in der politischen Versenkung. Man führte stattdessen eine schrittweise Sanierung des Stadtteils durch, mit Erfolg. Die Drogenszene um den Hansaplatz wurde verdrängt, Mietwohnraum wurde in Eigentumswohnungen umgewandelt, der Altbaubestand wurde saniert.

DIE ALSTER UND IHRE BRÜCKEN

Auch wenn es vielleicht überrascht: Hamburg ist mit rund 2.500 Brücken die brückenreichste Stadt Europas. Die meisten Brücken sind freilich unspektakuläre Bauwerke, die kaum bemerkt werden. Insbesondere im Bereich der Alster gibt es hingegen Brücken, die zu den Wahrzeichen der Stadt gehören.

Die ersten Brücken in Hamburg bestanden aus Holz. Viele wurden beim Großen Brand zerstört oder erheblich beschädigt. Bis zum Beginn des 20. Jahrhunderts gab es vor allem über die Alster und ihre Zuflüsse viele große Holzbrücken, von denen jedoch keine erhalten geblieben ist. Rund hundert Brücken überqueren heute die Alster. Daneben gibt es auch ungebaute, nur als Idee entworfene Brücken und sogar ungebaute Tunnel.

Trostbrücke

Trostbrücke

Die erste Brücke in Hamburg soll um 1200 gebaut worden sein. Sie überspannte das Nikolaifleet und verband die bischöfliche Altstadt rund um Dom und Petrikirche mit der gräflichen Neustadt. Namentlich wird die Trostbrücke erstmals 1266 erwähnt. Hier lag vom Mittelalter bis zum Hamburger Brand das Zentrum Hamburgs, mit dem Rathaus, das bis ins 17. Jahrhundert hinein mehrfach um Anbauten erweitert wurde, und die alte Hamburger Börse.

Woher die Brücke ihren Namen hat, ist nicht vollständig geklärt. 1266 wird sie auch als *pons campsorum* (Wechslerbrücke) bezeichnet, vermutlich, weil dort Geldwechsler ihre Geschäfte anboten. Nach einer 1881 angebrachten Gedenktafel stammt ihr lateinischer Name *pons trostes* von einem auf der Brücke befindlichen Kruzifix, das den Trost der Christenheit symbolisieren soll. Das Wort „Trost" gab es im Mittelalter jedoch noch gar nicht. Möglicherweise ist der Name auf einen Grundbesitzer namens Trostes zurückzuführen.

1599 wird die Brücke durch eine steinerne Brücke – die erste in Hamburg – ersetzt. Nach deren Einsturz 1731 wird eine neue Steinbrücke gebaut, die beim Hamburger Brand beschädigt wird. Franz Andreas Meyer errichtete 1881/82 das heutige Bauwerk mit einer Mischung aus Backsteinflächen und Gliederungen aus Naturstein, wobei ein 15,5 Meter weiter Segmentbogen das Nikolaifleet überspannt.

Die beiden Skulpturen, die sich in der Mitte der Brücke gegenüberstehen, stehen symbolisch für die durch die Brücke verbundenen ursprünglichen Stadtteile: Der Heilige Ansgar als Begründer des Domes und erster Bischof der Stadt repräsentiert die Altstadt, während Graf Adolf III. zu Schauenburg, Stormarn und Holstein für die von ihm errichtete Neustadt steht. Die Skulpturen wurden 1883 von dem Bildhauer Engelbert Peiffer (1830–1896) geschaffen.

Reesendammbrücke

Nachdem die Mühlen am Reesendamm 1842 niedergebrannt waren, erbaute man an dieser Stelle die Reesendammbrücke. Sie überspannt die Kleine Alster zwischen dem Jungfernstieg und der Bergstraße und wurde 1843/44 als Steinbrücke gebaut. Die Brücke erhielt ihren Namen zum Gedenken an den Müller Heinrich Reese, der hier um 1270 eine Kornmühle betrieben hatte. Das Mühlenwehr wurde von der Reesendammbrücke südwärts nach der Schleusenbrücke verlegt.

Die fünf Brückenbogen haben verschiedene Spannweiten von 6,6 bis knapp 8 Meter. Anlässlich des Ausbaus des Jungfernstiegs wurde die Brücke 1899 auf fast 50 Meter verbreitert. Beim Bau der U-Bahn unter der Kleinen Alster 1930/31 wurde die Brücke abgebaut und nach Beendigung der Arbeiten wieder aufgebaut. Ähnliches erfolgte 1967 beim Bau der City-S-Bahn. Beim Wiederaufbau wurde das Gewölbe durch eine Stahlbetonkonstruktion ersetzt und die Seite zur Binnenalster hin passend zu den neuen Uferanlagen umgestaltet.

Lombardsbrücke

Zusammen mit dem 1625 fertiggestellten Befestigungswall, durch den der für die Wassermühlen gebildete Alsterstausee in Binnen- und Außenalster geteilt wurde, entstand die Lombardsbrücke. Für den Durchfluss wurde eine 100 Fuß (knapp 30 Meter) breite Lücke gelassen, die von einer einfachen, relativ schmalen hölzernen Klapp- und Zugbrücke als Fußgängersteg überquert wurde. Der Wall war im Bereich der Lombardsbrücke zur Nordseite hin mit drei Bastionen bewehrt. Westlich davon

Lombardsbrücke 1812

lag die Bastion Didericus, daneben befand sich der Alsterdurchlass. Auf der anderen Seite lagen die Bastionen David und, landeinwärts, Vincent.

1651 errichtete man auf der Lombardsbrücke vor der Bastion Didericus ein Gebäude, welches als Leihhaus diente und „Lombard" genannt wurde. Es gab der Brücke ihren Namen. Man verwendete die italienische Bezeichnung für das Pfandhaus, weil zur fraglichen Zeit nur Lombarden aus Italien derartige Geldgeschäfte vornehmen durften. Infolge der Zunahme des Leihverkehrs wurde das Lombardgebäude 1736 durch einen langen Flügelbau erweitert. Das Gebäude bestand bis 1827, als unter anderem die Bastionen Petrus und Didericus im Zuge der Umwandlung des Walles in Gartenanlagen abgetragen wurden.

Die hölzerne Brücke wurde in regelmäßigen Abständen erneuert. 1739 wurde die Fußgängerbrücke ein weiteres Mal neu gebaut und verbreitert; sie konnte danach auch von Pferdewagen befahren werden. Die Brücke wurde zuletzt 1827 nach den Plänen des Stadtbaumeisters Carl Ludwig Wimmel als Holzkonstruktion erneuert. Wegen des stark gestiegenen Verkehrs und der Inbetriebnahme der Verbindungsbahn nach Altona wurde ein Neubau der Lombardsbrücke aus Stein erforderlich. Sie wurde von Bauinspektor Johann Hermann Maack (1809-1868) zwischen 1866 und 1868 erbaut. Maack hat die Vollendung seines Werks nicht mehr erlebt, er starb am 18. Mai 1868. Die Brücke wurde am 18. Juli für den Straßenverkehr und am 12. Dezember 1868 für den Schiffsverkehr freigegeben. Die für den Straßen-, Eisenbahn- und Fußgängerverkehr konzipierte Brücke ist mit etwa 69 Metern doppelt so lang und erheblich breiter als ihre Vorgängerin. Sie überspannt die Alster in drei Bögen, die mit Sandstein- und Granitquadern verkleidet wurden. Die formvollendete Brücke mit vier gusseisernen Kandelabern nach einem Entwurf des Bildhauers Carl Börner ist bald zu einem Wahrzeichen der Stadt geworden. 1901/02 wurde die Lombardsbrücke nochmals um 17 Meter auf fast 50 Meter verbreitert und mit vier Eisenbahngleisen versehen, von denen zwei der Hamburger S-Bahn dienen.

Für den Verkehr ist die Lombardsbrücke eine der wichtigsten Brücken über die Alster. Nach dem Zweiten Weltkrieg konnte sie den gestiegenen Straßenverkehr jedoch nicht mehr bewältigen. Daher wurde 1953 nördlich der alten Brücke nach einem Entwurf von Bernhard Hermkes die Neue Lombardsbrücke gebaut, die nach dem im November 1963 ermordeten amerikanischen Präsidenten John F. Kennedy in Kennedybrücke umbenannt wurde. Auf ihr ist im Bereich des nördlichen Gehwegs der hier verlaufende 10-Grad-Meridian markiert.

Lombardsbrücke bei Nacht

Feenteichbrücke

Ihre heutige Konstellation überspannt den Kanal zwischen Feenteich und Außenalster. Vorgängerin der heutigen Brücke war eine 1861 errichtete Holzbrücke. Die 1884 von Franz Andreas Meyer in einer Steinkonstruktion erbaute Feenteichbrücke besteht aus einem einzigen halbkreisförmigen Bogen mit einer lichten Weite von 8 Metern. Der in Ziegelmauerwerk errichtete Bogen ist an den Stirnseiten mit Granitwerksteinen eingefasst. Die Brüstungen und Säulenpodeste stammen von der 1872 erbauten Kornhausbrücke, die nach nur zehn Jahren wegen des Ausbaus des Zollkanals in der neuen Speicherstadt wieder abgebrochen werden musste. An der Alsterseite sind zwei Jahre nach der Fertigstellung steinerne Podeste mit zwei Löwenfiguren aufgestellt worden. Die Verzierungen gehörten wie das Hamburger Wappen zu der 1870 erbauten Brooksbrücke, die ebenfalls nach relativ kurzer Zeit wieder abgebrochen werden musste.

Krugkoppelbrücke

Mit der Erschließung der Grundstücke in Winterhude wurde das den nördlichen Abschluss der Außenalster bildende zerrissene Ufer zunächst nicht umgestaltet. Man konnte von der auf der Winterhuder Seite geschaffenen Uferstraße Bellevue zu Fuß oder zu Wagen nur weiter nördlich über die Streekbrücke zum anderen Ufer der Alster gelangen. Erst zwischen 1890 und 1892 wurde die Straße Fernsicht mit Baggersand aus der Alster aufgeschüttet, sie bildet seither den nördlichen Abschluss der Außenalster. Im Zuge des Ausbaus des Promenadenwegs von der Bellevue über die Fernsicht zum Harvestehuder Weg wurden 1892 die hölzerne Krugkoppelbrücke und ihre kleine Schwester, die Fernsichtbrücke, über den Rondeelkanal gebaut; sie verbinden die Stadtteile Winterhude und Harvestehude. Die Alster bildet bei der Krugkoppel eine beckenartige Erweiterung, das Schiffloch. Ihren Namen erhielt die Brücke wegen einer in ihrer Nähe befindlichen Gastwirtschaft und einer Wiese.

Krugkoppelbrücke

1927/28 musste die hölzerne Brücke wegen Baufälligkeit abgerissen und durch eine Stahlbetonbrücke ersetzt werden. Mit ihren drei Korbbögen von je rund 14 Meter Weite ähnelt sie der Lombardsbrücke. Die vorstehenden halbrunden Brückenpfeiler wurden durch eingelassene Muschelornamente verziert. Die Keramikeinsätze in der Brüstung stellen Weinranken und über den Pfeilern zweischwänzige Meerwesen dar. Die harmonische Strenge der Brücke verrät die Handschrift des Städtebauers Fritz Schumacher, in dessen Auftrag Gustav Leo die Brücke entworfen hat. Zeitgleich mit der Krugkoppelbrücke hat man die hölzerne Fernsichtbrücke ebenfalls in Eisenbeton mit einer einzigen 22 Meter messenden Öffnung erneuert.

Winterhuder Brücke

Wollten Fuhrwerke im 18. Jahrhundert von Eppendorf nach Winterhude und umgekehrt fahren, mussten sie eine Furt durch die Alster benutzen, die etwa 70 Meter südlich der Eppendorfer Kirche im Bereich der Einmündung des Leinpfadkanals lag. Bei hohem Wasserstand musste die Furt beim Alsterkrug benutzt werden. Für die Fußgänger hatte man einen Alstersteg nahe der Eppendorfer Kirche gebaut. Dieser war für die Bürger in Winterhude von großer Bedeutung, zumal es dort bis in die 1840er Jahre keinen Bäcker gab. Das Brot musste über den „Hohen Steg" aus Eppendorf geholt werden. Der hölzerne Steg war von Eppendorf aus über eine Treppe zugänglich und fiel auf der Winterhuder Seite schräg ab. Die Brücke war so hoch, dass Alsterkähne hindurchfahren konnten. Steg und Brücke befanden sich zumeist in einem schlechten Zustand. Bei Malern war die Brücke wegen ihres ländlich-idyllischen Anblicks als Motiv sehr beliebt.

Hoher Steg in Eppendorf

Ende der 1830er Jahre kam es zu langwierigen Verhandlungen über den Bau einer Straße und einer Fahrbrücke von Winterhude nach Eppendorf an der Nordseite der Eppendorfer Kirche. 1840 wurde ein Damm durch die Winterhuder Wiesen geschüttet, auf dem die jetzige Hudtwalckerstraße verläuft, die bis 1899 Eppendorfer Straße hieß. Nach Eröffnung des Verkehrs über die hölzerne Fahrbrücke am 8. Februar 1841 wurde die Fußgängerbrücke abgebrochen. 1878 wurde die Fahrbrücke zwischen Winterhude und Eppendorf erneuert. Sie erhielt steinerne Stützpfeiler, die Brücke selbst blieb aber weiterhin aus Holz bestehen. Kurz vor dem Ersten Weltkrieg wurde sie wegen Baufälligkeit abgebrochen. Die neue Brücke wurde im Zuge der Alsterkanalisierung und einer Verbreiterung der Hudtwalckerstraße auf 30 Meter mit einem einzigen Eisenbogen auf steinernem Widerlager am 24. September 1921 dem Wagenverkehr übergeben.

DIE ENTWICKLUNG DER STADT

Visionen von Brücken und Tunneln

Für die Verkehrsplaner der Stadt war die Außenalster vor allem ein Verkehrshindernis. Dass es zwischen der Lombardsbrücke und der Krugkoppelbrücke keine Möglichkeit gab, das Gewässer auf festem Grund zu überqueren, trug zu dem hohen Verkehrsaufkommen der Lombards- und Kennedybrücke sowie der Straße An der Alster bei. Daher gab es immer wieder Projekte, das westliche und östliche Ufer der Außenalster jeweils durch eine Brücke oder einen Tunnel miteinander zu verbinden.

Nachdem um 1850 damit begonnen wurde, die Uhlenhorst zu bebauen, erregte im Jahr 1860 ein Vorschlag einer Gruppe von Uhlenhorster Grundbesitzern unter Führung von August Abendroth erhebliches Aufsehen. Er sah vor, im nördlichen Teil der Außenalster zwischen der Alsterchaussee auf der Westseite und der Karlstraße auf der Ostseite eine Holzbrücke zu bauen, damit die Grundstücke am Ostufer besser erschlossen werden konnten. Der Wert der etwas abgelegenen Grundstücke wäre sprunghaft gestiegen. Die Holzbrücke sollte 35 Durchfahrten haben, deren höchste Durchfahrt rund 4,60 Meter über dem Wasserspiegel liegen sollte. Im Gegenzug schlug die Baudeputation eine Kettenbrücke vor bzw. einen Damm mit zwei überbrückten Durchfahrten. Beide Vorschläge lehnte die Bürgerschaft 1862 jedoch ab.

Daraufhin trat der Ingenieur der Baubehörde Friedrich Wilhelm Roesing mit einem Plan an die Öffentlichkeit, die Alster an der gleichen Stelle zu untertunneln. Zwischen zwei Dämmen, die in die Außenalster geschüttet werden sollten, sollte ein Tunnel gebaut werden. Der Plan scheiterte daran, dass die ins Wasser geschütteten Dämme die Außenalster erheblich eingeengt hätten, ähnlich wie bei den oben genannten und nicht realisierten Brückenbauprojekten.

Im 20. Jahrhundert wurden weitere Brücken- und Tunnelprojekte für die Querung der Außenalster vorgeschlagen. Nachdem ein 1909 vorgestelltes Tunnelprojekt gescheitert war, wurde 1929 ein Vorschlag unterbreitet, der eine „Forderung des Großstadtverkehrs auf ungehemmte Alsterüberquerung" vorsah. Zwischen der Alten Rabenstraße und der Auguststraße sollte eine über 1.000 Meter lange Brücke mit fünf Öffnungen gebaut werden, deren mittige so weit und so hoch bemessen sein sollte, dass Segelfahrzeuge ungehindert hätten hindurchfahren können. Mit der Begründung, das Landschaftsbild der Außenalster werde durch das Brückenungetüm beeinträchtigt, wurde das Projekt abgelehnt.

1933 unterbreitete der einflussreiche Stadtbaurat Hans Adolf Ludewig auf der Hamburger Bauausstellung eine Initiative „Alsterprojekt", nach der die Alstervillen zur Schaffung eines Zentralstadtparks am Alsterufer abgerissen und die Villenvorgärten in diesen neuen Zentralstadtpark integriert werden sollten. Um die Innenstadt und die Lombardsbrücke zu entlasten, wollte Ludewig als Verlängerung der Alten Rabenstraße einen Alstertunnel bauen, der auf der Ostseite in die Auguststraße münden sollte. Die Lombardsbrücke sollte an beiden Ufern mit Monumentalbauten, Kontorhochhäusern und Verwaltungsgebäuden flankiert werden. Die Nazionalsozialisten ließen die Pläne in der Schublade verschwinden. 1938 gab es einen Hochbahn-Plan für eine Querlinie von der Emilienstraße zur Burgstraße, inklusive Alstertunnel. Auch dieser Plan wurde nicht realisiert.

In den 1950er und 1960er Jahren war die Stadtbauplanung in Hamburg unter dem Tiefbauexperten Prof. Otto Sill im Wesentlichen von großen Straßenprojekten geprägt. Angesichts der Verkehrsmisere in der Stadt entwickelte er ein Modell einer Stadtautobahn mit der Bezeichnung „Projekt A".[64] Während die Auf- und Abstriche des Großbuchstabens A die West- und Osttangenten symbolisieren sollten, lieferte der Querbalken des großen A gleichsam die Kernstadt-Tangente, die oberhalb der Innenstadt sowie durch einen Tunnel unter der Alster entlanggeführt werden sollte, der wiederum einen Abzweig zu einem Parkdeck mit 3.000 Stellplätzen haben sollte. Obgleich die Bürgerschaft den Aufbauplan und damit den Bau eines Tunnels unter der Alster am 16. Dezember 1960 durch ein Gesetz beschlossen hatte[65], wurde er nicht ausgeführt, auf den Bau der Kernstadt-Tangente wurde verzichtet.

DIE KANALISIERUNG DER ALSTER

Unterhalb der Fuhlsbütteler Schleuse schlängelte sich die Alster an tief hängenden Weiden und knorrigen Eichen vorbei in weit gezogenen Windungen durch ein brei-

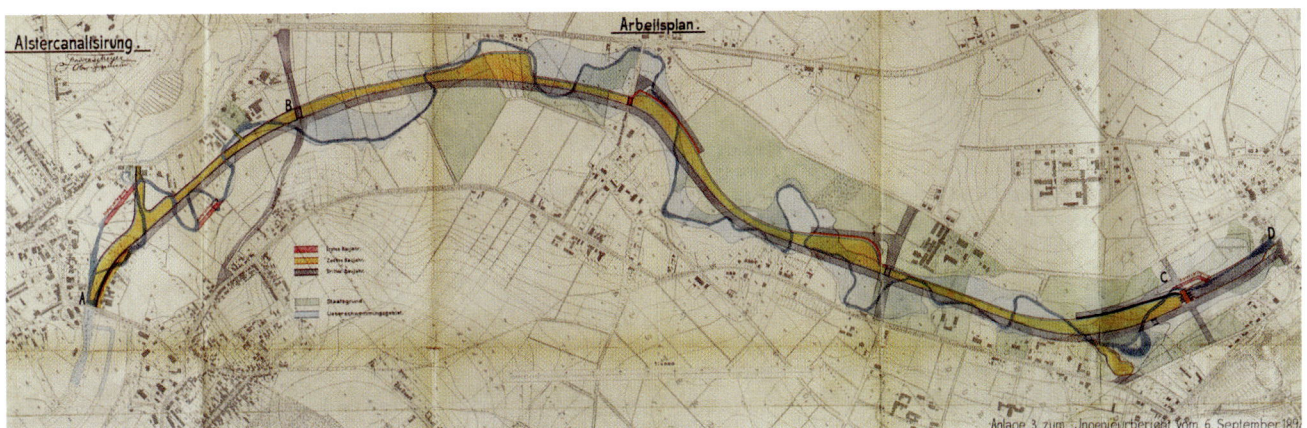

tes Wiesental, welches bei Schneeschmelze und starkem Regen von dem anschwellenden Strom weithin überschwemmt wurde.

Skizze der ursprünglichen und der kanalisierten Alster

DIE ENTWICKLUNG DER STADT   123

Die Ufergelände der Alster bestanden beiderseits aus sumpfigen Viehweiden. Es lag daher nahe, den windungsreichen Alsterlauf zu kanalisieren, insbesondere, um den Transport von Gütern auf dem Fluss zu erleichtern, aber auch, um die Ufergelände zu besiedeln. Noch um 1900 endeten die Ausläufer der städtischen Bebauung in der Nähe der Winterhuder Brücke. Vom Entstehen der Idee einer Kanalisierung der Alster bis zu ihrer Realisierung vergingen mehr als 50 Jahre. Während dieser Zeit hatte es jahrelange Diskussionen über das richtige Konzept gegeben.

Während zunächst die Baudeputation der Stadt und ihre Ingenieure die Planung bestimmten, kam später der Finanzdeputation eine dominierende Rolle zu, da sich die Finanzierung des Projekts als schwierig erwies. Zudem hatten sich während der jahrzehntelangen Diskussion Stadtplanungskonzepte und die Städtebaukunst weiterentwickelt. Fritz Schumacher (1869-1947) leitete von 1909-1933 das Hamburger Hochbauwesen. Er überzeugte die Vertreter der Stadt, dass Städtebaukunst, zu der für ihn auch die Alsterkanalisierung zählte, in erster Linie Sache des Stadtplaners sei, und erst in zweiter Linie die Angelegenheit von Ingenieuren.

Schumacher nahm somit maßgeblichen Einfluss auf Planung und Realisierung der Alsterkanalisierung. Auf ihm ruhten die Hoffnungen der Kritiker für eine künstlerisch anspruchsvolle und zeitgemäße Gestaltung und Umsetzung des Projekts. Der Erste Weltkrieg und die anschließende Wirtschaftskrise hatten die Realisierung des Projekts zwar stark verzögert, aber nicht verhindert.

Die Möglichkeit einer Kanalisierung der Alster war erstmals in einem Bericht der Hamburger Baudeputation vom 2. Februar 1874 über den Neubau der Winterhuder Brücke erwähnt worden. Darin wurde beiläufig von einem „projectirten Alster-Canal" gesprochen und der Abschnitt zwischen Winterhuder Brücke und Eppendorfer Mühlenteich in seinem Status quo dargestellt.

Im Jahre 1878 beantragte der Senat bei der Bürgerschaft die Ratifizierung eines Vertrags, durch den die Stadt in den Besitz von Grundstücken oberhalb der Winterhuder Brücke kommen sollte. Der von der Bürgerschaft eingesetzte Ausschuss legte seinen Bericht im April 1879 vor. Er vermutete hinter dem Antrag den

> „Hauptzweck ... einer Regulierung, resp. Canalisierung des in vielen Krümmungen sich hinziehenden Alster-Armes bis Fuhlsbüttel ... Der Ausschuss war einstimmig der Ansicht, dass diese Canalisierung im Interesse des Staates eine Nothwendigkeit ist."[66]

Die Notwendigkeit sah der Ausschuss insbesondere darin begründet, dass Güter zum und vom Gefängnis in Fuhlsbüttel transportiert werden konnten. Nach den Vorstellungen des Ausschusses sollten die Erdarbeiten von Gefangenen geleistet werden. Gleichwohl wurde empfohlen, den Senatsantrag abzulehnen, weil die Bürgerschaft nicht darüber unterrichtet worden war, welche Kosten mit der Realisierung des Projekts verbunden waren. Daraufhin wurde die Planung vermutlich wegen zu hoher Kosten erst einmal nicht weiter verfolgt.

Ab Februar 1894 wurde eine Kanalisierung im Rahmen der beabsichtigten Stadterweiterung erneut in der Öffentlichkeit diskutiert. Grundlage dafür waren Planzeichnungen des Oberingenieurs Franz Andreas Meyer (1837-1901), des einflussreichsten Städtebauingenieurs Hamburgs.

Er hatte dieses Amt von 1872 bis zu seinem Tod inne und errang durch seine Arbeiten internationale Anerkennung. Sein architektonisches Hauptwerk ist die Speicherstadt. Der Frachtkanal sollte in einem gestreckten S von der Fuhlsbütteler Schleuse bis zur Winterhuder Brücke viele Male den alten Verlauf der Alster kreuzen, sich aber am Verlauf des Alstertals orientieren. Er sollte eine durchgehende Breite von 30 Metern mit sechs Ausweitungen für Landungsplätze haben.

Im Hinblick auf die vielen Meinungsverschiedenheiten über das Projekt, insbesondere über dessen Finanzierbarkeit, stimmten Bürgerschaft und Senat in der Sitzung vom 14. April 1897 und vom 5. Januar 1898 dem sorgfältigen Bericht der Bauplanungskommission vom Juli 1896 zu. Beide Gremien stellten die Alsterkanalisierung als notwendigen Teil der Bebauungspläne im Rahmen der Stadterweiterung fest. Doch die Frage der Finanzierung war nach wie vor nicht beantwortet. Der Senat beschloss gleichwohl, mit dem Erwerb der benötigten Grundflächen zu beginnen. Eine Realisierung des Gesamtprojekts war damit aber immer noch nicht erfolgt.

Grabstein des Oberingenieurs Franz Andreas Meyer

Das neue Konzept: Die Erschließung eines Villengebiets

Die Finanzdeputation der Stadt, die jetzt zu einer dominierenden Institution bei der Realisierung des Projekts geworden war, stellte fest, dass es unmöglich sein würde, angesichts der hohen Beträge, die für die Grundstückskäufe hätten bereitgestellt werden müssen, die Kosten der Alsterkanalisierung zu finanzieren. Sie verlangte eine völlige Änderung der Zielkonzeption: Der Charakter eines gehobenen Wohngebiets an der Alster sollte stärker in den Vordergrund gerückt werden, damit möglichst hohe Grundstücksverkaufspreise erzielt werden konnten. Sie forderte einen weitgehenden Bedeutungswandel von der bisherigen Funktion der Alster als Frachtkanal hin zu einer Festlegung auf ein Villengebiet. Sie verwies darauf, dass zunehmend steuerkräftige Bürger in reizvolle Regionen außerhalb der Hamburger Grenzen abwanderten, weil es immer weniger ansprechende Wohngegenden auf Hamburger Gebiet gebe. Nach Ansicht der Finanzdeputation bot das Alstertal eine der letzten Möglichkeiten, für wohlhabende Bevölkerungsschichten ansprechende Wohngebiete zu erschließen und sie davon abzuhalten, ihre Steuern außerhalb Hamburgs an den preußischen Staat zu zahlen.

Die Baudeputation versuchte, die Vorstellungen der Finanzdeputation in einem modifizierten Plan zu berücksichtigen, nach dem ein parallel zum Hauptkanal geführter schmaler Seitenkanal im Gebiet von Alsterdorf mit einer bassinähnlichen Ausweitung angelegt werden sollte, um die Anzahl der Grundstücke mit Wasserfront zu vergrößern. Obwohl erhebliche Zweifel bestanden, ob der neue Entwurf dem Konzept für ein Villengebiet entsprach, stellte die Baudeputation die endgültigen Pläne am 9. November 1905 fertig. Im März 1907 wurde das Projekt im Senat erörtert und danach beschlossen.

Doch statt den beschlossenen Plan weiter zu bearbeiten, legte die Baudeputation einen neuen Entwurf vor. Der s-förmige Verlauf des Kanals sollte beibehalten, der Alster sollten zwei Seitenkanäle beigefügt werden. Durch Brücken sollte der Kanal in einzelne Abschnitte gegliedert werden, die jeweils unterschiedlich ausgestaltet werden sollten: mit drei Landeplätzen rechtsseitig, mit Inseln oder Halbinseln, Badeanstalten und Grünanlagen in landschaftlich reizvoller Gestaltung. Der neue Plan sah einen Fußweg vor, der einen Spaziergang am Kanal von Winterhude bis Fuhlsbüttel ermögliche.

Mit dem neuen Entwurf hatte man die Abkehr vom Kanal als Transportweg endgültig vollzogen. Es ist zu vermuten, dass dieses Umdenken auf einer Initiative des Leiters des Ingenieurwesens, Ferdinand Sperber, beruhte, dem sich nach seiner Beförderung zum Oberingenieur die Möglichkeit bot, einen Entwurf ganz nach seinen Vorstellungen zu gestalten. Ferdinand Sperber (1855-1933) war von 1907 bis 1923 Leiter des Hamburger Ingenieurwesens, in seine Amtszeit fallen die Hauptphase der Planung und die Ausführung des Alsterprojekts.

Während der neue Plan beim Senat auf lebhafte Zustimmung stieß, war die Kritik der Finanzdeputation vernichtend. Sie verwies auf unkalkulierbare Mehrkosten, denen keine entsprechende Wertsteigerung entgegenstehe. Der verwertbare

Baugrund werde dezimiert, und die ungeschickte Aufteilung könnte eine Villenbebauung nur an wenigen Stellen zulassen. Insbesondere wurde der Verzicht auf öffentliche Grünanlagen gefordert, weil hierdurch zu viele Villengrundstücke mit Wasserfront verloren gehen würden. Am 9. November 1908 stellte Sperber ein neues Projekt der Baudeputation vor, mit dem er die zahlreichen Einwände zu berücksichtigen versuchte. Eine abermalige Überarbeitung des Plans folgte im März 1909, sie fand allgemeine Zustimmung. Der Senat legte den geänderten Plan am 3. November 1909 der Bürgerschaft vor.

Am 20. April 1910 beriet die Bürgerschaft erstmals über das Kanalprojekt. Die Mehrheit sprach sich für die Verweisung an einen neu zu gründenden Ausschuss aus, zu dessen Vorsitzenden Dr. Stemann, der das Projekt heftig kritisiert hatte, gewählt wurde. Man beschloss, Gutachten von den Architekten Otto March, Alfred Lichtwark und Reinhard Baumeister einzuholen und sich mit den aktuellen Tendenzen modernen Städtebaus zu beschäftigen.

Otto March (1845-1913) war ein namhafter Architekt in Berlin, Alfred Lichtwark (1852-1914) leitete seit 1886 die Hamburger Kunsthalle und galt als einer der profiliertesten Kunstkenner in Deutschland. Er war ein Befürworter der architektonischen Gartenkunst. Reinhard Baumeister (1833-1917) war zeitweilig Vorsitzender der Bürgerschaft und gilt heute als Begründer des modernen Städtebaus und der Städtebauforschung.

Alfred Lichtwark, gemalt von Leopold Graf von Kalckreuth, 1912

Die Gutachter kamen zu unterschiedlichen Ergebnissen. Lichtwark kritisierte das Projekt, Baumeister empfahl die Annahme, und March schlug einen Wettbewerb vor, um neue Anregungen zu erhalten. Als Folge der Gutachten spaltete sich der Ausschuss in zwei Lager. Nachdem Sperber einen neuen Vorschlag unterbreitete, stellten die Gegner der Senatsvorlage den Antrag, das Projekt vorzugsweise von Fritz Schumacher, oder, falls das nicht möglich sei, von Hermann Jansen (1869-1945) überarbeiten zu lassen. Hermann Jansen beschäftigte sich vorwiegend mit Themen des Städtebaus in Berlin und war eine der führenden Persönlichkeiten in diesem Fach. Die Mehrheit des Ausschusses entschied, die Senatsvorlage auf der Grundlage des Spervorschlags anzunehmen.

Die Bürgerschaft stimmte 1911 diesem Vorschlag zu, wie auch ein Jahr später der Senat, diesmal allerdings mit der Maßgabe, dass Fritz Schumacher den als Grundlage

Konzipierte nördliche Ecke des Inselkanals

Baustelle der Alsterkanalisierung

dienenden Plan weiter überarbeiten solle. Er sollte dem stärker in den Vordergrund gerückten Bedürfnis nach Berücksichtigung künstlerischer Aspekte im Städtebau Rechnung tragen.[67] Schumacher sah sich von den Gegnern mit heftigen Widerständen und von den Befürwortern mit übergroßen Hoffnungen konfrontiert. Von ihm ist nur ein sehr skizzenhafter und unvollständiger Plan des gesamten Projekts überliefert, den er 1932 veröffentlichte.[68] Schumachers Konzept kann daher nur aus verschiedenen Skizzen erschlossen werden, in denen er zum Beispiel Einmündungen von Seitenkanälen oder wichtige Ecksituationen etwa durch besondere Anlagen und Bauten betonte. Ein markantes Beispiel hierfür ist das Nordende des Inselkanals, für das Schumacher ein zum Wasser hin orientiertes Gebäude mit frontalem Portikus und seitlichen Säulengängen vorsah.[69]

Die beiden Enden des Alsterkanals und seine Mitte wurden ebenfalls gestalterisch markiert. Die Bastion an der Meenkwiese wurde mit einer Stützmauer und einer Treppenanlage versehen, die in einer späteren Skizze um zwei Pavillons ergänzt wurde. Die Mitte des Kanals, die Alsterkrüger Kehre, wurde in ihrer Gestaltung zwischen Sperber und Schumacher abgestimmt; sie erhielt eine quadratische Grundform. Diese verlieh dem Fluss eine fast geometrisch architektonisch strenge Fassung mit Böschungsmauern, Wassertreppen und Terrassen, gesteigert durch das 125 mal 90 Meter große Becken, zu dem sich der Fluss auf halber Strecke zwischen Ohlsdorf und Eppendorf weitet. Den Endbereich des Kanals an der Fuhlsbütteler Schleuse markierten das Schleusenbecken sowie die rahmende Bebauung. Schumacher komplettierte diesen Endbereich durch weitere gestalterische Maßnahmen. Man darf sagen, dass es Schumacher gelungen ist, dem Projekt seinen Stempel aufzudrücken und nachträglich die im Lauf der langen Planungsgeschichte entstandenen Brüche und Überlagerungen verschiedener Konzepte derart zu korrigieren, dass am Ende ein Plan wie „aus einem Guss" entstand.[70]

Der erste Spatenstich erfolgte im Mai 1914. Die Arbeiten kamen zunächst zügig voran. Nach 1914 wurden auch Kriegsgefangene aus Russland für die Arbeiten herangezogen. Parallel zu den Erdarbeiten wurden Brücken, Mauern und Treppen gebaut und das Straßennetz entwickelt. Nach dem Ende des Ersten Weltkriegs kam es wegen der Inflation und der Weltwirtschaftskrise zu Verzögerungen. Potentiellen Bauherren fehlte das Geld für den Erwerb und die Bebauung der Alstergrundstücke. Im Jahre 1926 war etwas mehr als die Hälfte des Kanals fertiggestellt. Die private Bautätigkeit begann zögerlich. Die ersten Häuser wurden gebaut, als die Kanalisierung noch nicht abgeschlossen und die Grundstrukturen des Wohngebiets noch nicht fertiggestellt waren. Im Zuge der Alsterkanalisierung entstanden drei Inseln im Fluss, die von der Insel-, der Rathenau- und der Brabandstraße durchzogen sind. Die Mischung von Wasser, Wohnen, Grün und Straße prägen alle drei Alsterinseln. Die 450 Meter lange Straße auf der ersten Insel zwischen der Deelböge und der Wilhelm-Metzger-Straße wurde 1922 als „Inselstraße" beim Katasteramt eingetragen. Das Bild unten zeigt die Inselstraße mit den ersten vier von dem Architekten Mahlmann errichteten Häusern, wie der Maler Carl Cohen sie 1925 von der damaligen Brücke der Borsteler Chaussee (jetzt Deelböge) gesehen hat.

Die Bauarbeiten mit dem Ziel der Alsterkanalisierung wurden erst Ende der 1920er Jahre abgeschlossen, die Straßen nach und nach bebaut.

Für Schumacher besaß die Gesamtwirkung einer Bebauung höchste Priorität. Er verurteilte die individualistische Geltungssucht einzelner Bauherren. Nach seiner Ansicht durfte ein Bauherr niemals Solist, immer musste er ein dienendes Mitglied eines Chores sein. Das Äußere eines Bauwerks betrachtete er nicht als eine Sache eines Einzelnen, sondern als eine Angelegenheit der Allgemeinheit. Die während Schumachers Amtszeit ausgeführten Villenbauten in der Bebelallee, Inselstraße und am Winterhuder Kai sind deutliche Beispiele für die praktische Umsetzung seiner Philosophie. Sie stehen für eine architektonische Auffassung, die auch Schumacher in seinen Schriften und durch beispielhafte Bauten in Hamburg mit folgenden Kriterien zum Durchbruch verholfen hat: klare Formen, Verwendung von Backstein, funktionaler Grundriss.[71]

Erste Häuser an der Inselstraße

DIE ENTWICKLUNG DER STADT

Eine Alstertaler Spezialität – die ATAG-Klauseln

Im Alstertal haben bereits 1912 findige Gutsbesitzer mit der Gründung der Alsterthal-Terrain-Aktiengesellschaft (ATAG) zum einen auf die Größe der parzellierten Grundstücke und zum anderen auf die Bauästhetik Einfluss genommen. Ähnlich wie die „Hochkampklausel" für den Hamburger Stadtteil Hochkamp sind diese Bestimmungen eine Ausnahme[72], sie gehen auf die Industrialisierung des ausgehenden 19. Jahrhunderts zurück. Durch das Abwandern der Landarbeiter in gut zahlende Industriebetriebe wurden die landwirtschaftlichen Betriebe im Alstertal unwirtschaftlich. Die Hofeigentümer kamen auf die Idee, ihren Grundbesitz zu parzellieren und die Parzellen als Bauland anzubieten. Damit ließen sich freilich nur gute Preise erzielen, wenn den potentiellen Käufern werthaltige Grundstücke angeboten wurden. Die Landeigentümer gründeten daher die Alsterthal-Terrain Aktiengesellschaft und erließen Bestimmungen, die die Bebauung der Grundstücke auf bestimmte Nutzungen beschränkte.

Das Land wurde in drei Bauklassen eingeteilt: Die hochwertigen Grundstücke direkt am Alsterufer durften nicht unter 5.000 Quadratmeter groß sein, für die beiden anderen Klassen waren Grundstücksgrößen von 2.500 und 1.000 Quadratmeter vorgesehen. Es durften nur villenartige Gebäude errichtet werden, kleine Häuser, Fabriken oder Anlagen, die üble Gerüche, Qualm und Lärm verbreiteten, waren nicht zulässig. Die ATAG besaß das „herrschende" Grundstück in Wellingsbüttel und errichtete dort ein eigenes Verwaltungsgebäude. Der Eigentümer des herrschenden Grundstücks hatte das Recht, auf die Nutzung der parzellierten Grundstücke Einfluss zu nehmen.

Nachdem die ATAG 1949 insolvent geworden war, erwarb die Stadt das Eigentum an dem herrschenden Grundstück. Sie setzte zur Ausübung der Grunddienstbarkeiten eine „ATAG-Kommission" ein. Die ATAG-Klauseln waren zu einer Zeit entstanden, als es noch kein Städtebaurecht gab. Sie sollten praktisch das Planungsrecht ersetzen.

DIE SICHERUNG DER STADT AN DER ALSTER

Seit der Antike sind Stadtmauern ein unabdingbarer Bestandteil jeder Stadt zum Schutz gegen äußere Feinde. Die in dem Barbarossa-Freibrief 1189 gewährte Wehrhoheit bedeutete, dass Hamburg berechtigt war, eigene Schutzmaßnahmen zur Verteidigung aufzubauen. Im 13. Jahrhundert umgab eine Ziegelmauer mit zehn Türmen die Stadt. Diese Befestigung wurde ab 1475 durch einfache Wälle verstärkt. Zur weiteren Verbesserung der Befestigung wurde um 1480 der Alte Wall angelegt, vor dem sich als davor gelagerter Graben das Alsterfleet befand. Zwischen ihm und dem Bleichenfleet wurde ab 1543 zusätzlich der Neue Wall aufgeworfen. Der Alte Wall wurde zwischen 1560 und 1562 eingeebnet, parzelliert und für die Bebauung freigegeben.[73] Zum Zeitpunkt ihrer Errichtung waren diese Befestigungsanlagen jedoch bereits veraltet und beschränkten das Wachstum der aufstrebenden Stadt.
Bei der weiteren Sicherung der Stadt gegen kriegerische Angriffe sollte die Alster eine bedeutende Rolle spielen.

Wallanlagen

Eine neue Dimension erfuhren die Verteidigungsmaßnahmen der Stadt, nachdem der dänische König Christian IV. zur Demonstration der Großmacht seines Landes in den Jahren 1615/17 Glückstadt an der Elbe nach neuesten festungstechnischen Erkenntnissen anlegen ließ. Mit Blick auf den permanenten Konflikt mit dem unmittelbar an Hamburg angrenzenden Herrschaftsbereich des Königreichs Dänemark und im Hinblick auf die gesteigerte Reichweite und die bessere Treffsicherheit der Kanonen hielt der Rat der Stadt eine massivere Befestigung Hamburgs für erforderlich. Schon 1608 hatten sich Hamburg, Lübeck, Bremen, Magdeburg, Braunschweig und Lüneburg zur gemeinsamen Verteidigung verbündet. Am 1. Mai 1609 beauftragten die Städte den Niederländer Johan van Valckenburgh, der als Ingenieur über umfangreiche Erfahrungen im Festungsbau verfügte, sie auf dem neuesten Stand der Technik mit Wällen zu umgeben. Er kam 1615 nach Hamburg.
Nach seinen Plänen entstand zwischen 1615 und 1625 eine vollständig neue Befestigung der Stadt durch die Errichtung eines annähernd kreisförmigen Walls mit der Nikolaikirche als Mittelpunkt. Die Wallanlagen wurden durch ein Glacis, eine

zur feindlichen Seite hin abfallende Erdaufschüttung, vervollständigt. Der durch 22 Bastionen geschützte Wall wurde von breiten Wassergräben umgeben. Die Wälle und Bastionen wurden mit Grassoden bedeckt und mit spitzen Holzpfählen versehen, sodass der Einsatz von Sturmleitern zur Überwindung der Wälle unmöglich gemacht wurde. Elf Ravelins (Außenwerke) mit dreieckigem Grundriss schützten die Grabenabschnitte zwischen den Bastionen. Diese trugen die Vornamen hamburgischer Ratsherren in latinisierter Form. Ein Beispiel ist die Bastion Ericus, sie erhielt ihren Namen nach dem Ratsherrn Erich Soltau. Valckenburgh wollte insbesondere sicherstellen, dass ein Angriff auf die Stadt vom aufgestauten Mühlensee her nicht möglich war. Folglich plante er den neuen Verteidigungsring so, dass der Wall und der Kranz der Bastionen durch den Mühlensee hindurchgeführt wurden. So entstanden die Wasserfläche der etwa 164 Hektar großen Außenalster und das viereckige Becken der etwa 16 Hektar großen Binnenalster.

Die mit dem Bau des Verteidigungsrings verbundenen Erdbewegungen und die Abtrennung des gestauten Mühlensees bedeuteten den stärksten Eingriff in die Stadtlandschaft seit den Anfängen im 9. Jahrhundert. Valckenburgh machte den südlichen Teil des aufgestauten Mühlensees, die heutige Binnenalster, zu einem durch die Wallanlagen geschützten Bereich der Stadt. Dadurch vergrößerte sich die geschützte Stadtfläche um über das Anderthalbfache auf 373 Hektar. Westlich der Stadt, zur Elbe hin, wurde ein Hornwerk errichtet, durch das gegnerische Truppen von der eigentlichen Festung auf Distanz gehalten werden sollten. Ein Hornwerk ist eine vorgeschobene Front, die an besonders gefährdeten Stellen vor einer Bastion errichtet wurde.

Die Wallanlagen waren durch mehrere Stadttore unterbrochen. Das Millerntor und das Dammtor durchbrachen den Wall an der Westseite, das Steintor an seiner Ostseite. Das Sandtor und das Brooktor führten zur Elbe hin; später kamen weitere Zugänge hinzu. Noch heute markiert die Lombardsbrücke in Verlängerung der Wallanlagen mit dem daraus entstandenen Park Planten un Blomen den alten Verlauf der Befestigung Hamburgs, die das damals ländliche Gebiet „but'n Dammtor" von der Stadt trennte.

Johan van Valckenburgh – Gedenkplatte im Park Planten un Blomen

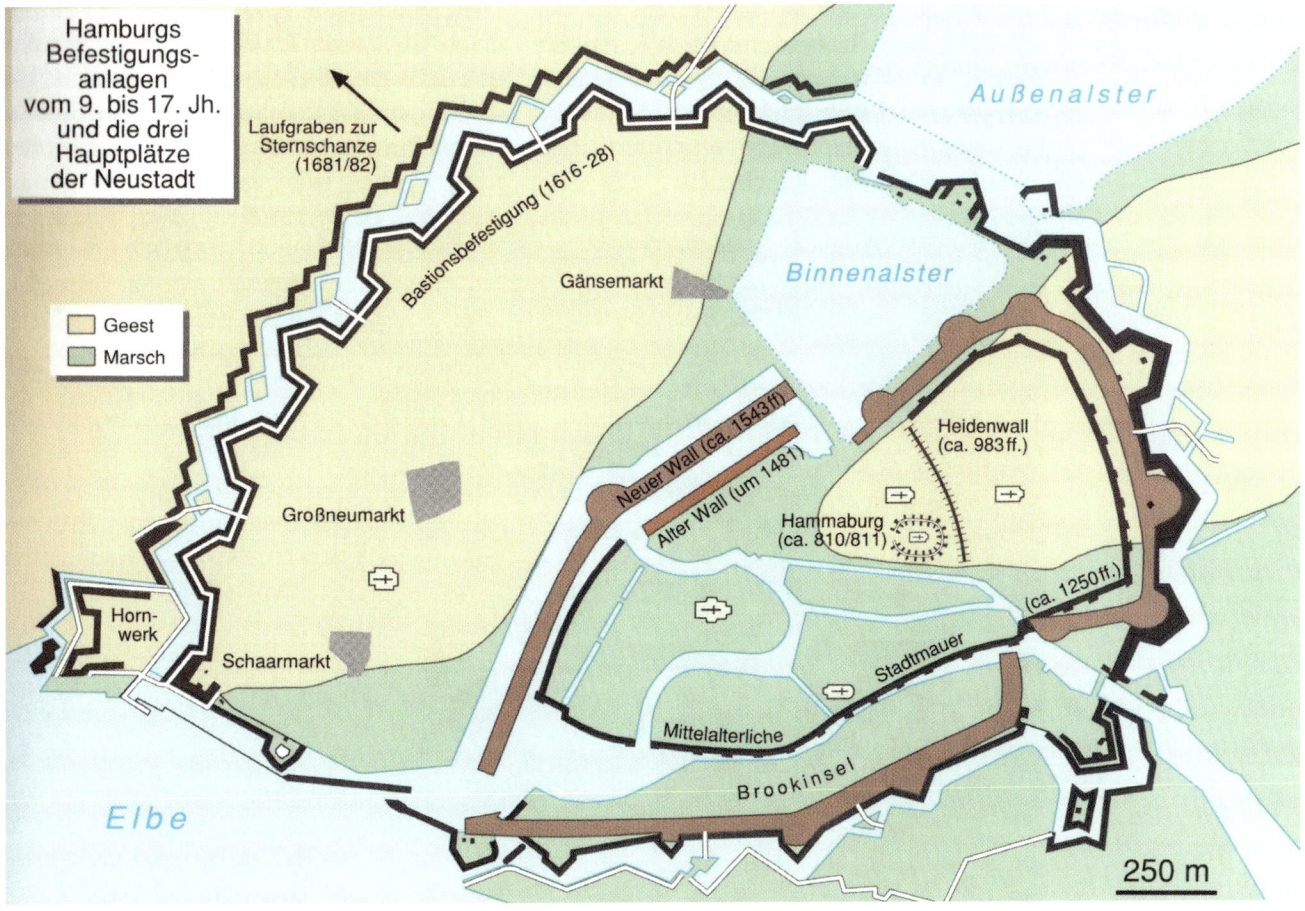

Valckenburgh hatte eine moderne, den neuesten Anforderungen der damaligen Zeit entsprechende Verteidigungsanlage verwirklicht. Damit war Hamburg zu einer der mächtigsten Festungen des 17. Jahrhunderts geworden, die ihren Bürgern während der folgenden etwa 180 Jahre sicheren Schutz bot. Die erheblichen Investitionen in die Wallanlagen zahlten sich aus. Während des Dreißigjährigen Krieges gehörte Hamburg zu den wenigen Städten, die unversehrt blieben. Auf Hamburg wurde kein einziger Angriff unternommen. Unter dem Schutz der Wallanlagen konnte sich Hamburg im 17. und 18. Jahrhundert zu einer bedeutenden europäischen Handelsstadt entwickeln.

Am Ende des 18. Jahrhunderts hatten die Wallanlagen ihre militärische Bedeutung eingebüßt, und 1804 beschlossen Senat und Bürgerschaft ihre Beseitigung. Bei der Besetzung der Stadt durch die Franzosen am 19. November 1806 stellten sie kein Hindernis mehr dar. Während der napoleonischen Besetzung wurden die Wälle im Winter 1813/14 noch einmal in eine Festung verwandelt. Nach dem Abzug der Franzosen und nachdem Hamburg 1815 dem Deutschen Bund beigetreten war, wurden die Wallanlagen zwischen 1820 und 1837 endgültig beseitigt und nach den Plänen des Bremer Kunstgärtners Isaak Hermann Altmann in eine öffentliche Grünanlage umgewandelt. Heute werden die ehemaligen Wallanlagen in die Großen Wallanlagen, die Kleinen Wallanlagen und den Alten Botanischen Garten unterteilt. Die Wallanlagen tragen nach der von Karl Plomin (1904-1986) im Jahre 1935 durchgeführten Niederdeutschen Gartenschau den Namen Planten un Blomen (plattdeutsch für Pflanzen und Blumen).

Alsterbaum

Der Alsterbaum war eine weitere Verteidigungsmaßnahme gegen Angriffe auf die Stadt vom aufgestauten Mühlensee her. Im Jahre 1547 wurde vom alten Dammtor am Jungfernstieg aus bis zur Landspitze beim St. Georg-Krankenhaus eine doppelte Pfahlreihe durch den aufgestauten Mühlensee geführt, der sogenannte Alsterbaum. Er besaß einen Durchlass für Schiffe, der bei Dunkelheit geschlossen wurde. Auf den alten Stadtansichten ist der Alsterbaum deutlich zu erkennen.

Alsterbaum

Während des Baus der Wallanlagen wurde der Alsterbaum 1623 weiter nach Norden in die Außenalster verlegt. Die südliche Pfahlreihe lag vor der Lombardsbrücke, die andere 170 Meter nördlich zwischen dem heutigen Alsterglacis und dem Holzdamm. Wegen der nächtlichen Schließung des Durchlasses gab es bei den schon im 18. Jahrhundert üblichen Lustfahrten auf der Binnen- und Außenalster ständig Probleme. Während dieser Fahrten waren abendliche Feuerwerke sehr beliebt, die oft nach Schließung des Alsterbaums zur Volksbelustigung stattfanden. Der Rat der Stadt erließ 1717 eine Verordnung, nach der ein Feuerwerk nach geschlossenen Toren auf der Binnen- und Außenalster untersagt wurde. 1748 verpflichtete der Senat die Alsterschutenführer, die vorgeschriebenen Zeiten für die Schließung des Alsterbaums einzuhalten. Der Alsterbaum war nicht nur eine Verteidigungsmaßnahme, er diente auch dem Einzug des Zolls von durchfahrenden Schiffen. Die Reihen der dicht gerammten Pfähle ersetzte man 1818 durch weitläufiger gestellte Pfähle mit dazwischengelegten Holzplanken. Der Alsterbaum diente jetzt nur noch der Erhebung des Zolls und zum

Alsterbaum in der Außenalster

Bezahlen der Torsperrgebühren. Als die Alsterdampfschifffahrt und die Aktivitäten des Wassersports auf der Alster einsetzten und wuchsen, war der „Baum" verhasst, er wurde jedoch erst anlässlich des Neubaus der Lombardsbrücke im Jahre 1868 beseitigt.

Der Verteidigungsring der Franzosen

Die lange Phase des wirtschaftlichen Aufschwungs der Stadt war mit der Besetzung Hamburgs durch die Franzosen von 1806 bis 1814 unterbrochen worden. Zur Durchsetzung der Wirtschaftsblockade über die britischen Inseln hatte Napoleon Hamburg am 19. November 1806 besetzen lassen. Im Rahmen der Kontinentalsperre verbot er den Handel mit Großbritannien, und die Franzosen beschlagnahmten alle englischen Waren in der Stadt. Am 1. Januar 1811 wurde Hamburg als exterritoriale Hauptstadt des Département des Bouches d'Elbe in das französische Kaiserreich einverleibt. Am 18. März 1813 rückten die Russen unter Führung des

Friedrich Karl Freiherr von Tettenborn

Französische Alsterflotte 1813

Obersten Friedrich Karl Freiherr von Tettenborn in die Stadt ein und befreiten sie vorübergehend von den Franzosen. Senat und Bürgerschaft übernahmen kurzzeitig wieder die politische Macht in der Stadt.

Angesichts der bevorstehenden Rückkehr der napoleonischen Truppen zogen die Russen jedoch kampflos ab. Am 30. Mai 1813 marschierten die Franzosen wieder in die Stadt ein und verwandelten sie in eine Festung, da sie erneut Befreiungsversuche der Alliierten, also durch Preußen, Russland und Schweden, befürchteten. Die Gartenhäuser an der Außenalster mit ihren schönen Gärten und Bäumen wurden von Besatzungssoldaten dem Erdboden gleichgemacht, damit sie ein besseres Schussfeld bekamen. Ähnliches geschah an anderen Orten vor der Stadt, wo sogar die Hauptkirchen zu militärischen Zwecken in Pferdeställe umfunktioniert wurden. Besonders übel genommen haben die Hamburger den Franzosen, dass sie die Schwäne von der Alster einfingen, sie als Festbraten zubereiteten und ohne Skrupel verzehrten.

Am 6. Dezember 1813 begann die erwartete Belagerung Hamburgs durch die alliierten Truppen. Zur Verteidigung der Stadt gehörte eine Flotte von etwa zwanzig Ewern und Schuten, die die Franzosen im August 1813 konfisziert hatten. Mit diesen Fahrzeugen wurden Torf und Milch in die Innenstadt transportiert. Die Franzosen bestückten die Fahrzeuge mit Kanonen und der Trikolore und bedrohten mit ihrer Alsterflotte die Angreifer. Somit war die Außenalster zu einem Teil des Verteidigungsrings der Franzosen geworden, die die Stadt am 30. Mai 1814 allerdings sang- und klanglos wieder verließen.

MARKANTE BAUTEN UND PARKS

Unser Bild von Binnen- und Außenalster wird maßgeblich bestimmt durch eine Anzahl markanter Gebäude, die ihre Ufer säumen. Sie sind die Markenzeichen namhafter Architekten und besitzen eine wechselvolle Geschichte. Die Villen am Außenalsterufer wurden seit 1800 von vermögenden Hamburger Kaufleuten zunächst als Landsitze und nach der Erschließung der Ufergebiete ab 1850 auch als Wohnsitze genutzt. Die Gebäude an der Binnenalster und der Kleinen Alster entstanden in der Gründerzeit des 19. Jahrhunderts im Rahmen der Neugestaltung des Hamburger Stadtzentrums unter Leitung des Architekten Alexis de Chateauneuf. Ein großes Gebäudeensemble mit den kupfernen Dächern entstand entlang des Ballindamms, am Jungfernstieg und am Neuen Jungfernstieg. Um die städtebauliche Ästhetik des Gesamtensembles von Binnen- und Außenalster zu erhalten, hat der Hamburger Gesetzgeber strenge Vorschriften zur Verhinderung verunstaltender baulicher Anlagen erlassen. Sie lauten im Kern: Bauliche Anlagen sind „so zu gestalten, dass sie nach Form, Maßstab, Werkstoff, Farbe und Verhältnis der Baumassen und Bauteile zueinander nicht verunstaltend wirken. Sie sind mit ihrer Umgebung derart in Einklang zu bringen, dass sie das Straßen-, Orts- oder Landschaftsbild oder deren beabsichtigte Gestaltung nicht verunstalten."[74] Darüber hinaus ist die Alster für den Hamburger Gesetzgeber zum Anlass geworden, drei Verordnungen mit sehr konkret gefassten bauästhetischen Anforderungen an die baulichen Anlagen an der Binnenalster, der Außenalster und dem Rathausmarkt zu beschließen, die insbesondere für Neubauten gelten. So werden farbliche Anforderungen gestellt (helle Steinbauten) und strenge Vorgaben für die Gestaltung der Dächer gemacht (Kupfer). Zudem gibt es rigide Vorschriften in Bezug auf Leuchtreklame. Trotz oder gerade wegen der Strenge der Bauvorschriften werden diese von der großen Mehrheit der Bürger und von der Wirtschaft akzeptiert und respektiert.

BAUTEN

Alsterarkaden

Der Blick aus den Alsterarkaden hinüber zum Rathaus ist vielleicht das beliebteste Fotomotiv von Hamburg. Dieser wurde aber erst möglich nach dem Großen Brand im Mai 1842, als ein neues Stadtzentrum entstand, das sich von dem alten vollständig unterschied. Vor dem Brand war die Kleine Alster eine Nutzfläche mit den typischen am Wasser orientierten Gewerbebetrieben. Am Voglerswall waren vor allem Gerber und

Voglerswall

Färber ansässig, steile Fachwerkgiebelbauten mit Schuppen und Ställen säumten die Uferlinie. Spül- und Waschbäume der Gewerbe sowie Stege reichten weit in die Wasserfläche hinein.

Während die mittelalterliche Topographie im Bereich der heutigen Alsterarkaden von gewundenen Wegen, gewachsenen Plätzen und unregelmäßigen Wasserläufen durchzogen war, entstand nach 1842 ein klar gegliedertes, nahezu geometrisches Stadtbild. Grundstücke in dem fraglichen Bereich wurden aufgrund eines Gesetzes in einem Entschädigungsverfahren enteignet und beim Wiederaufbau des Quartiers in ihrem Zuschnitt verändert. Die Grundstückseinheiten waren breiter, aber weniger tief als in der Zeit vor dem Brand. Die Folge war, dass eine kleinere Anzahl von Grundstücken auf gleicher Fläche entstand und somit eine Verbesserung der Infrastruktur und auch eine deutliche Aufwertung der Neubauquartiere erzielt werden konnten. Die Mühlen und Freischütten am Jungfernstieg wurden aus dem Stadtbild entfernt und in einer städtischen Mühle am Bleichenfleet vereint.

Geistiger Vater der auf dieser Fläche zwischen 1842/43 und 1846 entstandenen Alsterarkaden war Alexis de Chateauneuf, der als Architekt Mitglied der technischen Kommission war, die für den Wiederaufbau der zerstörten Fläche gegründet worden war. Der von ihm vorgelegte Plan enthielt einen Arkadengang und ein spätklassizistisches Fassadenensemble nach dem Vorbild des Markusplatzes in Venedig. Sein Konzept verband Schönheit und Wirtschaftlichkeit, das eine gute Nutzung der hinter dem Arkadengang liegenden Häuser ermöglichte.

Die Symmetrie der Gesamtanlage wurde durch die Mellin-Passage, die älteste Einkaufspassage der Stadt, zum Neuen Wall hin und durch eine kleine Wassertreppe bestimmt, die an der Kaimauer zur Kleinen Alster den Arkaden vorgelagert war. 1846 gestaltete Johann Heinrich Maack die viertelkreisrunde Wassertreppe als Landeplatz in der Süd-West-Ecke der Kleinen Alster. Sie sollte den Schiffern der vor der Schleuse wartenden Alsterkähne das Be- und Entladen erlauben. Die langgestreckte, tribünenartige Treppe gegenüber den Alsterarkaden ist eine Art Fortsetzung, die mit der Neuanlage des Rathausmarktes zwischen 1980 und 1982 entstanden ist.

Eine Sonderrolle spielte das breitere nördliche Eckgrundstück mit seiner Schmalseite zum Jungfernstieg. Dort entstand an und über den Alsterarkaden das Hotel St. Petersburg mit einer Putzfassade von neun Achsen zur Kleinen Alster und fünf Achsen zum Jungfernstieg. Das Hotel wurde 1903/04 abgebrochen und an seiner Stelle das Neidlinger-Haus errichtet.

Chateauneufs Wiederaufbauplan gibt dem Hamburger Stadtzentrum bis zum heutigen Tag seine unverwechselbare Prägung. Die neu gestaltete Kleine Alster mit den Alsterarkaden steht durch die Wassertreppe in enger Verbindung zum Rathausplatz und dem Rathaus, dessen Neubau 1897 fertiggestellt wurde.

Zu dem einmaligen urbanen Ensemble gehörte früher auch das Reiterdenkmal Kaiser Wilhelms II., welches am 20. Juni 1903 vor dem Hamburger Rathaus enthüllt wurde. In den Jahren 1929/1930 wurde es während der Weimarer Republik entfernt und vor dem Ziviljustizgebäude in den Wallanlagen am Sievekingplatz neu aufgestellt. Als Ergebnis einer Debatte über die Notwendigkeit einer Kriegerehrung wurde nach Vorgabe von Fritz Schumacher an der Kleinen Alster das vom Architekten Klaus Hoffmann entworfene Hamburger Ehrenmal für die Gefallenen des Ersten Weltkriegs errichtet, welches aus einer senkrechten Stele bestand. Der Entwurf des Künstlers Ernst Barlach war nicht berücksichtigt worden. Da die den Alsterarkaden zugewandte Stele ohne Inschrift wie ungestaltet wirkte, brachte Fritz Schumacher Hoffmann und Barlach zusammen, wobei Letzterer 1932 das Relief „Trauernde Mutter mit Kind" in den Kalksandstein einarbeitete. Das Relief wurde 1938 von den Nationalsozialisten entfernt und durch das Motiv eines aufsteigenden Adlers ersetzt. Nach dem Zweiten Weltkrieg wurde das Barlach-Relief rekonstruiert und als Ehrenmal zur Erinnerung an beide Weltkriege umgewidmet.

Alsterarkaden und Rathaus

Nachdem die Binnenalster- und die Rathausmarkt-Verordnung 1951 in Kraft getreten waren, erhielten die gesamten Alsterarkaden eine einheitliche Gestaltung, die ursprünglich in dieser Form nicht vorhanden war. Die beschädigten Säulen des Neidlinger-Hauses, dessen Turm beseitigt worden war, wurden ummantelt und in Pfeiler umgewandelt. Die Alsterarkaden bilden gewissermaßen eine Logenreihe, von der der Blick des Publikums über die Kleine Alster und den Rathausmarkt hinüber

Ehrenmal mit Relief von Ernst Barlach

zur Bühne schweift, um anschließend auf den Hauptdarsteller innerhalb des Gesamtensembles, auf das Rathaus, zu treffen.[75]

Am Sonntag, dem 31. Dezember 1989, brach morgens nach einer Brandstiftung ein Feuer in der Vegetarischen Gaststätte der Alsterarkaden aus. Der Brand zerstörte zwei Arkadenhäuser und fraß sich durch die Mellin-Passage bis zum Neuen Wall durch. Da eine Restaurierung wegen der Schwere der Brandfolgen nicht in Betracht kam, wurde die Brandruine minutiös abgetragen, danach wurden die Häuser originalgetreu wieder aufgebaut. Das vertraute Bild des spätklassizistischen Fassadenensembles war im 150. Gedenkjahr des Großen Hamburger Brandes 1992 wiederhergestellt.

Alsterpavillon

Der Alsterpavillon am Jungfernstieg ist zu einer Hamburger Institution geworden. Ende des 18. Jahrhunderts ging ein französischer Emigrant, der Vicomte Augustin Lancelot de Quatre Barbes, der als Royalist aus Frankreich flüchten musste, auf der neuen Promenade des Jungfernstiegs spazieren. Die vornehm gekleideten Damen und Herren erweckten in ihm Erinnerungen an die elegante Welt von Paris, doch vermisste er ein Kaffeehaus, in dem man in Ruhe das Leben an sich vorüberziehen lassen konnte. Nach einem ersten misslungenen Versuch beantragte er beim Rat der Stadt erneut die Genehmigung zum Bau eines Kaffeehauses, die er am 10. April 1799 erhielt. Zuvor war der Vicomte Hamburger Bürger geworden. Der Pavillon wurde auf seine Kosten erstellt, stand aber im Eigentum der Stadt, die ihn an den Vicomte verpachtete. Er durfte Erfrischungen anbieten, „mitnichten aber wurde daselbst eine Art von Karten oder Würfel noch sonstiges Spiel geduldet", auch durfte kein Tabak geraucht werden. Der Pavillon war auf einer künstlich in die Alster angelegten Halbinsel errichtet worden.

Dem Vicomte war außerdem die Verpflichtung auferlegt worden, den Jungfernstieg vor dem Pavillon im Sommer täglich zu sprengen, „wenn die Schleppen der Damen nicht dagegen reklamieren".[76] Bereits nach zwei Jahren überließ der Vicomte den Alsterpavillon dem Schweizer Konditor Richard Ruben. Diesem wurde auferlegt, dass er zwei Toiletten errichtete. Es durften Erfrischungen angeboten werden, das Karten- und Würfelspiel sowie das Rauchen blieben weiterhin verboten. 1809 übernahm sein Bruder Donat Ruben, auch er Hamburger Bürger, den Vertrag und vergrößerte den Pavillon 1812 durch einen Saalanbau über die Alster. Er erhielt 1814 die Erlaubnis, eine zwei Meter breite Galerie um den Alsterpavillon herumzuführen. Inzwischen war ein zweites Kaffeehaus am Jungfernstieg errichtet worden, der Schweizer Pavillon, der durch den Umbau der Nilus-Wache entstanden war. Donat Ruben erwarb 1819 von der Witwe seines Bruders die Rechte an dem Schweizer Pavillon, sodass er jetzt beide Kaffeehäuser am Jungfernstieg betreiben konnte.

Der 1799 erbaute Alsterpavillon und der Jungfernstieg im Jahre 1810

Während der französischen Besatzung Hamburgs zwischen 1806 und 1814 waren der Jungfernstieg und besonders der Alsterpavillon zu einem der beliebten Aufenthaltsorte der französischen Offiziere geworden. Nach dem Tod Donat Rubens 1828 übernahmen die Gebrüder Heim und der Schweizer Johannes Sprecher den Pavillon, der das Haus ab 1831 allein weiterführte. Im September 1830 kam es am Jungfernstieg im Rahmen der Hamburger Unruhen zu Gewaltaktionen Hamburger Bürger, in deren Verlauf jüdische Gäste aus dem stets gut besuchten Alsterpavillon hinausgeworfen wurden.

Da der erste hölzerne Alsterpavillon stark baufällig und morsch geworden war, errichtete Johannes Sprecher 1835 einen Neubau, der das Vierfache der ursprünglichen Fläche ausmachte. Dort wurde Anfang Juli 1841 das 3. Norddeutsche Musikfest gefeiert. Nach Ablauf des Vertrages mit Sprecher übernahm zuerst sein Schwiegersohn, dann sein Sohn Heinrich die Leitung des Kaffeehauses. Als der Vertrag mit der Finanzdeputation 1874 ablief, beantragte Heinrich Sprecher keine Verlängerung. Der Architekt Martin Haller nahm im Auftrage von Johann Schwartling einen dritten Umbau und eine Vergrößerung 1874/75 vor. Im Zuge der Verbreiterung des Jungfernstiegs wurde am 20. Januar 1900 der vierte Neubau unter der Leitung von Hermann Heinze eröffnet, der als Attraktion die Taubenfütterung anbot. Da der Pavillon der Bevölkerung missfiel – im Volksmund wurde er „Kachelofen" genannt –, wurde er

MARKANTE BAUTEN UND PARKS

Zweiter Alsterpavillon 1851

Vierter Alsterpavillon

1913 geschlossen, abgebrochen und erlebte bereits im darauffolgenden Jahr seine Wiedereröffnung.

Der fünfte Alsterpavillon war erheblich größer als alle Vorgänger und sehr elegant ausgestattet. Durch die großen Glasfenster ließ sich das Treiben auf der Alster und dem Jungfernstieg bestens verfolgen. Während der Nazijahre fanden dort Swing-Konzerte statt, obwohl die Musik unter den Nationalsozialisten als „Niggerjazz" verunglimpft wurde. Das Café musste sich die Bezeichnung „Judenaquarium" gefallen lassen, und so überraschte es nicht, dass auf Betreiben der Gestapo der Pavillon am 25. Juni 1942 geschlossen wurde. Gut einen Monat später wurde das Gebäude von Bomben getroffen und zerstört.

Das heutige halbkreisförmige Gebäude mit dem Flachdach wurde 1952/53 nach Plänen des Architekten Ferdinand Streb auf dem erhalten gebliebenen Sockelgeschoss erbaut und 1992/94 umgestaltet. Der Alsterpavillon war zu allen Zeiten bei den Hamburgern und seinen Gästen sehr beliebt – auch heute.

Ballin-Haus

Nachdem die ersten Domizile der 1847 gegründeten Hamburg-Amerikanischen Packetfahrt-Actien-Gesellschaft (Hapag) in der Deichstraße und am Dovenfleet zu eng geworden waren, erwarb die schnell expandierende Reederei um die Wende des 19. Jahrhunderts eine Reihe von Grundstücken am damaligen Alsterdamm der Binnenalster, um dort ein neues Verwaltungsgebäude zu errichten. Das Gelände lag etwas außerhalb des traditionellen Stadtkerns und hatte jahrzehntelang wohlhabenden Hanseaten als Land für Gärten gedient. Mit dem Bau des neuen Verwaltungsgebäudes wurde der Stadtbaumeister Martin Haller beauftragt, der schon das Haus am Dovenfleet entworfen hatte. Am 1. Juli 1903 konnte die Hapag in das im damals modischen italienischen Renaissancestil errichtete dreistöckige Gebäude einziehen, das von einem sieben Meter hohen bronzenen Neptun mit Dreizack und stolzen Wogenrossen, ein Werk von Ernst Barlach, gekrönt wurde. Die Figuren wurden trotz ihrer hohen Symbolik wegen ihres Materialwerts im Ersten Weltkrieg eingeschmolzen.

In der großzügig gestalteten Eingangshalle des Hapag-Gebäudes am Alsterdamm wurden die Passagiere der ersten Klasse empfangen, die anderen Reisenden betraten das Haus durch den Eingang an der Ferdinandstraße. Das Kontorhaus war ein großer, prachtvoller Bau, bei dem vier mächtige Sandsteinstatuen der Bildhauer Börner und Cauer noch heute das Eingangsportal flankieren. Sie symbolisieren die vier Kontinente, die die Linienreederei anlief.

Als das Haus erneut zu klein geworden war, erhielt der expressionistisch beeinflusste Architekt Fritz Höger (1877-1949) den Auftrag, das Haus um das Doppelte zu erweitern und den Altbau organisch einzubeziehen. Der 1913 begonnene Umbau wurde während des Ersten Weltkriegs für Jahre unterbrochen. Im Mai 1921 wurde das neu gestaltete Gebäude bezogen, an das zur Gertrudenstraße hin ein Neubau angefügt worden war. Höger hatte den Altbau um ein weiteres Stockwerk auf vier Etagen erhöht, und der neue Trakt erhielt bei gleicher Außenhöhe ein zusätzliches Geschoss. Beide Gebäudeteile wurden mit einer einzigen Fassade verbunden, wodurch der Altbau optisch verschwand, im Innern allerdings erhalten blieb. Der helle Sandstein und

Ballin-Haus

die Proportionen gaben dem Gebäude ein vornehm repräsentatives Aussehen. In seiner schlichten und noblen Sachlichkeit passte der Höger-Bau in die neue Zeit, in der die Hapag nach schwierigen Anfängen bald wieder an die Spitze der internationalen Schifffahrt vorgedrungen war.

Nach dem Zweiten Weltkrieg wurde der Alsterdamm ein zweites Mal mit den Trümmern der verbrannten Stadt aufgeschüttet. 1947 erhielt er zum Gedenken an den legendären Generaldirektor der Hapag, Albert Ballin, den Namen Ballindamm. Im Gegensatz zum Hauptgebäude des Norddeutschen Lloyd in Bremen, mit dem die Hapag 1970 zur Hapag-Lloyd AG fusionierte, hatte das Hapag-Gebäude den Zweiten Weltkrieg weitgehend unversehrt überstanden. Lediglich das vierte Obergeschoss war einem Brand zum Opfer gefallen, wodurch die Fassade beschädigt wurde. Beim Wiederaufbau wurde ein fünftes Geschoss hinzugefügt. Die Eingangshalle erinnert heute mit einer bronzenen Porträtbüste an Albert Ballin, an die Geschichte der Reederei und an die von ihr betriebenen Schiffe der verschiedenen Generationen. 1997 wurde das Gebäude anlässlich des 150-jährigen Bestehens von Hapag-Lloyd offiziell auf den Namen Ballin-Haus getauft. Der ebenso stolze wie verpflichtende Leitspruch „Mein Feld ist die Welt" ziert seit mehr als hundert Jahren die Eingangshalle des Hauses, er ist Ansporn und Triebfeder für die Hapag-Firmenphilosophie geblieben.

Hamburger Hof

Der Hamburger Kaufmann Wilhelm Sillem ließ 1842 auf dem Grundstück des während des Großen Brandes im gleichen Jahr gesprengten Hotels Alte Stadt London die, wie es hieß, prächtigste Einkaufspassage Europas bauen: Sillem's Bazar. Der Gebäudekomplex lag zwischen dem Jungfernstieg, der Königsstraße (heute Poststraße), den Großen Bleichen und dem Gänsemarkt. Zum Jungfernstieg hin lag das fünfgeschossige Hotel de Russie, das den Eingang zu einer 60 Meter langen Passage mit 34 Läden bildete, die mit einem Glas-Oktogon überdacht wurde. So konnte das Tageslicht ungehindert einfallen. Bei Dunkelheit beleuchteten Gaslämpchen den Bazar.

Hotel de Russie

Die Passage war mit poliertem rot-schwarzen Marmor verkleidet, sie galt als Inbegriff von Luxus und Moderne. Was für Rom der Papst, sei für Hamburg Sillem's Bazar, bemerkte im Jahr 1848 „Försters Allgemeine Bauzeitung" zu diesem spektakulären Bau.[77] Auf den Galerien standen Geiger, die zur Unterhaltung der Gäste und Kunden aufspielten. Das Hotel galt als eines der besten Häuser der Stadt und wurde für zahlreiche Veranstaltungen und Bälle genutzt. Fast vierzig Jahre war Sillem's Bazar ein mondäner Luxusstempel am Jungfernstieg.

Das Projekt war gleichwohl ein finanzieller Fehlschlag. Die Passage glich einer Sackgasse, da die Königsstraße damals kaum frequentiert wurde. Hinzu kam, dass sich angesichts neuer politischer Entwicklungen die Kaufgewohnheiten der Hamburger veränderten. Sillem's Bazar wurde abgerissen, und es entstand zwischen 1881 und 1883 nach dem Entwurf der Architekten Bernhard Hanssen und Emil Meerwein das Hotel Hamburger Hof mit seinem noch

Sillem's Bazar 1848

MARKANTE BAUTEN UND PARKS

Hamburger Hof mit dem vierten Alsterpavillon um 1900

heute vorhandenen roten Mainsandstein. Das Hotel wurde weit über die Grenzen der Hansestadt bekannt. Es beherbergte gekrönte Häupter, die die Stadt besuchten, und diente als Veranstaltungsort für Firmenjubiläen, Bälle und Hochzeiten.

1917 wurde das Gebäude durch einen Brand beschädigt und in ein Kontor- und Geschäftshaus umgebaut. 1944 zerstörten Bomben das aufwändig gestaltete und reich mit Giebeln und Turmspitzen verzierte Dach, es wurde durch ein einfaches Dach ersetzt. Eine Versicherung erwarb 1968 den Hamburger Hof. Zwischen 1976 und 1979 wurde das Gebäude durch den Architekten Hans Joachim Fritz zu einem modernen Bürohaus mit einer Einkaufspassage umgestaltet.

Im Jahre 2000 wurde die Passage ein weiteres Mal von einem neuen Eigentümer umgebaut. Das Dachgeschoss wurde für eine Büronutzung umgestaltet, das Dach mit Kupfer gedeckt. Zu der besonderen Mischung aus Tradition, Trend und Eleganz trug die Arbeit des Lichtkünstlers Ingo Maurer wesentlich bei. Zu einer Grundbeleuchtung der Passagenebenen durch Lichtbänder, die eine angenehme Helligkeit erzeugen, entwarf Ingo Maurer gelbe und rote Lichtkegel mit einer maritimen, von Schiffsschornsteinen inspirierten Form. In den ovalen Fensteröffnungen versteckte Neonlichter liefern bei Dunkelheit faszinierende Lichteffekte. Heute lädt der Hamburger Hof hinter historischer Fassade mit Geschäften und Restaurants zum Flanieren und Einkaufen ein.

Alsterhaus

Nachdem der Geraer Geschäftsmann Oscar Tietz mit dem Kapital seines Onkels Hermann Tietz am 1. März 1897 ein großes, modern ausgestattetes Geschäftshaus am Großen Burstah eröffnet hatte, entschloss er sich, am Jungfernstieg ein weiteres Warenhaus zu eröffnen. Für über sechs Millionen Mark erwarb er die Scholviens-Passage mit zwei Häuserreihen sowie das angrenzende Hotel Zum Kronprinzen. Es handelte sich um die größte Immobilientransaktion der damaligen Zeit in Hamburg. Das Büro Cremer & Wolffenstein lieferte für die Bauausführung eine architektonische Meisterleistung ab. Am 24. April 1912 wurde das „Warenhaus Hermann Tietz" am Jungfernstieg 16-20 eröffnet.

Die Besucher bewunderten vor allem den Lichthof des fünfstöckigen Gebäudes, dessen aufstrebende Säulen aus wertvollem, grün schimmernden Marmor gefertigt

Alsterhaus am Jungfernstieg

waren. Das Warenhaus erfreute sich bei den Kunden großer Beliebtheit und entwickelte sich auch aufgrund seiner glanzvollen Veranstaltungen zu einer Institution in Hamburg. Die Kunden frequentierten besonders gerne die große Lebensmittelabteilung mit Frischfleisch, Fluss- und Seefischen. Im Rahmen der „Arisierung" jüdischer Unternehmen in der Zeit des Nationalsozialismus wurde der Warenhauskonzern Hermann Tietz im März 1933 in Hertie umbenannt und erhielt im Jahre 1935 seinen heutigen Namen Alsterhaus.

Das Gebäude hat beide Weltkriege nahezu unbeschädigt überstanden; am 24. April 1987 feierte das Alsterhaus sein 75-jähriges Jubiläum. Im Herbst desselben Jahres erlebte es durch den Besuch von Prinz Charles und Ehefrau Diana einen besonderen Höhepunkt. 1994 wurde Hertie und damit auch das Alsterhaus als Mieter von Karstadt übernommen, der Konzern wurde seinerseits 2010 von dem Investor Nicolas Berggruen erworben. Zwischen 2003 und 2005 wurde das Alsterhaus unter Leitung des Hamburger Architekten Christian F. Heine komplett umgebaut, wobei erhebliche Veränderungen der Fassade am Jungfernstieg und an der rückseitigen Poststraße vorgenommen wurden. Vom Restaurant im vierten Stock haben die Besucher einen weiten Blick auf die Binnen- und Außenalster.

Hotel Vier Jahreszeiten

Das Haus am Neuen Jungfernstieg und an der Binnenalster ist eine legendäre Hamburger Institution. Es ist eines der traditionsreichsten Hotels der Welt, und eines der besten. Am 24. Februar 1897 ersteigerte der Schwabe Friedrich Haerlin an seinem 40. Geburtstag das damals kleine und unscheinbare Haus mit nur elf Zimmern und drei Bädern und verwandelte es in das Luxushotel Vier Jahreszeiten. Haerlin kaufte über die Jahre hinweg angrenzende Immobilien hinzu, bis ihm schließlich der gesamte Häuserblock gehörte. 1914 eröffnete er das Restaurant Haerlin und 1926 den Jahreszeitengrill.

Die Tatsache, dass die Stadt über ein solches Haus verfügt, verdanken die Hamburger der späteren Gattin von Friedrich Haerlin, Thekla Toussaint, einer Bremerin mit

Fairmont Hotel Vier Jahreszeiten

hugenottischen Wurzeln. Ihr gelang es, das berufliche Interesse des Schwaben Haerlin nach Hamburg zu lenken, entgegen dessen ursprünglicher Absicht, als Hotelier in der Schweiz Fuß zu fassen.

1932 übernahm Fritz Haerlin, der Sohn des Gründers, das Hotel. Er eröffnete das Café Condi und den Jahreszeiten Keller, das heutige Doc Cheng's, einen Restauranttypus neuen Stils. Von 1945 bis 1952 diente das Haus den britischen Besatzern als Hauptquartier. Das Restaurant Haerlin wurde im November 2011 mit zwei Michelin-Sternen und 17 Gault Millau-Punkten ausgezeichnet. 1989 wurde das Hotel von Haerlins Erben an japanische Investoren verkauft. Zwischen 1997 und 2007 gehörte das Vier Jahreszeiten zu Raffels International Limited Singapur. Seit 2007 gehört es zu der weltweit operierenden nordamerikanischen Hotelgruppe Fairmont Hotels & Resorts. Am 24. Februar 2012 feierte das Hotel seinen 115. Geburtstag.

Hotel Atlantic

Eines der markantesten Gebäude an der Außenalster ist das Grand Hotel Atlantic Kempinski mit seiner weithin sichtbaren imposanten Weltkugel, seiner weißen Fassade und seinem grünen Kupferdach. Die Weltkugel mit den beiden weiblichen Stützfiguren ist seit der Eröffnung nach zweijähriger Bauzeit am 2. Mai 1909 das Wahrzeichen des Hotels geworden. Der neoklassizistische Bau stellt eines der letzten erhaltenen Beispiele für ein Grandhotel aus der Zeit des Kaiserreichs dar. Wegen seiner Fassade wird das Hotel auch als „weißes Schloss an der Außenalster" bezeichnet. Der Hamburger Unternehmer Adolf C. Eberbach hatte den Anstoß für den Bau dieses Grandhotels gegeben. Da er die finanziellen Mittel allein nicht aufbringen konnte, verkaufte er das Hotel noch vor dessen Eröffnung an die Berliner Gesellschaft Kaiserhof-Hotel AG. 1919 wurde es an ein Konsortium um den Stinnes-Konzern verkauft. Auf dem Höhepunkt der Weltwirtschaftskrise 1932 übernahm der Hoteldirektor Oskar H. Geyer das Haus und führte es bis 1964. Erster Restaurantdirektor war der damals bekannte Koch Franz Pfordte, der zusammen mit seinem ersten Küchenchef Alfred Walterspiel dem Hotel gastronomischen Ruhm bescherte. Heute wird das Hotel von der Kempinski-Gruppe betrieben.

Hotel Atlantic

Das Hotel mit seiner 76 Meter langen Alsterfront diente ursprünglich den Passagieren der ersten Klasse der Hamburg-Amerika-Linie und der Hamburg-Süd als adäquate Übernachtungsstätte. Beide Reedereien machten es zu einem Brauch, ihre privilegierten Passagiere zur Einstimmung auf die Reise über den Nord- und Südatlantik hier einzuquartieren. Das Hotel erfreute sich schon bald äußerster Beliebtheit. Es überstand beide Weltkriege ohne Schaden. Zwischen 1945 und 1950 diente es dem britischen Militär als Unterkunft für Offiziere.

Das Hotel ist bekannt für seine 13 Ballsäle, die Plätze für bis zu 1200 Gäste bieten. Mehrere große Bälle und andere Veranstaltungen finden hier statt, zum Beispiel der Hamburger Presseball, der „Ball über den Wolken", der als Höhepunkt der Hamburger Ballsaison gilt, sowie der Juristenball. Am 2. Mai 2009 feierte das Hotel sein 100-jähriges Jubiläum. Eine Generalsanierung des gesamten Hauses wurde inklusive aufwändiger Fassadenrestaurierung 2011 abgeschlossen.

Amsinck-Palais

Der Bankier und Kaufmann Gustav Jenisch, aus einer der großen Kaufmannsfamilien Hamburgs des 19. Jahrhunderts stammend, beauftragte 1831 den jungen Altonaer Architekten Franz-Gustav Forsmann, am damals neu entstandenen Neuen Jungfernstieg ein Wohn- und Geschäftshaus zu bauen. Der breit gelagerte und gut proportionierte Putzbau mit seinen vergoldeten Schmuckbändern, den Schmiedeeisengittern vor dem knappen Austritt des Obergeschosses und über dem Kranzgesims war eines der besonders herrschaftlichen Häuser an der zweiten Promenade der Binnenalster.

Nach dem Tode seiner Tochter Emilie erwarb der in New York lebende Hamburger Kaufmann und Bankier Gustav Amsinck (1837-1909) das Haus am Neuen Jungfernstieg, wo er während seiner häufigen Besuche in Hamburg wohnte. Amsinck, dessen Name bis heute mit dem Haus verbunden ist, stammt aus einer niederländischen Familie ab, die 1576 in Hamburg einwanderte. Die vermögende Familie fasste schnell in Hamburg Fuß, ihre Mitglieder bekleideten hohe Ämter in der Stadt. Gustav Amsinck ließ die Innenräume des Hauses 1900 durch Martin Haller umgestalten. Der Hamburger Übersee-Club mietete 1969 das seit 1944 unter Denkmalschutz stehende Amsinck-Haus mit seiner weitläufigen Halle und den stilvollen Räumen, ließ es dank großzügiger Spenden seiner Mitglieder vollständig renovieren und residiert dort seit 1970. Im ersten Stock erwarten den Besucher ein großer Speisesaal mit ornamentalen Stuckaturen und geschnitzten Türbekrönungen, ein Club-Zimmer,

Der Übersee-Club

zwei Alsterzimmer, der Rote Salon und – zur Erinnerung an den ursprünglichen Bauherrn des Gebäudes – das Jenischzimmer im Empirestil.

Der Übersee-Club wurde 1922 auf Initiative des Bankiers Max Moses Warburg gegründet, der sich nach dem Ersten Weltkrieg der Wiederbelebung des freien Handels verschrieben hatte. Der Club stellte 1934 seine Tätigkeit aufgrund der politischen Lage ein. Im Juni 1948 erfolgte, zeitgleich mit der Währungsreform, die Neugründung durch Hamburger Kaufleute, die Zielsetzung blieb unverändert. Der Club versteht sich heute als Forum für breit gefächerte Themen mit gesellschaftspolitischem Anspruch wie Sicherheitspolitik, Kultur und Verfassungsfragen, Ziele sind die Förderung des demokratischen Staatswesens, der internationalen Gesinnung und der Toleranz. Als besondere Veranstaltung wird an jedem 7. Mai der vom Übersee-Club 1950 ins Leben gerufene Übersee-Tag gefeiert, zur Erinnerung an die Verleihung der Hafenrechte an die Stadt Hamburg durch Kaiser Barbarossa im Jahre 1189.

„Weißes Haus"

Seit Beginn des 19. Jahrhunderts bauten reiche Hamburger Bürger entlang der Ufer der Außenalster ihre Landsitze. Nachdem das Gebiet um 1850 verkehrstechnisch erschlossen war, wurden die Villen ganzjährig als Wohnsitze genutzt. Ein solcher

Wohnsitz waren die beiden von Martin Haller gebauten Häuser Am Alsterufer 27 und 28. Das größere der beiden wurde 1882 für den Kaufmann G. Michaelsen erbaut, der es 1891 an Wilhelm A. Riedermann verkaufte, ein Pionier der Tankschifffahrt und Mitgründer der Deutsch-Amerikanischen Petroleum-Gesellschaft (später Esso). Das Nachbarhaus wurde 1893 für den Geschäftsmann Julius Rée erbaut, der es kurz nach Fertigstellung an Eduard Sanders veräußerte, den Geschäftspartner und Schwiegersohn von Wilhelm A. Riedermann. Beide Häuser sind klassische Beispiele der gehobenen hanseatischen Architektur des 19. Jahrhunderts.

Die beiden Einzelvillen wurden 1934 von den Nationalsozialisten konfisziert und baulich vereinigt, damit sich Karl Kaufmann, der Gauleiter der NSDAP, mit seinem Stab dort niederlassen konnte. Die Nationalsozialisten eigneten sich so das hanseatisch-bürgerliche Milieu für ihre Repräsentationszwecke an. Bei der baulichen Vereinigung wurden Veränderungen in der äußeren Gestalt der Häuser vorgenommen. Während die Villa Michaelsen noch weitgehend die ursprüngliche Fassade behielt, wenn auch ohne Dächer, wurde die etwas malerische Gliederung der Villa Rée durch neoklassizistische Details ersetzt. Von 1933 bis 1945 nutzte die NSDAP die Häuser als Hamburger Zentrale. Am Ende des Zweiten Weltkriegs konfiszierte die britische Besatzungsmacht die Häuser für eigene Zwecke.

Im Mai 1950 erwarb die amerikanische Regierung beide Häuser von den Erben der ursprünglichen Eigentümer. Die Häuser wurden erneut umgebaut und mit einem Vordach versehen, welches von vier dem Weißen Haus in Washington nachempfundenen Säulen getragen wird. Das Generalkonsulat bezog das Gebäude am 15. August 1951. Hamburg ist mit rund 100 Konsulaten nach New York und Hong-

Amerikanisches Generalkonsulat an der Alster

kong der drittgrößte Konsularstandort der Welt, doch das amerikanische Generalkonsulat spielt in Hamburg eine besondere Rolle. Es heißt im Volksmund „Weißes Haus" und ist seit den Terroranschlägen vom 11. September 2001 das bestgeschützte Gebäude der Stadt. Seither ist die Straße Alsterufer, an der das Generalkonsulat liegt, für den Fahrzeugverkehr gesperrt; nur Fußgänger und Radfahrer können den Alsterweg weiterhin passieren. Die zunächst provisorischen Schutzmaßnahmen wurden 2008 durch dauerhafte Schutzeinrichtungen ersetzt.

Budge-Palais

Das Budge-Palais (die Hamburger nannten es „Butsche Palast") am Harvestehuder Weg hat eine bewegte und zum Teil tragische Geschichte. Martin Haller baute das Gebäude 1887 für den Schiffsmakler Ivan Gans. 1900 kaufte der jüdische Kaufmann Henry Budge (1840-1928), ein vermögender Amerikaner deutscher Herkunft, die Villa Gans mit der Parkanlage am Alsterufer. 1903 ließen sich er und seine Frau Emma (1852-1937), Tochter eines jüdischen Hamburger Kaufmanns, in Hamburg nieder. Durch den Zukauf der Häuser Milchstraße 11 und Magdalenenstraße 50 vergrößerten sie ihr Grundstück. Bis 1913 ließ Henry Budge das Haus auf etwa 50 Zimmer erweitern. Der Umbau kam einem Neubau gleich, wobei der Renaissancestil der Gründerzeit jedoch gewahrt blieb.

Als Geburtstagsgeschenk für seine kunstinteressierte Frau ließ er einen Spiegelsaal für private Theateraufführungen und Konzerte bauen, der später abgetragen und im Museum für Kunst und Gewerbe wieder aufgebaut wurde; er wird bis heute für Konzerte genutzt. In dem Saal gastierten unter anderem Enrico Caruso und Paul Hindemith. Die von Emma Budge gepflegten Gärten von ca. 16.000 Quadratmeter reichten bis an das Alsterufer.

Henry Budge starb am 20. Oktober 1928. Das kinderlose jüdische Ehepaar hatte in einer testamentarischen Verfügung bestimmt, dass die von ihnen zusammengetragene Kunstsammlung nach dem Tod des letzten Ehegatten an das Hamburger Museum für Kunst und Gewerbe übergehen sollte. Emma Budge verfügte 1932, dass der gesamte Grundbesitz Eigentum der Stadt und mit seinen Kunstschätzen als Museum eröffnet werden sollte. Nach der Machtübernahme der Nationalsozialisten änderte Emma Budge mehrfach ihr Testament. In der letzten Fassung vom November 1935 verfügte sie im Hinblick auf die sich rapide verschlechternde Situation der Juden in Deutschland die Einsetzung von vier Testamentsvollstreckern, die das Budge-Palais nebst Grundstück, die Kunstsammlung und das übrige Vermögen nach

Budge-Palais

Hitler mit Karl Kaufmann

eigenem Ermessen verwerten sollten. Der Erlös sollte Emma Budges jüdischen Verwandten zugute kommen.

Im Herbst 1937 machten die Nationalsozialisten den Anspruch der Stadt auf das Haus geltend. Sie missachteten den Willen von Emma Budge und ersetzten die von ihr bestimmten jüdischen Testamentsvollstrecker durch den Wirtschaftsprüfer Gottfried Franke. Die Stadt erwarb das Gebäude 1937 mitsamt Grundstück und Nebengebäuden zu einem Kaufpreis von nur 305.000 Reichsmark. Das Budge-Palais wurde zur Residenz von Karl Kaufmann und damit zu einem Machtzentrum der Hamburger Nationalsozialisten. Karl Kaufmann ließ sich im Hinterhof des Budge-Palais einen Bunker bauen, der während des Zweiten Weltkriegs als Stabsquartier diente. Siegfried Budge, der Neffe von Henry Budge, und dessen Ehefrau Ella mussten das Palais räumen und wurden von den Nationalsozialisten getötet. Gemälde und Hausrat wurden nach Berlin transportiert und dort in zwei großen Auktionen versteigert.

Im Mai 1945 wurde das Palais von britischen Truppen besetzt und diente zunächst als Lazarett, danach als Offiziersklub und später als Hotel für wichtige britische Besucher in Hamburg. Im Jahr 1949 hatten die in den USA lebenden Erben von Emma Budge vergeblich vor dem Amtsgericht Hamburg versucht, Gottfried Franke als Testamentsvollstrecker abzusetzen. Nachdem die Wiedergutmachungskammer des Landgerichts Hamburg im Oktober 1952 die Rückgabe des Budge-Palais an die Erben von Emma Budge verfügt hatte, schloss Gottfried Franke wegen des von den Erben behaupteten zu niedrigen Kaufpreises als Testamentsvollstrecker mit der Stadt einen Vergleich, der eine Nachzahlung von 22.500 DM vorsah. Aufgrund dieses Vergleichs entschied das Landgericht Hamburg 1952, dass die Stadt das Budge-Palais nebst Grundstück für diesen Preis erwerben konnte.

Nachdem anlässlich der Bundesgartenausstellung 1953 der an das Alsterufer angrenzende Park des Budge-Palais teilweise zu einem öffentlichen Park umgewandelt worden war, übergaben die Briten das Palais 1956 an die Stadt. Die Hamburger Hochschule für Musik und Theater zog 1959 als neuer Nutzer ein. Anfang 2011 wurde in der Presse darüber berichtet, dass die Erben von Emma Budge das Grundstück, dessen Wert auf rund 20 Millionen Euro geschätzt wird, von der Stadt zurückfordern oder eine finanzielle Entschädigung verlangen.

„Affenfelsen"

Zwischen Januar 1972 und Mai 1973 entstand in unmittelbarer Nähe des US-Generalkonsulats im Auftrag des Hamburger Unternehmers Robert Vogel unter der Leitung der Architekten Fritz Rafeiner und Anton Gnech ein umstrittener Bau der von der Hamburger Öffentlichkeit in Anlehnung an ein Gebilde in Hagenbecks Tierpark den Namen „Affenfelsen" erhielt.

„Affenfelsen" an der Alster

Für den Bau konnten nur zwei Drittel des Grundstücks genutzt werden, das andere Drittel musste wegen der damals noch nicht aufgegebenen Planung einer Stadtautobahn freigehalten werden. Um die Höhe des geplanten Bauprojekts mit gestalterischen Mitteln zu mildern, wurde ein Terrassenhaus konzipiert, bei dem am Alsterufer relativ niedrige Bauhöhen vorgesehen waren, die zur Warburgstraße anstiegen. Hierdurch sollte das Gebäude in die Kleinteiligkeit der Umgebung kontrastierend eingefügt werden. Das Gebäude war zuerst als Hotel geplant, wurde aber schließlich als Bürohaus genutzt.

Für einige Betrachter, insbesondere für den Bauherrn und die Hamburger Behörden, handelte es sich um einen futuristischen Zweckbau, der sich in seiner modernen und markanten Form durchaus in die bauliche Umgebung einfügte. Der Architekt Fritz Rafeiner lobte sein Werk als eine „bildnerische Arbeit von unverwechselbarer Qualität"[78]. Robert Vogel meinte zu dem Bau: „Wer da baut an Straßen und Gassen, der muss die Leute reden lassen."[79] Für andere war der Bau schlichtweg ein architektonisches Ungetüm, er wurde vom Hamburger Bürgermeister Herbert Weichmann als „Sünde wider den Geist der Alsterlandschaft" verurteilt.[80] Die seinerzeit erfolgte Baugenehmigung kann man sich nur aus dem damaligen „Zeitgeist" erklären.

Slomanburg

Der Architekt Jean David Jollasse (1810-1876) errichtete 1848/49 auf dem Grundstück der Gärtnerei Böckmann am Harvestehuder Weg 5 für den Reeder Robert Miles Sloman (1783-1867) und am Harvestehuder Weg 6 für den mit ihm befreundeten Kaufmann und Senator Ascan Wilhelm Lutteroth (1783-1867) eine Doppelvilla. Sloman und Lutteroth waren die ersten, die ein dauerhaftes Domizil am Harvestehuder Weg bezogen. Das war deswegen so ungewöhnlich, weil es dort damals weder Wasserleitungen noch Straßenbeleuchtung gab. Auch war der Weg ins Kontor beschwerlich. Sloman und Lutteroth mussten diesen Weg bei Wind und Wetter täglich viermal zurücklegen. Sloman soll sich auf seinen Märschen zwischen dem Harvestehuder Weg und seinem Kontor am Baumwall gegen das kalte Wetter durch die „Times" geschützt haben, die der aus England stammende Reeder vierfach gefaltet unter dem Mantel getragen haben soll.[81]

Slomanburg

Die Doppelvilla wurde wegen ihres burgartigen Aussehens mit ihrem Turm, dem Hauptgesims mit Zinnen und Staffelgiebeln auch als Slomanburg bezeichnet. Jean David Jolasse verdoppelte nicht nur das Bauvolumen entlang einer Symmetrieachse, sondern entwickelte eine abwechslungsreiche, burgenartige Baugruppe aus Türmen, Resaliten mit Staffelgiebeln und anderen Vorbauten, die durch ein mächtiges Hauptgesims mit Zinnen verklammert wurden.[82]

In der Zeit danach folgten immer mehr vermögende Hamburger Kaufleute dem Beispiel der beiden Pioniere und errichteten hier anspruchsvolle Villen mit städtischem Wohnkomfort. Die Slomanburg war der Auslöser der Verwandlung der ländlichen Gegend vor dem Dammtor in ein Wohnquartier mit luxuriösen Villen.

Hitlers Spionage-Kaserne

Als auf Befehl Hitlers das NS-Regime ab 1935 die Aufrüstung und andere Kriegsvorbereitungen vorantrieb, entstanden in Deutschland und auch in Hamburg zahlrei-

Standortkommandantur Hamburg

che Kasernen. Am 25. Januar 1937 bezog das Generalkommando des X. Armeekorps unter Führung von Admiral Wilhelm Canaris in unmittelbarer Nähe zur Außenalster einen wuchtigen, grauen Kasernenbau im neoklassizistischen Stil; er war an der damaligen General-Knochenhauer-Straße[83] gelegen, der heutigen Sophienterrasse. Der Mittelrisalit mit seiner straffen Pfeilerordnung in Muschelkalk entsprach dem damaligen zackigen Kasernerhofton.[84] Die monumentale Dreiflügelanlage konnte sich in der schmalen Nebenstraße optisch kaum entfalten.

Die „graue Festung", wie Canaris sie nannte, beherbergte von 1937 bis 1945 die größte Abteilung der deutschen Auslandsspionage und Spionageabwehr. Hier wurde die Besetzung der neutralen Länder Dänemark und Norwegen durch Spähoperationen vorbereitet. Nach dem Ende des Zweiten Weltkriegs arbeiteten zunächst britische Geheimdienstoffiziere in dem Kasernenbau. Für die Bundeswehr wurde die Liegenschaft 1956 zum Sitz der Standortkommandantur Hamburg.

Inzwischen hat die Bundeswehr das Gelände verlassen; es wurde von der Stadt an einen Immobilieninvestor veräußert. Nach dessen Konzept wird das denkmalgeschützte Gebäude entkernt und aufwändig modernisiert.

Villa des Anglo-German Club

Martin Haller baute 1860 für die Familie Bielenberg eine stilvolle Villa am Harvestehuder Weg 44. Sie ging 1901 in das Eigentum des Kaffeekaufmanns und Konsuls für den Staat El Salvador, Gustav Müller, über. Das seinerzeit 14.000 Quadratmeter große Grundstück grenzte direkt an die Außenalster und umfasste neben der Villa noch ein altes strohgedecktes Bauernhaus mit Kuhstall und Hühnerhof, einem Ententeich sowie Weideland für die Kühe. Müller verkaufte 1911 ein Teilgrundstück mit 4.000 Quadratmetern, auf dem Tennisplätze entstanden. Anstelle des Bauernhauses errichtete er ein Treibhaus und ein Gärtnerhaus, das mit dem Wohnhaus verbunden war. Die Villa selbst wurde von Martin Haller mit ihrem offenen Säulengang zum Eingang hin im Stil eines oberitalienischen Landhauses umgebaut.

Anglo-German Club

Während des Zweiten Weltkriegs wurden alle nicht von der Familie benötigten Räume vermietet, nach Kriegsende beschlagnahmte die britische Besatzungsmacht das Anwesen. Nach der Freigabe wurden Haus und Grundstück wieder von der Familie bewohnt. Nachdem die Stadt Hamburg zunächst das Gartenland als öffentliche Grünanlage und schließlich auch den Uferstreifen zur Alster als öffentlichen Weg beanspruchte, verkaufte die Erbengemeinschaft das mittlerweile nur noch 4.100 Quadratmeter große Grundstück samt Gebäuden an die Stadt. Diese vermietete es an den 1948 gegründeten Anglo-German Club e.V. 1989 erwarb der Club das Haus sowie das Erbbaurecht am Grundstück. Der Anglo-German Club ist ein überparteilicher Club, der sich zum Nutzen der Allgemeinheit die Förderung internationaler und insbesondere der deutsch-britischen Beziehungen zum Ziel gesetzt hat. Der Club unterstützt Institutionen wie die Englische Kirche, The British Day und den deutsch-englischen Schüleraustausch und vergibt Stipendien an deutsche Studenten zum Studium in England und umgekehrt.

Gästehaus des Hamburger Senats

Besonders schön liegt das Gästehaus des Hamburger Senats an der Außenalster. Die dreistöckige Villa am Feenteich wurde 1868 von Martin Haller als eines der ersten winterfesten Wohnhäuser im spätklassizistischen Stil für einen Hamburger Kaufmann auf der Uhlenhorst an der Schönen Aussicht erbaut. Eckquader, Gesimse und

gerade Fensterverdachungen gliedern den ansonsten schmucklosen zweigeschossigen Putzbau. Die edle Herberge verfügt über sieben Schlafzimmer im ersten und zweiten Stock. Einer der schönsten Räume ist das große Staatsschlafzimmer.

Seit 1965 empfängt der Hamburger Senat seine auswärtigen Gäste in dieser Villa. Viele Große der Welt haben sich in die in rotes Leder gebundenen und mit dem Wappen des Senats versehenen Gästebücher eingetragen, als Erste die englische

Gästehaus des Hamburger Senats

Monarchin Elizabeth II. Es folgten der frühere US-Außenminister Henry A. Kissinger, PLO-Chef Jassir Arafat, der sowjetische Staatschef Leonid Breschnew, Lady Diana, Prinz Charles und viele andere.

Während der Kanzlerschaft von Helmut Schmidt ging es hier besonders lebhaft zu. Der Kanzler empfing viele wichtige Staatsoberhäupter zu Arbeitsbesuchen in seiner Heimatstadt und ließ sie im Gästehaus des Senats logieren. Der damalige französische Ministerpräsident Giscard d'Estaing wohnte mehrfach am Feenteich. Am Schwanenwik ermöglicht ein Landeplatz für Hubschrauber einen schnellen Transport zum und vom Gästehaus. Das Haus wurde 1986 umfassend renoviert.

St. Johannis-Kirche

Die evangelisch-lutherische St. Johannis-Kirche in Eppendorf liegt nahe der Alster. Aufgrund ihrer Lage wird angenommen, dass die Kinder hier möglicherweise früher in der Alster getauft worden sind. Die Kirche wird erstmals 1267 urkundlich erwähnt, ist jedoch vermutlich wesentlich älter. Sie soll bereits um 840 von Ebbo, dem Erzbischof von Reims, gegründet worden sein. Sie ist eine der ältesten nordelbischen Kirchen und verfügte bis 1768 über einen umfangreichen Pfarrbezirk, der sich von Dammtor und Schulterblatt bis nach Ochsenzoll im Norden erstreckte.

Als der 1530 aus Wilster vertriebene Pastor Sina nach Eppendorf kam, wurde die St. Johannis-Kirche lutherisch. Während des Dreißigjährigen Kriegs plünderten die kaiserlichen Truppen unter Tilly die Kirche. Sie wurde später erneut Ort kriegerischer Auseinandersetzungen, als 1645 schwedische Soldaten und 1659 polnische Verbände nach Eppendorf kamen. 1762 kampierten dänische Truppen in der Kirche. 1814 wurden Hunderte von Kranken in der Kirche einquartiert, nachdem der sogenannte Pesthof am Millerntor zerstört worden war. Unter den vielen engagierten Pastoren der Kirche ist Pastor Samuel Heinicke (1727-1790) zu nennen, der als Kantor, Organist, Küster und Lehrer zehn Jahre in Eppendorf wirkte und wegen seines Einsatzes für den Unterricht mit taubstummen Kindern bekannt wurde.

Die St. Johannis-Kirche ist zu Hamburgs beliebtester Hochzeitskirche geworden. Sie liegt mit dem Pfarrhaus im historischen Ortszentrum von Eppendorf am Alsterübergang nach Winterhude und erinnert an Eppendorfs dörfliche Vergangenheit. Das 1622 neu gebaute Kirchenschiff besteht aus einem langen, rechteckigen Fachwerksaal mit einer Größe von 33,4 mal 12 Meter. Der runde Westturm der wohl ehemals romanischen Feldsteinkirche stammt vermutlich aus dem frühen 13. Jahrhundert, wurde 1751 ummantelt und mit einer Spitze versehen. Die Kirche wurde 1902/03 von Julius Faulwasser mit einem Turmeingang und mit einem Tonnengewölbe aus einer Holzschalung und einem neuen Dachstuhl versehen. Eine weitere Renovierung wurde 1961 von Gerhard Langmaack vorgenommen. Dabei setzte er die Fenster der Altarrückwand in alter Ordnung zwischen den Fachwerkständern ein.

Der Architekt Scharf, Mitglied im Kirchenvorstand der Kirche, bemerkte in den 1990er Jahren, dass sich der Turm bewegt hatte.

St. Johannis-Kirche in Eppendorf

Durch Messungen wurde festgestellt, dass er sich tatsächlich leicht geneigt hatte. Man zog ein Metallgerippe in den ältesten Teil der Kirche ein und stützte das Ganze noch zusätzlich durch Beton. Der Turm wurde in den Jahren 1999 bis 2001 aufwändig restauriert.

Imam Ali Moschee

Die Moschee im Stadtteil Uhlenhorst ist eine der ältesten Moscheen in Deutschland. Sie wurde benannt nach der Imam Ali Moschee in Nadschaf, die als eines der größten Heiligtümer der Schiiten gilt. Träger der Moschee ist das Islamische Zentrum Hamburg. Im Juni 1953 gründeten in Hamburg ansässige Kaufleute einen Verein zum Bau der Moschee, im Oktober 1957 wurde das Grundstück an der Außenalster erworben.

Der Bau wurde von den Architekten Schramm und Elingius in Zusammenarbeit mit dem iranischen Architekten Zargarpoor ausgeführt. Im Beisein vieler Muslime und Vertreter der Stadt Hamburg wurde am 13. Februar 1961 der Grundstein gelegt, der Rohbau wurde im Mai 1963 erstellt. Unter dem Leiter des Islamischen Zentrums Hamburg, Ayatollah Beheschti, und mithilfe von Spendengeldern von persischen und Hamburger Geschäftsleuten wurden in den Jahren 1966/67 die Büroräume im Obergeschoss und ein Teil der Fassade fertiggestellt.

Obwohl die iranische Botschaft in Bonn, damals unter dem Schah-Regime, die Bankkonten der Moschee hatte sperren lassen, gelang es der Gemeinde von 1969 bis 1979, dank großzügiger privater Spenden den Vortragsraum zu errichten und den Bau zu vollenden.

MARKANTE BAUTEN UND PARKS

Imam Ali Moschee

In dem Gebetsraum befindet sich einer der größten handgeknüpften Rundteppiche der Welt mit einem Durchmesser von ca. 16 Meter, einer Fläche von ca. 200 Quadratmeter, einem Gewicht von einer Tonne und einer Anzahl von ca. 80 Millionen Knoten. 22 Personen haben drei Jahre lang an dem Meisterstück gearbeitet.

Die Kuppel des Gebetsraums ruht im Innern auf V-förmigen Stahlbetonstützen, deren diagonale Streben mit den schrägen Lichtschlitzen in den Fassaden und der ornamentalen hellblauen Fassadenverkleidung korrespondieren. Heute ist die Moschee Zentrum zahlreicher islamischer Aktivitäten.

Troplowitz-Villa

Der Apotheker, Unternehmer und Kunstmäzen Oscar Troplowitz (1863-1918) war sowohl geschäftlich wie privat eine außergewöhnliche Persönlichkeit. 1890 hatte er das Laboratorium von Paul C. Beiersdorf in Altona gekauft und zu einem internationalen Unternehmen ausgebaut, der späteren Beiersdorf AG. Troplowitz war sehr sozial eingestellt. Er führte als einer der ersten Hamburger Unternehmer die 48-Stunden-Woche ein und zahlte seinen Arbeitnehmern Urlaubs- und Weihnachtsgeld. Sein Arbeitseifer galt seinen zahlreichen Entwicklungen wie Leukoplast, Labello, Tesafilm und der Nivea Creme, aber auch seiner Leidenschaft, der Kunst, war er zugewandt. Mit seiner für hamburgische Bauten eher ungewöhnlichen zweigeschossigen Villa wollte er in der Agnesstraße 1 einen besonderen architektonischen Akzent setzen. In seinem Auftrag schuf der Berliner Architekt William Müller 1908/09 ein Haus, das mit barocken und klassizistischen Inspirationsquellen für die Gestaltung sorgte und mit straffen Lisenen in grauem Muschelkalk und Rauputz das Panorama am Nordende der Außenalster dominiert und so die Kette traditioneller weißer Alsterarchitekturen unterbricht.[85]

Oscar Troplowitz

Seine Villa mit ihrer eigenwilligen Architektur wurde zu einem Zentrum der Kunst. In dem Haus, in dem zahlreiche Werke namhafter Künstler hingen, gingen neben Freunden und Geschäftsleuten auch Künstler ein und aus. Der Unternehmer Troplowitz spielte als Mitglied der Baudeputation eine bedeutsame Rolle, unter anderem bei der Berufung von Fritz Schumacher nach Hamburg. Dieser hat auch später das Grab von Troplowitz auf dem Ohlsdorfer Friedhof künstlerisch gestaltet. Nach seinem Tod erhielt die Hamburger Kunsthalle als Vermächtnis 26 Gemälde mit Werken deutscher und französischer Künstler des 19. und 20. Jahrhunderts. Eine niveablaue Gedenktafel an der Fassade der Villa erinnert an die herausragende Persönlichkeit ihres Bauherrn.

Troplowitz-Villa

MARKANTE BAUTEN UND PARKS

Kloster St. Johannis

Das Kloster in der Heilwigstraße 162 gehört zu den schönsten Gebäuden der Stadt. Es hat eine bewegte Geschichte. Gräfin Heilwig von der Lippe, die Ehefrau des Grafen Adolf IV. von Schauenburg und Holstein, gründete 1246 ein Zisterzienserinnen-Kloster in Herwardeshuthe, einer Ortschaft am Pepermölenbek, der späteren Grenze zwischen St. Pauli und Altona. 1295 verlegten die Nonnen das Kloster an einen Ort bei den Dörfern Oderfelde und Heimichhude an der Alster. Die Nonnen nannten ihr neues Kloster an der Alster „In Valle Virginum", Jungfrauenthal. Dieser Name setzte sich aber nicht durch. Das Kloster wurde weiterhin nach dem ursprünglichen Standort Herwardeshuthe genannt, aus dem später Harvestehude wurde. Die Klostergebäude lagen an der heutigen Straße Frauenthal und am Harvestehuder Weg gegenüber der Einmündung des Mittelwegs und dem Licentiatenberg zur Alster hin. Noch heute weisen viele Straßennamen in der Umgebung auf das Kloster an diesem Ort hin: Klosterstern, Klosterstieg, Klostergarten, Nonnenstieg, Frauenthal, St. Benediktstraße – zur Erinnerung an den heiligen Benedict als Schutzpatron des Klosters – und Heilwigstraße in Erinnerung an die Gründerin des Klosters. Ab dem 14. Jahrhundert war es Aufgabe des Klosters, dort junge Frauen der Oberschicht zu erziehen und zu unterrichten.

Kloster St. Johannis

Nachdem sich seit 1525 die Reformation in Hamburg durchgesetzt und der Rat der Stadt 1529 sich für den lutherischen Glauben entschieden hatte, widersetzten sich die Nonnen, zum Luthertum zu konvertieren. 1530 kam es zwischen den Nonnen und der Stadt zu einer offenen Auseinandersetzung. Die Nonnen wurden aus Harvestehude vertrieben, die Klostergebäude auf Weisung der Stadt zerstört. Den Nonnen wurde das

Stadtkloster St. Johannis beim heutigen Rathausmarkt angeboten, aus dem die Dominikanermönche vertrieben worden waren. Das Angebot stand unter der Bedingung, dass sie zum evangelischen Glauben übertreten und sich nicht mehr Nonnen nennen sollten. Neunzehn Frauen konvertierten und bezogen das Haus, das von der früheren Äbtissin Cäcilie von Oldessen geleitet wurde, die sich von nun an Jungfrau Domina nannte. 1536 wurde das Evangelische Conventualinnenstift für unverheiratete Hamburger Patrizier- und Bürgertöchter gegründet. So verwandelte sich das Kloster Herwardeshuthe in ein evangelisches Damenwohnstift.

1837 wurde das Stift an den späteren Klosterwall verlegt. Auch dieser neue Standort führte zu Straßennamen, die auf die Lage des ehemaligen Klosters hinwiesen: Klostertor, Klosterwall, Johanniswall. Wegen des Baus des Hamburger Hauptbahnhofs erhielt das evangelische Damenwohnstift 1914 das neue Gebäude in der Heilwigstraße, auf einem 11.000 Quadratmeter großen Grundstück mit einem abgeschirmten Garten und einer Uferbefestigung zur Alster hin.

Literaturhaus

Eine bedeutsame Adresse im kulturellen Leben Hamburgs ist das Literaturhaus am Schwanenwik 38. Der Architekt Jean David Jolasse errichtete 1867/68 die spätklassizistische Reihenhausvilla mit einer markanten Rundbogenfassade. Bis 1888 lautete die Adresse noch Schöne Aussicht, dann erfolgte die Umbenennung in Schwanenwik. Nach einigen Eigentümerwechseln ließ ein Bankier 1888 im Garten einen Saal zum Musizieren und für Feste anbauen, der mit Säulen, Stuck und einem poetischen Deckengemälde versehen war. Vom Verfall bedroht, erwarb die ZEIT-Stiftung Ebelin und Gerd Bucerius 1987 die historische Stadtvilla und stellte sie dem 1985 gegründeten Literaturhaus e.V. mietfrei zur Verfügung. Die Stiftung trug neben der Stadt große Teile der Renovierungskosten des denkmalgeschützten Hauses. Mit den restaurierten Wand- und Deckendekorationen ist ein musterhaftes bürgerliches Wohnmilieu der Gründerzeit wiedergewonnen worden.[86]

Literaturhaus

Der heute etwa 750 Mitglieder starke Verein Literaturhaus e.V. richtet jährlich um die hundert Veranstaltungen mit dem Schwerpunkt internationale und deutsche Gegenwartsliteratur aus. In dem Haus haben des Weiteren das Literaturzentrum und der Börsenverein des Deutschen Buchhandels (Region Norddeutschland) ihren Sitz, ebenso eine Buchhandlung und das Literaturhauscafé, welches auch außerhalb der Veranstaltungen geöffnet ist.

Herren- und Torhaus Wellingsbüttel

Das denkmalgeschützte Ensemble liegt auf einem rund 26.800 Quadratmeter großen Parkgrundstück am Alsterlauf, zusammen mit drei miteinander verbundenen Residenzen für pflegebedürftige Senioren.
1673 kaufte Theobald von Kurtzrock das Gut Wellingsbüttel, welches 1296 erstmals erwähnt wird. Der Familie gehörte das Gut bis 1806. Um 1750 errichtete Maximilian Günther von Kurtzrock das Herrenhaus. Es handelt sich um einen neunachsigen Barockbau mit einem aus der Mitte des Baukörpers hervorspringenden Gebäudeteil. Das Gebäude ähnelt in seinem Stil ostholsteinischen Herrenhäusern. Das Herrenhaus ist aber nicht mehr in seiner ursprünglichen Form erhalten. Es verdankt sein jetziges Erscheinungsbild dem Architekten Martin Haller, der das Gebäude 1889/90 um ein Geschoss aufgestockt und mit einer neobarocken Putzfassade versehen hat, die mit korinthischen Pilastern herrschaftlichen Anspruch erhebt.[87] Das Herrenhaus wurde 2005 aufwändig restauriert und wird seitdem als Seniorenresidenz sowie als Restaurant und Café genutzt.

Der Hofbaumeister Georg Greggenhofer aus Eutin baute 1757 das Torhaus als barocken Backsteinbau mit einem Mansardenwalmdach und einem zierlichen Dachreiter. Im Dach in der Mitte des Gebäudes befindet sich eine Uhr. Das Torhaus beherbergte im rechten Seitenflügel den Pferdestall, im linken Flügel Arbeiterwohnungen und über der Durchfahrt den Heuboden.

Wellingsbüttler Herrenhaus

Das Torhaus ist zu einem kulturellen Mittelpunkt des Alstertals geworden. Der Bürgerverein Wellingsbüttel nutzt mit dem „Kulturkreis Torhaus" das Gebäude für etwa 60 kulturelle Veranstaltungen im Jahr. Ferner sind hier das Alstertal-Museum und eine für die Alster-Thematik reichhaltig ausgestattete Bibliothek untergebracht.

Wellingsbüttler Torhaus

Das Werk- und Zuchthaus

Hamburgs berüchtigtes Gefängnis lag von 1618 bis 1842 an prominenter Stelle am südlichen Ufer der Binnenalster, etwa am Standort des heutigen Thalia-Theaters. Es handelt sich um das heute weitgehend vergessene Werk- und Zuchthaus. Das Haus war als Ort für die Unterbringung von sozialen Randgruppen eingerichtet worden und diente der Aufnahme von Bettlern und Vagabunden, aber auch von Personen, die auf Initiative ihrer Verwandten zum Beispiel wegen ihres verschwenderischen oder „liederlichen" Lebenswandels in das Werk- und Zuchthaus eingewiesen wurden. Hinter der Einrichtung stand die Idee eines neuartigen Umgangs mit den Stadtarmen, die statt Almosen zu empfangen ihren Lebensunterhalt selbst verdienen sollten. Die Insassen sollten durch ein strenges Regime von Zwangsarbeit mit festgelegtem Arbeitspensum, Bestrafungen und Belohnungen von ihrer vermeintlichen Neigung zu Faulheit und Müßiggang abgebracht werden. Arbeitsdisziplin nach Maßgabe bürgerlicher Erwerbshaltung war das Ziel.[88]
1726 waren 2.500 Menschen im Werk- und Zuchthaus untergebracht, das waren 3 Prozent der damaligen Hamburger Bevölkerung.

Dirk Brietzke[89] schildert in seinem Buch über das Werk- und Zuchthaus, dass es dort nicht nur um die Erziehung der Insassen ging, tatsächlich war das Leben in dem Bau die Hölle. Willkür und Terror, Prügel, Folter und sklavische Arbeit bestimmten den Alltag. Brietzke berichtet über einen käfigartigen „Hungerkorb". Darin wurden Insassen eingesperrt und an die Decke des Esssaals gezogen, von wo aus sie anderen Häftlingen beim Essen zusehen mussten.

1666 brannte das Haus ab und wurde 1670 wieder aufgebaut. Seit dem späten 18. Jahrhundert wandelte sich das Haus zunehmend zu einer Anstalt des Strafvollzugs und beherbergte in einer Übergangszeit sowohl Straftäter wie Arme. Im Zuge einer Reform des Gefängniswesens im Jahre 1811 trennte man ihre Unterbringung; beide Abteilungen blieben jedoch im selben Gebäude, das 1842 dem Feuer zum Opfer fiel. Der Schriftzug über dem Eingang des Werk- und Zuchthauses überstand das Feuer: „Labore nutrior, labore plector" („Durch Arbeit werde ich ernährt, durch Arbeit werde ich gezüchtigt"). Er befindet sich heute im Museum für Hamburgische Geschichte.

Das Rathaus in der Alster

Beim Großen Brand im Mai 1842 wurde das um 1290 erbaute Rathaus an der Trostbrücke gesprengt, um dem durch die Innenstadt rasenden Feuer Einhalt zu gebieten. Die Diskussionen über den Neubau des Rathauses zogen sich über Jahrzehnte hin. Dabei ging es um die äußere Gestaltung des neuen Rathauses, aber auch um seinen Standort. Man beschloss, das Rathaus an der Kleinen Alster hinter der Börse zu errichten. 1854 schrieb der Senat einen internationalen Wettbewerb aus. Einer der Entwürfe stammte von einem 19 Jahre alten Schüler des Johanneums, Martin Haller, dem späteren Stadtbaumeister. 1878 wurde erneut ein Wettbewerb ausgeschrieben. Wieder legte eine große Zahl von Architekten Entwürfe vor, und wieder beteiligte sich Martin Haller an dem Wettbewerb. In seinem außergewöhnlichen Entwurf schlug er vor, die Verwaltungsbüros des Rathauses mit der Börse zu verbinden und das eigentliche Regierungsgebäude in die Binnenalster zu verlegen. Der Bauplan des Architekten Ernst Wex ging sogar noch weiter. Er schlug vor, das Rathaus in der Außenalster oder in der Binnenalster zu errichten und unterbreitete dafür Lagepläne.

Beide Vorschläge wurden in der Öffentlichkeit lebhaft diskutiert. Sie wurden als unvereinbar mit der öffentlichen Meinung und wegen einer möglichen Zunahme der Hochwassergefahr zu den Akten gelegt. Nachdem man sich entschlossen hatte, an dem ursprünglich ins Auge gefassten Standort an der Kleinen Alster und an der Rückseite der Börse das Rathaus zu errichten, erarbeiteten sieben Architekten des Rathausmeisterbundes unter Führung von Martin Haller einen Entwurf, der im Juni 1885 von Senat und Bürgerschaft zur Ausführung angenommen wurde.

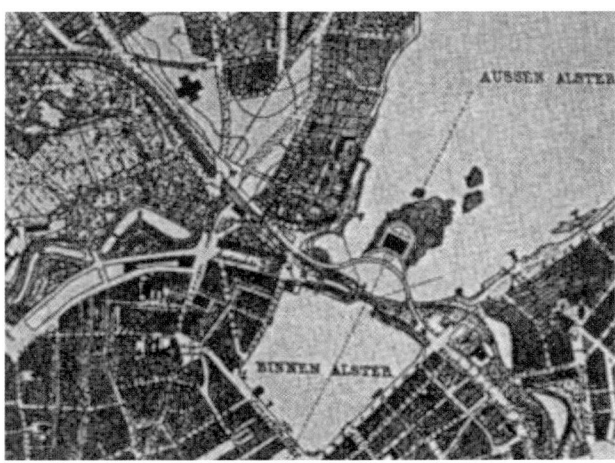

Rathausneubau: Lagepläne des Architekten Ernst Wex von 1885

GASTHÄUSER AN DER ALSTER

Nachdem sich die Alster Mitte des 19. Jahrhunderts zu einem von den Bewohnern der Stadt und ihren Gästen beliebten Ausflugsort und später zu einem Zentrum des Fremdenverkehrs entwickelt hatte, entstanden an ihren Ufern eine Reihe bekannt gewordener Gasthäuser. Einige sehr beliebte verschwanden im Laufe der Geschichte, andere existieren heute noch.

Klosterwirtshaus

In der Nähe des ehemaligen Klosters Herwardeshuthe wurde im 18. Jahrhundert nördlich des Eichenparks und schräg gegenüber dem mit Linden bewachsenen Licentiatenberg ein Klosterwirtshaus erbaut. Bereits vor der Reformation gab es ein kleines hölzernes Gasthaus nahe dem Kloster, es trug den Namen Krug Koppel. Es war Namensgeber für eine sehr viel später errichtete Holzbrücke, die Harvestehude und Winterhude miteinander verband. Das neu entstandene Klosterwirtshaus war der Lieblingsaufenthaltsort des Hamburger Dichters Friedrich von Hagedorn. Hier saß er oft im Schatten einer vor dem Gasthaus stehenden alten Linde, und hier soll die Ode „Harvestehude" entstanden sein:

„Nichts ist so schön wie Harvestehude ...
Hier gehet in gewölbten Lüften
Die Sonne recht gefällig auf
Und lacht den geblümten Triften
Und sieht mit Lust der Alster Lauf ..."

Der Lieblingsplatz des Dichters unter der alten Linde wurde von den Hamburgern so geachtet, dass dort sitzende Gäste sich erhoben, wenn sich der Dichter näherte, um ihm Platz zu machen. Der an der Alster gelegene Garten wurde als einer der schönsten Orte Hamburgs bezeichnet, die Bewirtung und das lustige Treiben bei Musik und Tanz wurden gelobt. Während der französischen Besetzung wurde das Wirtshaus 1813 niedergebrannt, 1817 wurde es in größerem Umfang wieder aufgebaut. In dem mit einem Säulenvorbau gezierten Gasthaus versammelte sich im Sommer die feinere Gesellschaft und nahm im Garten ihren Kaffee ein.

Als 1842 während des Großen Brandes das Waisenhaus in der Admiralitätsstraße zum vorläufigen Rathaus umfunktioniert wurde, brachte man die Waisenkinder in das Klosterwirtshaus. Sie blieben sechzehn Jahre, bis 1858 das neue Waisenhaus auf der Uhlenhorst bezogen werden konnte. 1860 wurde das Klosterwirtshaus zum Abbruch versteigert. Kloster und Wirtshaus existieren heute nicht mehr, doch einige der alten Eichen sind im Eichenpark nach wie vor zu sehen.

Klosterwirtshaus von Harvestehude

Die alte Rabe und Die neue Rabe

Im damaligen Vorort Rotherbaum lagen zwei viel besuchte Gasthäuser, die entsprechend der Gepflogenheit nach Tieren benannt wurden, und zwar Die alte Rabe und Die neue Rabe. Die Entstehung beider Namen beruht auf einem Kuriosum, da eigentlich der männliche Artikel dem Wort „Rabe" vorangeht. Das Wirtshaus Die alte Rabe lag östlich von der nach ihm benannten Alten Rabenstraße, romantisch unter hohen Bäumen an der Außenalster, wo die Badestraße in die Alte Rabenstraße einmündet. Es trug ein Schild mit dem Bild eines Raben. Man hatte dort aus den Zimmern und dem Garten einen herrlichen Blick auf die Außenalster, ihre grünen Ufer und die Stadt. Die Gaststätte muss schon 1735 existiert haben. Denn die Rabe, wie sie zunächst hieß, ist auf einem in diesem Jahr entstandenen Plan der Stadt aufgeführt. Wie der ungewöhnliche Name entstand, ist nicht völlig geklärt. Man vermutet, dass das Wirtshaus von seinen plattdeutsch sprechenden Besuchern „de Rave" genannt wurde. Da es im Plattdeutschen für das männliche und weibliche Geschlecht nur den einen Artikel „de" gab, der beim Übersetzen ins Hochdeutsche dem weiblichen Artikel verwandter klingt als dem männlichen, entstand wohl der Name die Rabe.

Alte Rabenstraße

Diese Gaststätte war bei den Hamburgern sehr beliebt und galt als ein bevorzugter Ausflugsort für Personen, die auf den Alsterschüten die Binnen- und Außenalster befuhren, da sie einen Steg besaß und im Gärtnerhaus den Fuhrmann beherbergte, der die Gäste nach St. Georg übersetzte. Nachdem in der zweiten Hälfte des 18. Jahrhunderts das Wirtshaus Die neue Rabe am rechten Alsterufer etwa 500 Meter vom Dammtor gegründet worden war, nannte der Wirt der alten Gastwirtschaft sein Haus Die alte Rabe. Beide Gaststätten brannten während der französischen Besetzung Hamburgs 1813 nieder.

Die alte Rabe um 1800

MARKANTE BAUTEN UND PARKS

Einen Teil des Grundstücks, auf dem Die alte Rabe stand, erwarb Senator Prösch. Er ließ dort 1816/17 direkt an der Alster ein prachtvolles Landhaus errichten, das er aber bereits nach kurzer Zeit wieder aufgab. Das Haus wurde danach in eine Gaststätte umgewandelt und unter dem Namen Alstergarten betrieben. Anschließend wurde das Haus wieder zum Wohnen hergerichtet, 1842 riss man es ab. Der Wirt Christian Daniel Friedrich Streit, der später ein Gasthaus am Jungfernstieg gründete, errichtete um 1820 Die alte Rabe an der Einmündung der Badestraße in den Mittelweg. 1842 erwarb der Bauunternehmer Bade die bis zur Alster reichende Gastwirtschaft sowie das Grundstück, welches dem Senator Prösch gehört hatte. Auf dem vereinigten Grundstück legte er in geknickter Führung die nach ihm benannte Badestraße an. Die von Streit errichtete Gaststätte führte ihren Namen noch bis nach 1850. Danach wurde das Gebäude in Wohnhäuser umgewandelt, die 1907 einem Neubau weichen mussten.

Das Wirtshaus Die neue Rabe wurde ebenfalls wieder aufgebaut und lange von dem Wirt Berdien unter dem Namen Bei Berdien betrieben. Nachdem 1858 die neue Rabenstraße angelegt worden war, übernahm der Wirt Döbereiner Die neue Rabe und verwandelte die Gaststätte in einen Erholungsort „für die feine Welt"[90]. An den Nachmittagen wurden Konzerte gegeben. Der Hintergarten des Wirtshauses reichte bis an die Allee von Klein Fontenay. Bei den dort veranstalteten Feuerwerken und Illuminationen versammelte sich regelmäßig eine große Anzahl von Dienstmädchen und Kindern, die das spannende Treiben als Zaungäste beobachten wollten. Um dies zu verhindern, ließ der Wirt eine mannshohe Leinwand ziehen, in die aber von außen Gucklöcher geschnitten wurden, die, so behauptete man, von Feuerwerkskörpern eingebrannt worden seien. Das Ende der Gaststätte kam, als das Grundstück an einen reichen Privatmann verkauft wurde, der sich dort eine prächtige Villa bauen ließ.

Uhlenhorster Fährhaus

Das legendäre Uhlenhorster Fährhaus war eines der bekanntesten und beliebtesten Gasthäuser an der Ostseite der Außenalster. Sein Vorläufer war das Diensthäuschen des Fährknechts. Es entstand 1840 zusammen mit der Einrichtung einer Fährverbindung zwischen dem Uhlenhorster und Harvestehuder Ufer mittels eines Ruderboots, welches später durch eine „Ziehfähre für Wagen" ergänzt wurde. Das Fährhaus war sehr bescheiden ausgestattet. Es bestand aus einem anspruchslosen Gastzimmer, in dem Bier und Wein ausgeschenkt wurden. In den hinteren Räumen wohnte der Fährpächter und im ersten Stock der Ruderknecht. Das Uhlenhorster Fährhaus „war damals ein hässliches Gebäude mit einer äußerst primitiven Wirtschaft. Am Ufer waren dichte Schilfmassen, und hinein ins Land zogen sich enge verschlammte Kanäle."[91]

1847 wurde das Fährhaus erweitert und konnte insbesondere an den Tagen der Alsterregatta eine größere Menschenmenge aufnehmen. An anderen Tagen ging es im Uhlenhorster Fährhaus eher ruhig zu. Das lag daran, dass die nähere Umgebung nur bescheidene landschaftliche Reize bot. So war man dabei, die umliegenden, mit Weiden bestandenen Sumpfwiesen zu Bauzwecken trockenzulegen. Aber schon 1851 beschrieb ein Reiseführer die Gegend um das Uhlenhorster Fährhaus als eine der schönsten in Hamburgs Umgebung, wo u.a. auch musikalische Unterhaltungen mit bemerkenswerten Gartenbeleuchtungen stattfanden.

Der große Durchbruch gelang dem Uhlenhorster Fährhaus am 13. September 1865 mit der Gründung der „Actiengesellschaft des Fährhauses auf der Uhlenhorst" durch 33 Hamburger Kaufleute in der Wohnung des Versicherungsmaklers Wilhelm Droege. Ziel war es, auf dem Gelände des Fährhauses ein profitables „Wirtschaftsetablissement" zu betreiben.[92] 1872/73 wurde nach den Plänen von Martin Haller

Uhlenhorster Fährhaus

ein repräsentatives Fährhaus mit einem markanten Turm gebaut, das ältere Fährhaus wurde abgebrochen. Die schon von der Lombardsbrücke aus zu sehende Silhouette des kantigen Turms wurde zu einem Wahrzeichen der Außenalster.

Das neue Fährhaus erfreute sich über viele Jahrzehnte höchster Beliebtheit. Nachdem der nach Hamburg übergesiedelte Österreicher Johannes Schwegler Ende der 1890er Jahre die Leitung übernommen hatte, erlebte es seine Glanzzeit. Es wurde bald zu dem beliebtesten Lokal für Festlichkeiten aller Art. Der „Dîner dansant" war

„Abend am Uhlenhorster Fährhaus", Gemälde von Max Liebermann, 1910

einer der Höhepunkte. Besonders beliebt war damals der Walzer „Mondschein auf der Alster" von Oscar Fetrás. An schönen Sommerabenden ging es auch auf dem Wasser vor der Gartenterrasse lebhaft zu, für den Maler Max Liebermann ein verlockendes Motiv, das abendliche Treiben mit den vielen kleinen Booten wiederzugeben. Wilhelm Melhop hat die Szenerie pathetisch beschrieben:

> „Kein anderes Fährhaus unserer Gegend besitzt die Vorzüge einer solchen Lage: das Landschaftsbild alsterauf- und alsterabwärts, das liebliche Harvestehuder Ufer gegenüber mit den alten Baumgruppen oder das Bild der Stadt mit ihren aufstrebenden (...) zauberhaft schön patinierten Türmen, dazu die Fläche der Außenalster selbst mit dem heiteren Durcheinander von Dampf-, Segel- und Ruderbooten sowie den bunten Kanus, den feierlich dahin ziehenden weißen Schwänen und der beide Alsterufer verbindende Fähren – ein hinreißender Anblick!" [93]

Im Jahre 1913 wurde das Uhlenhorster Fährhaus beträchtlich erweitert, seine Räumlichkeiten wurden grundlegend umgestaltet. 1943 wurde es durch Bomben zerstört und nicht wieder aufgebaut. Heute erinnert nur noch der Anleger „Uhlenhorster Fährhaus" an die Gaststätte und Gartenwirtschaft.

Walhalla

Im Oktober 1844 wurde an der Ecke Lombardsbrücke und Neuer Jungfernstieg ein niedriger Glaspavillon mit Orangerie als Konkurrenz zum bereits bestehenden Alsterpavillon errichtet. Das Gebäude nannten die Bürger „Walhalle". Trotz ihrer günstigen Lage an der Binnenalster, einem schönen Garten und moderner Gasillumination war die Gaststätte wirtschaftlich nicht erfolgreich. Die Bewirtschaftung wurde 1854 beendet und das Haus abgebrochen. Aus den Baustoffen des Abbruchs errichtete ein Hamburger Unternehmer an der Ecke Uhlenhorster Weg/Hofweg das Gebäude wieder neu, diesmal als Konzert- und Tanzsaal, um dem Uhlenhorster Fährhaus Konkurrenz zu machen. Am 17. September 1854 wurde der Betrieb unter dem Namen Walhalla eröffnet. Von der Walhalla aus hatte man einen ungehinderten Blick über die Außenalster. Vor dem Grundstück verlief damals eine bis an den jetzigen Erlenkamp mit der Eilbek in Verbindung stehende große und seichte Alsterbucht, der sogenannte Walhallateich, der erst im Zusammenhang mit der Anhebung des Geländes an der Mundsburg verschwand.

Die Alsterbucht war von großen, über das Wasser hängenden alten Bäumen umgeben, hinter denen sich Weiden und weites Ackerland ausdehnten. Da das Wasser des Teichs recht flach war, konnten Ruderboote nicht bei der Gaststätte anlegen. Deswegen ließ der Wirt bei der nahe gelegenen Schönen Aussicht einen Steg in die Außenalster errichten. Am Walhallasteg machten später auch Dampfboote fest. Trotz dieser Maßnahmen erreichte die Walhalla niemals die Blüte des Uhlenhorster Fährhauses. Durch die fortschreitende Bebauung des Geländes ging der Alsterblick verloren, und das Gebäude verfiel mehr und mehr. 1895 wurde es abgebrochen und das Grundstück mit mehrgeschossigen Miethäusern bebaut; 1923 verschwand auch der Steg.

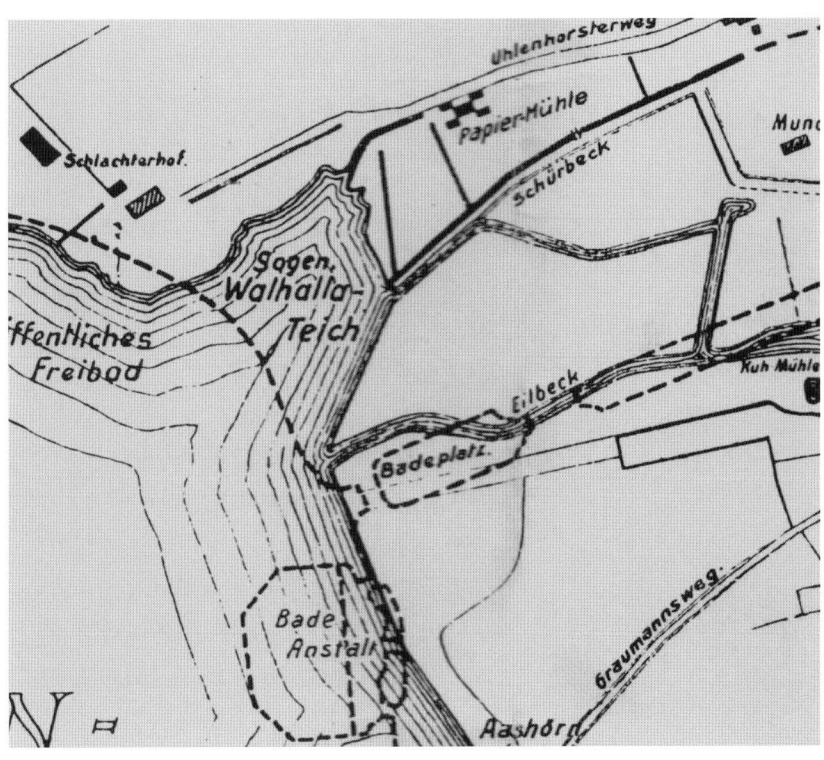

Walhalla-Teich – Uferlinien um 1800 und – um 1900 (gestrichelt)

Mühlenkamp

Neben Adolph Sierich war auch der Lotterieunternehmer Julius Gertig als Investor in Winterhude sehr erfolgreich. Er erwarb 1857 die abgelegene Gastwirtschaft Mühlenkamp und verwandelte sie in ein vornehmes Etablissement mit Tanzmusik. Insbesondere nachdem die Alsterdampfer im Sommer 1859 den Schiffsverkehr aufgenommen hatten, erfreute sich das Lokal großer Beliebtheit. Gertig ließ zudem eine Brücke über die Osterbek bauen, sodass die Städter zu Fuß oder per Kutsche den Mühlenkamp erreichen konnten.

Gertigs Mühlenkamp

1885 legte Gertig hinter dem mit alten Bäumen bestandenen Garten der Wirtschaft eine Trabrennbahn an, auf der im Frühjahr 1886 das erste Rennen stattfand. Im gleichen Jahr wurde die Gastwirtschaft durch Feuer zerstört. Gertig ließ sich dadurch nicht entmutigen, baute sie umgehend wieder auf, und Pfingsten 1887 wurde der Mühlenkamp neu eröffnet.

Nach dem Tod Julius Gertigs 1898 ging es mit der Gaststätte bergab, und 1901 wurde auch der Betrieb der Trabrennbahn eingestellt. Die nachfolgenden Betreiber der Gaststätte hatten keinen Erfolg. Im Ersten Weltkrieg wurde das Haus in ein Lazarett verwandelt. 1926 wurde es zu einem Kino mit tausend Plätzen umgebaut, das sich bis 1960 halten konnte. Der Abriss erfolgte 1979.

Mühlenkamper Fährhaus

Nicht zu verwechseln mit dem Mühlenkamp in Winterhude ist das Mühlenkamper Fährhaus in Uhlenhorst. Es war eine gastronomische Institution in Hamburg und ist es jetzt wieder unter seinem neuen Namen Küchenwerkstatt. Das Gebäude wurde 1880 als „Wannenbadeanstalt" erbaut und 1886 von Johann Hillesheim übernommen, der es, gegenüber dem Anlegeplatz der Alsterdampfer am Langen Zug gelegen, in eine Gaststätte verwandelte und zu seinem Mühlenkamper Fährhaus machte.

Mühlenkamper Fährhaus

Der Betrieb war anfangs nicht sehr erfolgreich. Der Sohn Alwin Hillesheim sah in der Gaststätte seines Vaters keine Perspektive für sich selbst. Er fuhr zur See, arbeitete bei der Handelsmarine als Steward und sammelte dabei erste gastronomische Erfahrungen. Später war Alwin Hillesheim in großen amerikanischen Hotels tätig. Nach dem Ersten Weltkrieg fuhr er zunächst weiter zur See, entschied sich aber nach seiner Rückkehr 1923, die väterliche Gaststätte doch zu übernehmen.

Es war nicht leicht, aus dem kleinen Bierlokal, in dem Kutscher und Passagiere der Alsterdampfer ihr Bier und ihren Grog tranken, ein Gasthaus von Rang zu machen. Doch Alwin Hillesheim war sehr ergeizig. Er hatte einen engen Kontakt zu seinen gutbürgerlichen Gästen, die ihn insbesondere wegen seiner Küche schätzten. Sein Team bestand aus seiner Ehefrau Käte, den Söhnen Fritz und Claus, den Schwiegertöchtern Gisela und Ursula und dem über viele Jahrzehnte im Hause tätigen legendären Oberkellner „Otto". Das Haus wurde von einer Kneipe mit Pferdeausspann zu einem der besten Gourmetrestaurants in Deutschland. Es war das Stammlokal vieler Prominenter aus Politik, Kultur und Wirtschaft und lockte auch internationales Publikum an. Es wurde international ausgezeichnet und besaß einige Jahre lang sogar einen Michelin-Stern.

Nach dem Erwerb der Immobilie durch einen Hamburger Kaufmann Ende der 1990er Jahre ging es mit dem Mühlenkamper Fährhaus bergab, und mit häufig wechselnden Pächtern war dem Restaurant zunächst kein Erfolg beschieden. Dieser Entwicklung wurde 2004 ein Ende gesetzt, als Gerald Zogbaum, der ehemalige Küchenchef des Darling Harbour, mit seiner Lebenspartnerin Angela Gnade dem geschichtsträchtigen Haus eine Zukunft mit modernem Gesicht gab, nun unter dem Namen Küchenwerkstatt. Es hat sich inzwischen wieder einen Michelin-Stern erkocht und knüpft an die große Zeit des Mühlenkamper Fährhauses an.

Winterhuder Fährhaus

Die Geschichte des Winterhuder Fährhauses beginnt am 29. Juli 1854. An diesem Tage erwarb der Eppendorfer Kohlenhändler Carl Friedrich Christoph Jacobs von dem Bauern Johannes Timmermann auf Hof 3 dessen Wiese an der Alster Nr. 18 nebst Überfahrt „an der Hauptstraße".[94] Die Überfahrt war der Treidelweg der Alsterschiffer und gleichzeitig der Verbindungsweg zur nördlich gelegenen Wiese Nr. 17, die Carl Hinrich Krochmann auf Hof 2 gehörte. Diese erwarb Jacobs 1861. Ihm wurde zur Auflage gemacht, dass ein 30 Fuß breiter Weg als Leinpfad ständig offen bleiben müsse. Das war der Ursprung des Winterhuder Kais. Am 9. September 1854 erhielt Jacobs die Erlaubnis zum Bau eines massiven Wohnhauses. Auch durfte er zwei hölzerne, mit Pfannen gedeckte Kohlenschuppen errichten.

Nachdem 1859 der erste Alsterdampfer *Aline* vom Stapel gelaufen war, fuhr er von 1860 an sechsmal täglich nach Winterhude und zurück zum Jungfernstieg. Der primitive Landesteg am Leinpfad, wo sich jetzt das Café Leinpfad befindet, bot den Fahrgästen bei Wind und Wetter keinerlei Schutz. Sie fragten oft bei Jacobs nach, ob sie sich in seinen Räumen unterstellen dürften, bis der Alsterdampfer anlegte. So kam Jacobs auf die Idee, ein Wirtshaus zu errichten. Im Jahre 1865 beantragte er die Erlaubnis „für die Betreibung einer feinen Wirtschaft". Er bekam die Unterstützung des Alstervogts, der zwar empfahl, wegen der Nähe zur Kirche alle Unterhaltungsmusik für die Zeit der Gottesdienste zu untersagen, doch Jacobs erhielt die Erlaubnis zum Betrieb des Winterhuder Fährhauses.

Der Kohlenhändler fühlte sich allerdings nicht wohl in seiner Tätigkeit als Gastronom. Schließlich fand Jacobs in dem bisherigen Kastellan des Logenhauses an der Drehbahn, Carl Friedrich Sommer, seinen Nachfolger, der 1867 Grundstück und Wirtschaft kaufte. Sommer versuchte, das Fährhaus für die Gäste noch attraktiver zu machen, ein Antrag für eine Kegelbahn wurde wegen der Nähe zur Kirche aber abgelehnt. Auf Initiative des neuen Pächters Friedrich Hencke wurde 1872 der Winterhuder Bürgerverein gegründet.

1875 ließ Sommer den Besitz auf Daniel Schöning umschreiben, der eine Erlaubnis zum Errichten eines Klublokals und zur Abhaltung von Tanzmusik erhielt. Das Fährhaus entwickelte sich Schritt für Schritt zu einem attraktiven Ausflugsziel. 1893 wurde das einfache Haus abgerissen, es entstand ein Gebäude mit einer pompösen Fassade und keckem Eckürmchen.

Im Saal und im großen Garten gab es jetzt Platz für zahlreiche Veranstaltungen. Diese nahmen 1914 ein jähes Ende, als die Stadt Hamburg Eigentümerin wurde.

Winterhuder Fährhaus um 1955

Anlass für den Erwerb durch die Stadt war die geplante Kanalisierung der Alster, die eine Verbreiterung der Hudtwalckerstraße erforderlich machte; der größte Teil des Gartens vor dem Fährhaus wurde für den Straßenbau benötigt. In den 1920er und 1930er Jahren erlebte das Winterhuder Fährhaus seine goldene Zeit. Berühmte Tanzkapellen spielten auf; aus ganz Hamburg strömten die Menschen herbei. Die Menschen „hopsten sich die Seele aus dem Leib"[95]. Im Zweiten Weltkrieg wurde das Haus für einige Zeit Unterkunft für französische Kriegsgefangene.

Eine Wiederauferstehung erfuhr das Fährhaus 1946 durch den Gastronom Otto Friedrich Behnke. Mit ihm zog ein Schwarm von Künstlern und Sängern in das Haus ein. 1979 stellte die Baubehörde die Baufälligkeit fest: Das Pfahlwerk im sumpfigen Untergrund des einstigen Alstertals war vermodert. Im Juli 1979 verfügte der Senat den Abbruch des Hauses. Im Übrigen ließ sich das Gelände profitabler als Büro- und Geschäftszentrum nutzen, als Theater „Komödie Winterhuder Fährhaus" und Restaurant.

Komödie Winterhuder Fährhaus

In seiner bewegten Geschichte hatte das Lokal vielfältige Funktionen ausgeübt: Es war Kohlenlager, Wärmestube, Gaststätte, Tanzlokal, Gefangenenlager, Versammlungsort des Winterhuder Bürgervereins, Theater und Restaurant gewesen. Nur eines war es nie – ein Fährhaus.

Alsterkrug

Im 12. Jahrhundert berichtet eine Chronik von Hamburg-Groß-Borstel, dass sich an einer Furt der Alsterwindung an der Heerstraße nach Kiel für die Schiffer und Fuhrleute ein Ausschank befindet und für die Pferde eine Futterstelle. Daraus entstand neben einer Mühle 1258 ein Krug. Damals hieß das Wirtshaus noch Alsterdorfer Mühle oder Alsterdorfer Wassermühle, es war am Flüsschen Ortensiek gelegen, das hier in die Alster floss. Der Alsterkrug wurde erstmals 1720 im Grundbuch des Johannisklosters unter diesem Namen eingetragen. Der Eigentümer mit Schanklizenz war Johann Hinsch. Das Bier lieferte die „Alsterdorfer Brauerey", die ab 1722 mithilfe einer Rossmühle eigenes Bier braute. 1733 erwarb Heyn Möller das Lokal, Angehörige seiner Familie bewirtschafteten den Krug bis 1919 in der sechsten Generation. Seit 1764 war das Brennen von klarem Korn und Branntwein zu einem lukrativen Geschäft geworden.

Ab etwa 1830 betrieb der Alsterkrug außer der Land- und Krugwirtschaft sowie der Brennerei auch den „Vorspann". Das Unternehmen besaß eigene Pferde und Kutschen, die die Gäste an ihre Reiseziele brachten, insbesondere über einen schwierig zu passierenden Moorweg in Richtung Eppendorf. Blieb ein Gast über Nacht, musste er sich in der Scheune auf Stroh betten, es sei denn, man ließ ihn im Winter in der Gaststube auf einer der Bänke nächtigen.

Die alte Heerstraße, die am Alsterkrug vorbeiführte, erhielt 1830 ihren Namen nach dem Lokal. Außer der Alsterüberquerung bei der Fuhlsbütteler Schleuse im Norden und der Straßenbrücke bei der Eppendorfer St. Johannis-Kirche im Süden gab es nur hier eine Flussüberquerung durch eine mehrere Jahrhunderte alte Alsterfurt. In den Jahren 1834/35 entstand der aufgeschüttete Alsterdorfer Damm mit einer schmalen Holzbrücke, die die Alsterfurt ersetzte. 1894 brannte der damals reetgedeckte Krug ab, wurde aber bald mit einem Turm wieder aufgebaut.

Hotel Alsterkrug

1919 verkaufte der letzte Möller das Anwesen an D. N. Borchers. Frau Hertha Hansen, geb. Borchers, übernahm den Alsterkrug bis zu seiner Schließung 1980. Danach erwarb der Baumeister und Diplom-Ingenieur Ernstotto Pentzin das Objekt. Er ließ den Altbau 1983 abreißen und errichtete einen modernen Hotelneubau mit Restaurant, Bierstube, Bar und Veranstaltungsräumen. In historischer Anspielung erhielt das Gebäude wieder seinen markanten Turm. Das Alsterkrug Hotel wurde am 15. August 1985 eröffnet und 1997 erweitert und modernisiert.

Ein Ableger des Hotels befindet sich am Alsterdorfer Damm direkt am Alsterlauf, das Braband, ein Bistro und Café. Der Klinkerbau, der ursprünglich eine öffentliche Toilette mit einer Transformatorenstation war, wurde 1919 während der Kanalisierung der Alster errichtet. Die ehemalige Transformatorenstation bildet mit der Bruchsteinmauer, der Treppenanlage und der bereits vier Jahre zuvor errichteten Brücke eine bauliche Einheit.

Das neue Alsterkrug Hotel

ALSTERPARKS

Rund um die Außenalster und entlang dem Alsterfluss liegen naturnahe Flächen, die als Parks und Freizeitgelände gestaltet wurden. Der Park im westlichen Teil der Stadtteile Rotherbaum und Harvestehude nennt sich Alstervorland, der östliche in den Stadtteilen St. Georg und Uhlenhorst Alsterpark. Oberhalb der Außenalster schließen sich als weitere grüne Oasen der Eichenpark und in Eppendorf der Hayns Park und der Seelemannpark an.

MARKANTE BAUTEN UND PARKS

Alstervorland

Das Alstervorland entstand mit der Aufstauung der Alster im 13. Jahrhundert als sumpfige und häufig überschwemmte Wiese, bis ins 19. Jahrhundert hinein diente es als Weidefläche. Mit der Errichtung neuer Schleusen wurden der Wasserspiegel gesenkt und die Wiesen trockengelegt. Mit der Erschließung der Grundstücke am Harvestehuder Weg legten die Eigentümer Gärten an, die ursprünglich bis an das Alsterufer reichten und den öffentlichen Zugang zum Wasser versperrten. Eine Bebauung war nach den baurechtlichen Bestimmungen des 19. Jahrhunderts, die 1953 in die Außenalster-Verordnung eingeflossen sind, nicht zulässig.

Der Hamburger Oberbauingenieur Franz Andreas Meyer plante bereits im späten 19. Jahrhundert eine Ringstraße um die Alster, die jedermann einen öffentlichen Zugang zu den Ufern ermöglichen sollte. Auch Alfred Lichtwark forderte, dass das Vorland von Harvestehude in Staatsbesitz übergehen und zu einer öffentlichen Anlage umgestaltet werden sollte. Im Bebauungsplan von 1902 war das Alstervorland dann als öffentliche Grünanlage vorgesehen. Erst unter dem Ersten Bürgermeister Max Brauer wurde 1950 der Wunsch Lichtwarks und breiter Bevölkerungskreise in die Tat umgesetzt, die privaten Gärten an der Alster östlich des Harvestehuder Wegs zu enteignen und zu einem öffentlichen Park zu machen – eine soziale Großtat Max Brauers und ein bemerkenswerter städtebaulicher Akt.

Alstervorland

Mit der Gestaltung des Alstervorlands wurde 1952 der Gartenarchitekt Gustav Lüttge (1909-1968) beauftragt. Er nutzte den alten Baumbestand, der die Sicht auf die Alster nicht schmälerte, und entschied sich für großzügige Grünflächen. Auf der einen Seite wurden diese von einem Promenadenweg begrenzt, bei dem es sich um einen in zwei Abschnitte geteilten, mit niedrigen Sitzmauern streng gefassten, aber rhythmisch gegliederten Weg handelt; auf der Wasserseite führt ein Spazierweg am Alsterufer entlang. Ein geschwungener Teich sorgt auf halber Höhe für eine abwechslungsreiche Gartenarchitektur.

Gustav Lüttge hatte die Vision, mit gradlinigen und sperrigen Formen einen Gegensatz im Uferbereich zu schaffen und so eine spannende Wechselbeziehung zwischen Natur und von Menschenhand geschaffenen Kunstwerken zu erreichen. Das Alstergrün bietet eine vielfältige Natur. Fremdländische Ziergehölze wie die Zaubernuss findet man ebenso wie heimische Pflanzen oder verschiedene Weidenarten.

Der 14,5 Hektar große Alsterpark mit seiner prächtigen Baumkulisse zwischen der Alten Rabenstraße und der Krugkoppelbrücke fand bei der Bevölkerung breite Zustimmung. Er wurde ein neues Zuhause für über 50 gegenständliche und abstrakte Kunstwerke. Zusammen mit der Internationalen Gartenbauausstellung 1953 wurde der Park zu einem Meilenstein der kulturellen und sozialen Entwicklung der Hansestadt im ersten Nachkriegsjahrzehnt.[96]

Eichenpark

Der relativ kleine, idyllische Eichenpark liegt nördlich der Krugkoppelbrücke auf etwa 200 Meter Länge zwischen der Alster und dem Harvestehuder Weg. Er war ursprünglich eine sumpfige, mit mächtigen Stieleichen bestandene Weide des St. Johannis-Klosters an der Mündung des Alsterflusses in die Außenalster gelegen. 1871 wurde die Fläche zu einem Park umgewandelt. Es gibt hier einige Eichen, die über 200 Jahre alt sind, die also die schweren Verwüstungen während der Franzosenzeit überstanden haben.

Die Alster ist östlich des Eichenparks buchtartig erweitert. Das war nicht immer so. Dort befand sich ein etwa 60 Meter langes sogenanntes Schiffloch, welches von Norden her durch eine etwa 280 Meter lange und sich bis auf 30 Meter verschmälernde Landzunge, „Retort" genannt, von dem damals nur 12 bis 15 Meter breiten Alsterfluss getrennt wurde.

Da dieser Teil der Alster für die Alsterdampfschifffahrt nicht breit genug war, wurde die Landzunge 1867 beseitigt. So bilden das auch heute noch so genannte Schiffloch und die beseitigte Landzunge diese Ausbuchtung der Alster. 1915 wurde das Futterhaus für die Schwäne von der Binnenalster hierher verlegt, bis es 1928 wegen Baufälligkeit abgebrochen werden musste.

Zwischen den alten Eichen, etwas versteckt im Grün der Pflanzen, steht seit 1897 der vom Pöseldorfer Bürgerverein gestiftete, mehr als vier Meter hohe, unbehauene Granitblock mit einer Gedenkplatte für Friedrich von Hagedorn. Die bronzene Flachbildplatte ist ein Werk des Bildhauers Carl Börner. Der auf einer Bank unter einem Baum sitzende Dichter hat die Beine übergeschlagen, hält in seiner linken

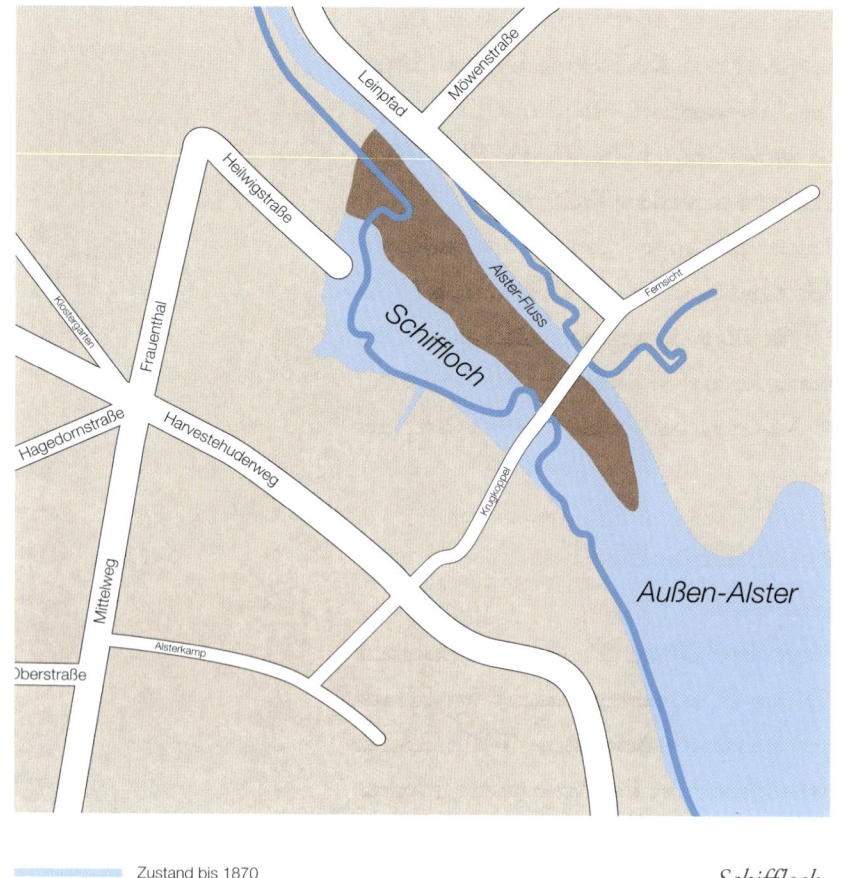

Zustand bis 1870
Zustand um 1920

Schiffloch

Hand eine Schreibunterlage oder ein Buch und in der rechten Hand einen Stift. Der Gedenkstein ist eine Hommage an den Verfasser des Gedichts „Die Alster".

Ein zweites Denkmal im Eichenpark schuf der Bildhauer Friedrich Wield im Auftrag des Hamburger Senats zwischen 1931 und 1933: die Bronzefigur Ätherwelle. Sie soll an den Physiker und Sohn der Stadt Heinrich Hertz (1857-1894) erinnern, dem 1886 der Nachweis über die Existenz elektromagnetischer Wellen gelang. Die Nationalsozialisten verhinderten die Aufstellung des Denkmals, weil sowohl Hertz als auch Wield Juden waren. Nach Jahren der Vergessenheit stellte die Kulturbehörde die Skulptur 1994 im Eichenpark am Alsterufer auf.

Alsterparks in Eppendorf

Gedenkplatte zur Erinnerung an Friedrich von Hagedorn

Der idyllische Hayns Park liegt zwischen der Meenkwiese und der Winterhuder Brücke direkt an der Alster. Er wurde nach dem Kaufmann, Senator und Bürgermeister Max Theodor Hayn (1809-1888) benannt, der langjähriger Präses der Baudeputation war und hier seinen Landsitz hatte; er erwarb das Gelände 1873. Darauf befanden sich mehrere Gebäude sowie zwei Pavillons. Von den Bauten gibt es heute nur noch den Monopteros (Gartentempel) im Zentrum des Parks; es wird vermutet, dass er im ersten Drittel des 19. Jahrhunderts errichtet wurde. Der Tempel und die hohen Bäume zeugen von der ursprünglichen Anlage des Gartens im landschaftlichen Stil des 19. Jahrhunderts. Während der Zeit des Barock und des Klassizismus war der Monopteros als Musentempel ein beliebtes Baumotiv in englischen und französischen Gärten, aber auch in der deutschen Parklandschaft.

Monopteros im Hayns Park

Aus diesem ehemaligen Landsitz entstand im Zuge der Alsterkanalisierung der Hayns Park. Die Alster hatte in diesem Bereich einen toten Nebenarm, der von der eigentlichen Alster durch eine etwa zehn Meter breite Landzunge getrennt war, welche Reiherstieg genannt wurde. Den toten Nebenarm nannte man Dove-Alster. Er war vermutlich die frühere Mündung der Tarpenbek. Pläne von 1909, eine mit herrschaftlichen Villen bebaute Straße quer über den Haynschen Landsitz anzulegen, wurden nicht realisiert. Auf Empfehlung des Oberbaudirektors Fritz Schumacher und seines Kollegen Otto Linne erwarb die Stadt das Gelände und wies es als Grünfläche aus. Etwa 20.000 Kubikmeter Erdreich waren notwendig, um das Niveau des Parks ausreichend über den Pegel der Alster zu heben. Am Ende der Bauarbeiten blieben vom ursprünglichen Garten nur noch der Monopteros und einige alte Bäume übrig. Im August 1931 wurde der Park eröffnet, er wurde später ergänzt durch die beiden Fußgängerbrücken, über die der Alsterwanderweg führt.

Wie der Hayns Park geht auch der südlich der St. Johannis-Kirche gelegene Seelemannpark auf eine Zeit zurück, als Eppendorf zum beliebten Vorort für wohlhabende Hamburger Bürger wurde, die dort ihre Landsitze errichteten. Die Stadt kaufte 1909 den Garten der Familie Seelemann und ließ deren Landsitz abreißen. Die Verlängerung der Heilwigstraße bis zur St. Johannis-Kirche führte zu einer Tei-

Samuel Heinicke

lung des Grundstücks. Der jetzige Seelemannpark mit einer Fläche von etwa 7.000 Quadratmeter ist der noch verbliebene nordöstliche Rest des Geländes.

Die Baudeputation versah den Rand des Parks mit einem Betonvorsatz, dies war eine der ersten Maßnahmen der späteren Alsterkanalisierung. 1909 wurde der Park für die Allgemeinheit freigegeben. Eine Bronzebüste auf einem Granitsockel erinnert an Samuel Heinicke (1727-1790), der als Küster in Eppendorf die erste deutsche Taubstummenanstalt nach der Lautsprach-Methode eingerichtet hat. Das Denkmal wurde 1894/95 von dem taubstummen Künstler Peter von Woedtke gestaltet.

Licentiatenberg

Der Licentiatenberg ist ein dreiseitiger Grünhügel gegenüber dem Eichenpark, wo der Harvestehuder Weg in den Mittelweg einmündet. Es handelt sich um einen Ausläufer der Geesthöhe im Bereich des Alsterkamps. Von hier aus hatte man eine weite Sicht auf die Alster und ihr jenseitiges Ufer. 1872 wandelte die Stadt die Geestkuppe zu einem Park um. Das hügelige Gelände wurde auf 0,5 Hektar erweitert, an der Westseite zum Mittelweg hin abgegraben, mit einer Findlingsmauer begrenzt sowie mit Treppen und Wegen ausgestaltet. Auf dem Licentiatenberg befinden sich die mit rund 450 Jahren älteste Eiche Harvestehudes sowie eine Grabstätte aus der Bronzezeit.

Woher der Name der Anhöhe kommt, wird unterschiedlich erklärt. Sie soll den Namen am Anfang des 18. Jahrhunderts von einem Pächter des Klosterwirtshauses erhalten haben, Bartholdo Huswedel, der in Hamburg Licentiat der Rechte und Präsident des Niedergerichts war. Eine andere Erklärung bringt den Hügel mit dem Dichter Friedrich von Hagedorn in Verbindung, der sich hier gern aufhielt und ebenfalls Licentiat war.[97]

Licentiatenberg

DIE ALSTER ALS BÜHNE

GROSSEREIGNISSE

Die Panoramen der Alster und der sie umgebenden Bauten bieten den Menschen seit Jahrhunderten einen stimulierenden Rahmen für festliche Ereignisse ganz unterschiedlicher Art. Zuverlässige Informationen über Festveranstaltungen auf und an der Alster gibt es seit dem 17. Jahrhundert. Sie zeigen, wie beliebt derartige Ereignisse bei der Bevölkerung waren. Aus Anlass von Krönungsfesten, Vermählungen und Geburtstagen hoher Persönlichkeiten gab es regelmäßig pompöse Feuerwerke, meistens verbunden mit Salutschüssen. Die Feuerwerke dauerten zum Teil bis zu zwei Stunden und verlangten von dem Publikum durchaus Kondition. Besonders oft haben ausländische Gesandtschaften durch Feuerwerke auf sich aufmerksam gemacht. Selbst während der schwersten Bedrängnis der Stadt zur Zeit der Besetzung durch die Franzosen feierten diese den Geburtstag des Kaisers Napoleon I. mit einem Feuerwerk auf der Binnenalster, welches sich die jungen französischen Offiziere vom Jungfernstieg aus anschauten. Stellvertretend für viele andere Alsterfeste werden hier einige herausragende Veranstaltungen und Ereignisse von gestern und heute vorgestellt.

Feier des Westfälischen Friedens

Hamburg hatte den Dreißigjährigen Krieg dank seines starken Verteidigungswalls ohne größere Schäden überstanden und war bei Kriegsende mit 75.000 Einwohnern die größte Stadt des Reichs. Auch hier wurde die Nachricht vom Frieden mit großer Erleichterung aufgenommen. Am 22. Oktober 1648 wurde ein Dankfest gefeiert, mit Festgottesdiensten, mit Kanonendonner von den Wällen der Stadt und den Schiffen im Hafen, mit Gewehrsalven der Soldaten, die mit wehenden Fahnen und klingendem Spiel auf den Plätzen der Stadt aufmarschiert waren, mit Chormusik und mit Glockengeläut von allen Türmen der Kirchen. Die im Friedensvertrag offen gebliebenen Fragen, insbesondere zum Thema Truppenabzug, wurden auf dem Friedensexekutionskongress in Nürnberg am 26. Juli 1650 geklärt. In allen Städten des Reichs wurden abermals Dankfeste angeordnet, in Hamburg für den 15. September. Der Verlauf glich dem vom Oktober 1648, hinzu kam ein Feuerwerk auf der Binnenalster, das seinen Höhepunkt mit einem am nächtlichen Himmel dargestellten Kuss zwischen Gerechtigkeit und Frieden erreichte.

Zur gleichen Zeit sang Pastor Johann Rist ein Friedens- und Freudenlied, begleitet von Pauken und Trompeten. Am Ende der Feier wurden Raketen in die Luft geschossen. Die Senatoren, Diplomaten und andere hohe Persönlichkeiten sahen sich mit ihren Damen das Spektakel von den Häusern des Jungfernstiegs aus an, während sich das Volk durch die Straßen drängte. Da die Umgebung der Binnenalster in vollständige Dunkelheit getaucht war, kam das Feuerwerk umso besser zur Geltung.

Alsterfahrt des Königs von Dänemark

König Christian VII. von Dänemark

Im Jahre 1767 reiste der dänische König Christian VII. (1749-1808)[98] vom 30. Juni bis zum 8. Juli nach Altona, der damals zweitgrößten Stadt Dänemarks. Dabei besuchte er auch Hamburg. In Hinblick auf den nahen Abschluss der Verhandlungen über den dann Mitte 1768 zustande gekommenen Gottorper Vergleich, in dem die zwischen beiden Staaten strittigen Fragen der Reichsunmittelbarkeit Hamburgs geklärt wurden, war der Besuch für Hamburg von erheblicher Bedeutung. Einer der Höhepunkte war die Fahrt des dänischen Königs auf der Alster vom Jungfernstieg zur Uhlenhorst. Vor Ankunft des Königs in Hamburg teilte der Hafenmeister dem Rat der Stadt mit, dass von den Wachen unbemerkt zwei Ewer mit dänischer Flagge auf die Alster gebracht worden waren. Der Rat der Stadt überging den Vorfall mit Stillschweigen. Die Alster war für die Fahrt des Königs mit der von der Stadt für Besuche von hochgestellten Persönlichkeiten reservierten „Admiralitäts-Chaloupe" extra noch ausgebaggert worden.

Die Alsterfahrt fand am 4. Juli statt. Der dänische König bestieg von einer für ihn eigens errichteten und mit rotem Tuch versehenen Anlegebrücke am Jungfernstieg die „Admiralitäts-Chaloupe". Die Schaulustigen mussten sich in einer Entfernung von vier Schutenlängen von der Anlegebrücke und zum Schiff des Königs halten. Beim Passieren der Lombardsbrücke wurden dreißig Kanonenschüsse abgefeuert. Die Fahrt des Königs zur Uhlenhorst verlief ungestört. Die Schaulustigen, die den König auf ihren Fahrzeugen begleiteten, verringerten sich in ihrer Zahl immer mehr, weil es inzwischen heftig zu regnen begonnen hatte. Beim Mittagessen auf der Uhlenhorst bekundeten die Vertreter der Stadt ihr Bedauern über das schlechte

Wetter, worauf der König meinte: „Dieses steht nicht in unserer Gewalt, das übrige ist aber alles sehr wohl veranstaltet worden."⁹⁹ Nach der Rückkehr in die Stadt sah der König in der Komödie am Gänsemarkt das Lustspiel „Nadina" und das Nachspiel „Der Advokat Patelin". Danach begab er sich, begleitet von einer weiteren Geschützsalve, wieder nach Altona.

Drittes Norddeutsches Musikfest

Ein besonderes Ereignis war die Feier des dritten Norddeutschen Musikfests, welches vom 5. bis 8. Juli 1841 in Hamburg stattfand. Es war damals das größte Musikfest in Deutschland, die beiden ersten hatten in Lübeck und Bremen stattgefunden. Für die Musikaufführungen hatte man auf der Alsterhöhe, dem heutigen Standort der Kunsthalle, eine 69 Meter lange, 29 Meter breite und 13 Meter hohe Festhalle für 5.000 Besucher errichtet. Für die abendlichen Veranstaltungen war auf der Binnenalster auf zwölf Schuten ein Pavillon aufgebaut worden.

Johann Theodor Friedrich Avé-Lallement

Die Umrisslinien seiner vier palastartig in byzantinischem Stil gebildeten Seiten wurden von 15.000 verschiedenfarbigen Öllämpchen dargestellt. Das Innere des Pavillons bestand aus einem Saal mit Wassertreppen zur Festhalle auf der Alsterhöhe. Ausklang und Höhepunkt des Fests am Abend des 8. Juli bildeten zahlreiche Boote auf der Binnenalster mit buntfarbigen Laternen, besetzt mit Schaulustigen. An den Häusern in den mit Tausenden von Zuschauern überfüllten Straßen leuchteten unzählige Lampen. In der Binnenalster hatte man, auf Pfählen verankert, einen venezianischen „Feenpavillon" errichtet, in dem tausend Personen Platz fanden, die den Gesängen der deutschen Liedertafeln lauschten und die Nacht in tanzseliger Stimmung verbrachten.

Der Musiklehrer, Musikkritiker und -schriftsteller Johann Theodor Friedrich Avé-Lallement (1806-1890) war die zentrale Figur des Musikfests. Das Fest erfuhr seine Krönung durch den Auftritt von Franz Liszt (1811-1886) und Wilhelmine Schröder-Devrient (1804-1860). Sie war zu dieser Zeit eine der größten deutschen

Wilhelmine Schröder-Devrient

DIE ALSTER ALS BÜHNE

Schauspielerinnen und ist als *die* deutsche Gesangstragödin in die Geschichte der theatralischen Künste eingegangen.

Die Musiker bestiegen nach einem kurzen Auftritt im Pavillon ein illuminiertes Fahrzeug, das sich zu den zahlreichen Booten gesellte. Man erlebte „ein wahres Zauberfest, ein improvisiertes Märchen aus 1001 Nacht" unter einem friedlichen Sommerabendhimmel. Dieser Höhepunkt des Fests soll das Publikum zu einem nicht enden wollenden Begeisterungsjubel veranlasst haben.

Kaisertage

Die Alster bot bei den Besuchen der deutschen Kaiser in Hamburg stets einen besonders festlichen Rahmen. Derartige Besuche von Kaiser Wilhelm I. und Wilhelm II. wurden Kaisertage genannt, sie gehörten für den Senat und die Bevölkerung zu den absoluten Höhepunkten im Festkalender der Stadt. Nach weitgehender Fertigstellung der Uferstraßen um die Außenalster unternahm Kaiser Wilhelm I., der zur Einweihung der Deutschen Seewarte nach Hamburg gekommen war, am 17. September 1881 auf Einladung des Senats eine Rundfahrt auf der Alster. Da die Krugkoppelbrücke über die Alster und die Fernsichtbrücke über den Rondeelkanal noch nicht existierten, verband eine mit 76 Schuten geschaffene Schiffbrücke die Ufer von Harvestehude und Winterhude. Die mit vielen Flaggen versehene Brückenstraße war mit Kies bestreut und mit Nadelhölzern und Schilf geschmückt, sodass sie den Eindruck eines breiten Wegs vermittelte. Als der Kaiser an der Gurlittinsel vorbeifuhr, wurde ein zuvor angelegter Springbrunnen erstmals in Betrieb genommen. Die Fahrt des Kaisers um die Außenalster wurde auf dem Wasser von der Alten Rabenstraße bis nach St. Georg von einer ansehnlichen Flotte von Ruder- und Segelbooten begleitet.

„Kaisertag auf der Alster",
Gemälde von Lovis Corinth

Am Abend des 90. Geburtstags von Kaiser Wilhelm I. am 22. März 1887 wurde zu Ehren Seiner Majestät auf der Außenalster ein Freudenfeuer aus einem Aufbau von 500 Teer- und Pechtonnen entzündet. Die Bürger hatten entlang der Ufer der

Uhlenhorst Magnesiumfackeln entzündet, während die Innenstadt, die Binnenalster und die öffentlichen Gebäude festlich illuminiert waren.

Da Kaiser Wilhelm II. sich seit seiner Thronbesteigung 1888 mindestens einmal im Jahr für zwei Tage in Hamburg aufhielt, gab es während seiner Regierungszeit viele Kaisertage. Am 29. Oktober 1888 unternahm der Kaiser von der „Alsterlust" aus eine Fahrt auf einer mit einem stolzen Schwan geschmückten Dampfbarkasse. Zwischen vielen Booten fuhr er zur Binnenalster, vorbei an voll besetzten und mit prächtigen bunten Flaggen geschmückten Schutenreihen.

Einen besonderen Glanzpunkt bildete bei dem Kaiserbesuch eine Insel, die am 19. Juni 1895 eigens für eine Feier aus Anlass der Anwesenheit des Kaisers Wilhelm II. in der Binnenalster erbaut worden war. Die Feier fand für den Kaiser und die deutschen Bundesfürsten vor der Einweihung des Kaiser-Wilhelm-Kanals, des heutigen Nord-Ostsee-Kanals, statt. Um das Entstehen dieser Insel rankt sich eine kuriose Geschichte. [100]

Fahrt von Kaiser Wilhelm II. auf der Alster am 29. Oktober 1888

Der Oberingenieur Franz Andreas Meyer erschien an der Spitze einer Hamburger Delegation zur Vorbereitung des bevorstehenden Festbesuchs des Kaisers in Berlin. Das Gespräch mit dem Hofmarschallamt wurde in Anwesenheit des Kaisers geführt. Gegen Ende der Unterredung soll der Kaiser gegenüber Franz Meyer die Bemerkung gemacht haben: „Und den Kaffee trinken wir auf der Alsterinsel", womit der Kaiser die Badeanstalt „Alsterlust" unterhalb der Lombardsbrücke gemeint hatte, wo er sich 1888 schon einmal aufgehalten hatte. Ohne mit der Wimper zu zucken, soll Herr Meyer geantwortet haben: „Sehr wohl, Majestät, auf der Alsterinsel." Nach der Audienz blickten die Mitglieder der Hamburger Delegation Franz Meyer erstaunt an: „Kaffee auf der Alsterinsel? Wie viele Personen haben denn Platz auf dem Eiland gegenüber der Gurlittstraße?" „Bewahre!", lachte Meyer. „Denken Sie an das Schiff *Babelsberg*, meine Herren! Die Alsterinsel lassen wir auf der Binnenalster entstehen. Majestät befand sich in einem Irrtume. Aber auf so etwas macht man nicht aufmerksam, wenn es nicht durchaus erforderlich ist. Das Ding soll nett werden."

Schloss Babelsberg in Hamburg, 1868

Mit dem Hinweis auf das Schiff *Babelsberg* bezog sich Meyer auf den Besuch des Königs von Preußen, des späteren Kaisers Wilhelm I., am 20. September 1868 in Hamburg. Anlässlich der Feier dieses Besuchs hatte Senator Hayn, dessen Haus am Alstertor einen freien Blick über die Binnenalster bot, den König zu einer Soirée geladen und vom Architekten Martin Haller des Kaisers Lieblingsschloss Babelsberg auf einer künstlich angelegten Insel hatte nachbilden lassen, von wo aus ein Feuerwerk abgebrannt wurde. Natürlich war das künstlich nachgebaute Schloss Babelsberg auf der Binnenalster kein „Schiff", wie Herr Meyer das Schloss auf der Rückfahrt von Berlin bezeichnet hatte.

Nach 58 Tagen Bauzeit war die Insel in der Binnenalster am 16. Juni 1895 fertiggestellt worden. Es handelte sich um eine offene Garten- und Strandinsel nach romantischer Art mit Wandelgängen und Plätzen für mindestens 1.500 Personen und Einrichtungen, wie sie ein mehrere Stunden währender Aufenthalt so vieler Menschen erforderte. Die Insel ruhte auf 723 Rammpfählen. Die Insel verlief nach der Lombardsbrücke hin und führte strandartig ins Wasser, wo sie bald zu einem Tummelplatz der Alsterschwäne wurde. Auf der Insel befand sich ein mit einem elektrischen Scheinwerfer versehener, 23 Meter hoher Wikingerturm. Das 75 Quadratmeter große Kaiserzelt lag erhöht, bot nach allen Seiten eine ungehinderte Sicht und war reich geschmückt.

Nach dem Festmahl am 19. Juni geleitete der Senat den Kaiser und die übrigen Gäste gegen Abend vom Rathaus auf einer Flotte geschmückter Alsterdampfer über die Kleine

Alster und unter der Reesendammbrücke zur „Insel" in der Binnenalster. Sie erstrahlte von vielen tausend Glühlampen. Eine für tausend Sänger bestimmte Tribüne erhielt ihren Platz auf der Binnenalster am Alsterdamm (heute Ballindamm) in Höhe des Alstertors.

Auf dem inneren Wasserring zum Jungfernstieg erlebte man einen Korso mit Wikingerschiffen und blumengeschmückten Ruderbooten. Nördlich der Insel lagen viele Fahrzeuge mit Tausenden von Zuschauern, die gemeinsam mit dem Kaiser das Feuerwerk bewunderten, dessen prachtvolle Entfaltung allerdings durch ein krachendes Gewitter und einen Regenschauer behindert wurde. Nach der Feier ging der Kaiser am Alstertor an Land und fuhr zu den Landungsbrücken, um die Reise nach Brunsbüttelkoog anzutreten. Nach 45 Tagen wurde die „potemkinsche Insel" in der Binnenalster wieder abgerissen. Das „Missverständnis" zwischen dem Kaiser und Franz Andreas Meyer kostete die Stadt 160.000 Mark.

Kaiserinsel in der Binnenalster, 1895

Vom 14. bis 16. Juni 1913 wurde in ganz Deutschland das 25-jährige Thronjubiläum Kaiser Wilhelms II. gefeiert. In Hamburg wurde der Höhepunkt der Feierlichkeiten bei sommerlichen Temperaturen mit einem abendlichen, lampiongeschmückten Bootskorso eröffnet, der vom Allgemeinen Alster-Club organisiert worden war (der am 3. August 1846 die erste Segelregatta auf der Außenalster veranstaltet hatte). Hunderte von Ruder- und Segelbooten zogen von der Badeanstalt „Alsterlust" an der mit bengalischen Feuern erleuchteten Fontäne gegenüber dem Hotel Atlantic vorbei. Der Bootskorso passierte das illuminierte Uhlenhorster Fährhaus, dort bog er zum Harvestehuder Ufer ab.

In Höhe des Anlegestegs an der Alten Rabenstraße war in der Mitte der Außenalster eine von mehreren Schuten getra-

„Lampionkorso auf der Alster", Gemälde von Pierre Bonnard

DIE ALSTER ALS BÜHNE   193

gene Plattform positioniert, auf der das Hauptfeuerwerk gezündet werden sollte. Bevor dies geschah, tauchte das Luftschiff *Hansa* über der Alster auf. Danach wurden bunte Raketen und Leuchtkugeln entzündet und ein Feuerwerk abgebrannt, das gegen Ende den Buchstaben W sowie die Kaiserkrone aufleuchten ließ, flankiert von den Jahreszahlen (18)88 bis (19)13, der bisherigen Regierungszeit. Die Abschlussfeier beobachtete Pierre Bonnard von seinem Zimmer im Hotel Atlantic mit Panoramablick über die Außenalster und malte den Lampionkorso nebst Feuerwerk.

Flugboot Dornier

Das von den Dornierwerken konstruierte und 1929 gebaute Flugboot mit der Kennung D-1929 erregte als das zu seiner Zeit größte Wasserflugzeug der Welt erhebli-

Landung des Flugbootes Dornier DoX auf der Außenalster 1932

ches Aufsehen. Das Flugzeug war vierzig Meter lang, zehn Meter hoch und besaß eine für die damalige Zeit gewaltige Spannweite von 48 Metern. Seine zwölf Kolbenmotoren, die in sechs Gondeln über der Tragfläche installiert waren, verfügten über einen Zug- und einen Druckpropeller, die dem 56 Tonnen schweren Riesenvogel Atlantiküberquerungen mit einer Geschwindigkeit von 170 Kilometer pro Stunde ermöglichten.

Die Konstruktion des Flugbootes DoX wurde von der internationalen Fachwelt skeptisch beurteilt. Um der Weltöffentlichkeit die Sicherheit und den Komfort des Flugzeugs unter Beweis zu stellen, fand zwischen November 1930 und Mai 1932 ein internationaler Werbeflug von Europa über Afrika, Südamerika in die USA statt. Ab Juni 1932 startete die Maschine in Stettin zu einem Deutschlandflug, mit vielen Stationen wobei das Flugboot von über einer Million Menschen besichtigt wurde. Im August 1932 landete das Wasserflugzeug beim Uhlenhorster Fährhaus auf der Außenalster. Von dort bewegte es sich mit heulenden Motoren zur „Alsterlust", die als Pier und Landesteg fungierte. Die Landung der DoX feierten die Hamburger auf der Außenalster als „Weltpremiere".

Eine große Menschenmenge bestaunte von der Lombardsbrücke und den Ufern der Außenalster aus das Flugboot. Die Hamburger waren stolz darauf, dass sich die Außenalster als Bühne für eine technisch so spektakuläre Demonstration bewährte.[101] Seinen Abschluss fand der fünfmonatige Deutschlandflug im November 1932 auf dem Bodensee. Nach einem Flugunfall im Mai 1933 wurde der Einsatz der DoX wegen Sicherheitsproblemen und wegen mangelnder Wirtschaftlichkeit eingestellt. Im Oktober 1934 gab das Reichsluftfahrtministerium das Ende der Dienstzeit der DoX als Passagierflugschiff bekannt.

Bühne für die Nationalsozialisten

Die Rassenpolitik der Nationalsozialisten manifestierte sich auch an der Alster. Sie verwandelten insbesondere an den Straßen Alsterufer und Harvestehuder Weg das bürgerliche Milieu durch die Enteignung zahlreicher Grundstücke jüdischer Eigentümer in ein NS-Regierungsviertel. So residierten hier u.a. der Reichsstatthalter, der Gauleiter der NSDAP, die SS-Gruppenführung, die Kriegsmarine, die Wehrmacht sowie die Zentrale der Auslandsspionage und Spionageabwehr. Die Alster diente daneben als Bühne für die Selbstdarstellung der Nationalsozialisten.

Seit 1936 war sie Festplatz für die jährliche Feier des Nationalen Arbeitertages geworden. Am Vorabend des 1. Mai schossen Feuerwerksraketen in Flammenschrift NS-Bekenntnisse in den Himmel, ein riesiges Gesicht Adolf Hitlers erschien über der Binnenalster und löste sich anschließend in Rauch auf. Nach der Rückkehr des größten Teils der Verbände der Legion Condor aus dem Spanischen Bürgerkrieg (1936 bis 1939) nach Deutschland im Juni 1938 paradierten Soldaten auf dem Jungfernstieg vor Hermann Göring und Wolfram von Richthofen, dem Verantwortlichen für die völkerrechtswidrige Auslöschung von Guernica und seinen Bewohnern am 26. April 1937.

Die Gauleitung der NSDAP bezog 1933 die beiden Villen am Alsterufer 27 und 28. Die Villen auf den Grundstücken am Harvestehuder Weg 10-12 wurden zum Mittelpunkt der nationalsozialistischen Herrschaft in Hamburg. Während die Gebäude Nr. 10 und 11 als Verwaltungstrakte und Angestelltenhäuser fungierten, war das Gebäude Nr. 12 die zweite Residenz von Karl Kaufmann in seiner politischen Funktion als Reichsstatthalter. Der Bunker im Garten diente ihm als Unterschlupf und als Stabsquartier während des Krieges.

Die auf dem früheren Böckmannschen Garten mit den Hausnummern 1-4 am Harvestehuder Weg errichtete Villa wurde zur Dienststelle der Kriegsmarine umfunktioniert. In der Villa 8a war die SS untergebracht. Die Häuser Nr. 13-15 am Harvestehuder Weg beherbergten Vertreter der Wehrmacht und Angestellte der Reichsstatthalterei. Zwischen 1935 und 1937 entstand an der heutigen Sophienterrasse ein neoklassizistischer Monumentalbau der Standortkommandantur. Als eines der wenigen in Hamburg errichteten Gebäude der NS-Architektur konnte es hinter den Bäumen versteckt seine architektonische Wirkung kaum entfalten.[102]

Tarnung der Alster im Zweiten Weltkrieg

Im Zweiten Weltkrieg gab es in Hamburg umfangreiche Bemühungen zur Abwehr und Täuschung feindlicher Flugzeuge. Dabei spielte die Tarnung der Binnen- wie auch der Außenalster eine besondere Rolle, denn selbst bei mondfinsterer Nacht konnten die Gewässer aus der Luft leicht identifiziert werden. Um die Orientierung der Piloten zu erschweren, wurde der größte Teil der Binnenalster mithilfe von Holz-, Draht- und Reetkonstruktionen und unter Verwendung von Tuch bis auf ein

Potemkinsche Stadt auf der Binnenalster im Kriegsjahr 1942

schmales Fahrwasser als Stadtgebiet getarnt. Das Blendwerk sollte einen ganz normalen Teil der Stadt mit Straßen, Häusern, Brücken und Kanälen darstellen.

Im zweiten Kriegswinter 1940/41 zogen sich Tarnstraßen aus Tannenbäumen über die Eisdecke der zugefrorenen Alster. Im Frühjahr 1941 glich die Binnenalster einer potemkinschen Stadt. Ein Bild der getarnten Binnenalster aus dem Jahre 1942 zeigt, dass die „Buden" auf der Binnenalster kaum Stehhöhe hatten. Die Tarnversuche hat-

Alsterbrückenattrappe im Jahre 1942

ten keinen Erfolg, da bei der Auswertung der Luftbilder leicht zu erkennen war, dass es sich bei den „Buden" um flache Konstruktionen und nicht um echte Gebäude handelte. Im Übrigen waren die Besatzungen der alliierten Flugzeuge über die Tarnung unterrichtet worden.

Auch ein Abschnitt der Außenalster war Teil der Tarnversuche. So wurde eine zweite, falsche Lombardsbrücke über die Außenalster gebaut. Zudem eignete sich die Wasserfläche ideal für die Errichtung einer Flakstellung. Im April 1942 begann man mit den Rammarbeiten für eine Zentralplattform und mit dem Bau von künstlichen Inseln, um eine komplette Flakbatterie zu errichten.

Am Freibad Schwanenwik wurden Baracken für die Unterbringung der Soldaten und Flakhelfer sowie für Gerätschaften erstellt, ein langer Laufsteg auf hölzernen Pfählen führte vom Rand des Freibads hinaus in die Außenalster zu den Plattformen. Bei Alarm liefen die Soldaten und Flakhelfer aus ihren Baracken über den Steg zu den Geschützen. Die Stellungen waren zwischen Juli 1942 und Februar 1943 als Insel getarnt worden. Zwischen den Geschützplattformen hatte man ein Lattengerüst mit Drahtgeflecht montiert, in das Blätter aus Blech und Reetmatten eingearbeitet waren. Eine Anlegestelle war an der nördlichen Geschützplattform errichtet worden, von wo aus Schuten vom Kleinen Fährhaus in Harvestehude Munition herüberbrachten. Neben Soldaten wurden auch Schulkinder als Flakhelfer eingesetzt. Die „Feuerstellung Alsterbatterie" war zu einer der bekanntesten Flakbatterien der Stadt geworden.

Bei den schweren Luftangriffen auf Hamburg Ende Juli/Anfang August 1943 schlug eine Luftmine in der Nähe der Flakinseln ein und richtete schwere Schäden an. Zuvor war zwischen zwei Bombennächten Reichsmarschall Hermann Göring auf der Alsterbatterie erschienen, um die dort tätige „Paradetruppe" moralisch zu unterstützen. Nach den schweren Angriffen, die drei Tote forderten, wurde die Tarnung nicht wiederhergestellt. Bei diesen Luftangriffen wurde auch das Uhlenhorster Fährhaus zerstört, während die potemkinsche „Alsterstadt" sich im Laufe der Zeit von selbst auflöste. Eine Gedenkplatte an der Liegewiese am Schwanenwik erinnert an die getöteten Soldaten. Nach Kriegsende verpflichtete die britische Standortkommandantur eine Hamburger Taucherfirma zur Munitionsbergung, die im Juni 1946 auch 177 Holzpfähle aus der Außenalster zog.

Alsterfontäne

Die Idee einer Alsterfontäne kam auf, nachdem der Fernseh- und Rundfunkmoderator Carlheinz Hollmann (1930-2004) 1986 vom Flugzeug aus die seit 1885 bestehende 140 Meter hohe Fontäne des Genfer Sees, den Jet d´eau, gesehen hatte. Wieder zurück in Hamburg, schlug er dem Bausenator Eugen Wagner und dem Innensenator Alfons Pawelczyk vor, eine Fontäne auf der Binnenalster zu installieren, eine Idee, die beiden Senatoren gefiel. Sie empfahlen Hollmann, den Oberbaudirektor Egbert Kossak von Sinn und Zweck dieser Idee zu überzeugen.

Carlheinz Hollmann

Hollmann begab sich mit einem zum Modell gebogenen Pfeifenreiniger zu dem Pfeifenraucher Kossak. Vor dem großen Stadtmodell in der Baubehörde platzierte Hollmann den Pfeifenreiniger auf der Binnenalster, und zwar auf der Linie zwischen dem Hotel Vier Jahreszeiten und dem Gerhard-Hauptmann-Platz. Kossak gefiel die Idee, und er genehmigte die Errichtung einer Fontäne in der Binnenalster. Seit dem 18. April 1987 schickt sie bis zu einer Höhe von 60 Metern Wasser in die Luft. Die Alsterfontäne ist jedes Jahr von März bis November von 9 bis

Alsterfontäne

24 Uhr in Betrieb. Sie befördert mit einer Leistung von 85 kW (114 PS) rund 170.000 Liter Wasser pro Stunde. Die Pumpe hat einen Strombedarf wie etwa zehn Einfamilienhäuser. Durch die mit der Fontäne verbundene Sauerstoffanreicherung des Wassers wird dessen Qualität erheblich verbessert.

Zur Finanzierung der Fontäne rief Hollmann 1989 die Stiftung Binnenalster ins Leben. Die Stiftung finanziert auch die jährlich errichtete Alstertanne, den Hummel-Brunnen am Rademachergang und den Vierländerin-Brunnen am Hopfenmarkt.

Japanisches Kirschblütenfest

Viele japanische Firmen sind heute in der Metropolregion Hamburg ansässig und belegen die wirtschaftliche Bedeutung der Hansestadt für Japan. Ende der 1960er Jahre begann die japanische Gemeinde, sich in Hamburg mit der Anpflanzung von Kirschbäumen für die Gastfreundschaft und für die geschäftliche Verbundenheit zu bedanken. Im Alstervorland, an der Alsterkrugchaussee und am Altonaer Balkon kann man im Frühling ihre Blütenpracht bewundern. Die Blüte mitsamt ihrer Schönheit fällt gleichsam im Moment ihrer Vollendung auf die Erde. Die Kirschblüte ist ein wichtiges Symbol in der Kultur Japans. Sie markiert den Beginn des Frühlings und

steht für Aufbruch, Vergänglichkeit und die zerbrechliche weibliche Schönheit.

1968 kam als weiterer Dank der japanischen Gemeinde an Hamburg ein jährliches Großfeuerwerk hinzu. Das Feuerwerk über der Außenalster anlässlich des japanischen Kirschblütenfestes ist zu einem festen Bestandteil des Hamburger Kulturprogramms geworden. Das etwa halbstündige Kirschblütenfeuerwerk mit immer wieder überraschenden Kreationen findet jährlich an einem Abend im Mai statt.

Feuerwerk – Japanisches Kirschblütenfest

Alstervergnügen

Die Idee stammt von dem Kabarettisten, Regisseur und Schauspieler Eberhard Möbius, der auf einem heute hundert Jahre alten Schiff im Nikolaifleet bei der Holzbrücke im Oktober 1975 das schwimmende Theater „Das Schiff" eröffnete. Das Alstervergnügen, 1976 erstmals veranstaltet, sollte für eine Belebung der Hamburger Innenstadt sorgen. Seit dieser Zeit verwandeln jährlich um die Monatswende August/September Komödianten, Musiker, Sänger, Pantomimen, Artisten, Gaukler und Theatergruppen aus aller Welt die Straßen um die Binnenalster für drei bis vier Tage in ein großes Open-Air-Spektakel.

Die Aussteller und Händler gestalten das Programm mithilfe von Sponsoren und den Standgeldern ohne staatlichen Zuschuss. Der Funk- und Fernsehmoderator Carlheinz Hollmann wurde für die Organisation des Kulturprogramms engagiert, seine vielseitigen Ideen und die Hilfe vieler Sponsoren haben das Alstervergnügen seit 1985 zu einem originellen Straßenfestival gemacht. Besonderer Höhepunkt des größten norddeutschen Innenstadtfests ist seit 1994 das jeweils über drei Abende ausgetragene internationale Feuerwerksfestival auf der Binnenalster, das von Carlheinz Hollmann initiiert und bis zu seinem Tode auch von ihm moderiert wurde.

Alstervergnügen

Hamburg Triathlon

Ein sportliches Großereignis in und an der Alster ist der seit 2002 stattfindende Triathlon, ein Mehrkampf der drei Disziplinen Schwimmen, Radfahren und Laufen. Der Hamburg Triathlon hat sich zum größten Wettkampf dieser Art auf der Welt entwickelt, an dem zahlreiche international herausragende Athleten teilnehmen.

Es gibt ein Eliterennen und zwei Jedermannrennen über die Sprint- und über die Olympische Distanz, dabei feuern bis zu 300.000 Zuschauer die bis zu 10.000 Athleten an. Für die Jedermänner und die Profis beginnt der Schwimmwettkampf mit einem Sprung in die Binnenalster. Die erste Wende erfolgt nach 650 Meter (220 Meter für die Sprintdistanz). Danach verläuft die Strecke unter der Reesendammbrücke.

Die Radstrecke verläuft für das Eliterennen durch die Straßen der Hamburger Innenstadt, ebenso die Laufstrecke. Für die Jedermänner führt die Radstrecke durch die östliche und südliche Innenstadt und weiter entlang der Elbchaussee bis zur Baron-Voght-Straße und von dort wieder zurück. Die Laufstrecke für die Jedermänner führt um die Binnenalster und entlang der Außenalster zurück zum Ziel am Rathausmarkt.

Hamburg Triathlon

DAS FREIZEITREVIER

Die Alsterumgebung hat sich im Laufe der Jahrhunderte zu einem begehrten Wohngebiet entwickelt. Zugleich ist der Flusslauf mit seinen gestauten Becken eines der schönsten Freizeitreviere der Stadt geworden. Diese Entwicklung vollzog sich ganz allmählich. Dort, wo die Bauern am Harvestehuder Weg einst bis ans Wasser ihre Kühe grasen ließen, ist heute für Erholungsuchende der Uferbereich frei zugänglich.

Vom Treidelpfad zum Alsterwanderweg

Ein Leinpfad oder Treidelpfad an schiffbaren Gewässern beruht seit dem Mittelalter auf dem Stromregal des Kaisers oder des Landesherrn. Als Regal bezeichnete man ein wirtschaftlich nutzbares Recht eines Landesherrn. Der Leinpfad[103] für die Alster ist seit ca. 1450 nachgewiesen. Auf diesem unmittelbar am Flussufer gelegenen Arbeitsweg zogen Menschen und Pferde die Schiffe flussaufwärts.

Alsterwanderweg

Anfang des 20. Jahrhunderts gab es viele private und öffentliche Initiativen zum Aufbau eines Alsterwanderwegs. So legte der Alsterverein gleich nach seiner Gründung im Jahre 1900 mit Genehmigung der Eigentümer neue Wanderwege im Alstertal an. Die alten Kirchsteige an der Alster, die von Poppenbüttel und Glashütte nach Bergstedt führten, wurden ausgebaut. Gleichzeitig nahm die Bautätigkeit an der Oberalster derart zu, dass man befürchtete, die Hamburger bekämen ihre Oberalster nur noch von Brücken aus zu sehen. Die Lehrer Ludwig Frahm, Gustav Weihrauch, Wilhelm Wolgast, Friedrich Knutzen, der Landrat des Kreises Stormarn und der Verein für Heimatschutz setzten sich für den Bau eines Wanderwegs ein. Oberbaudirektor Fritz Schumacher ließ 1922 alle Wander- und Heimatvereine zusammenkommen und bat um Vorschläge für einen Alsterwanderweg. Nach Ende der Inflation 1924 kaufte Hamburg an der Oberalster die ersten Grundstücke, nach 1945 gingen die Bemühungen um einen durchgehenden Wanderweg weiter.

Heute erstreckt sich der Weg entlang der Alster und des Alstersees von seiner Quelle bis zur Mündung in die Elbe. Da das Quellgebiet der Alster und die umliegenden Moore unter Naturschutz stehen, verläuft er von der Quelle über eine gewisse Strecke nicht direkt am Fluss entlang. Ab Kayhude bis zur Mündung in die Elbe folgt der Alsterwanderweg dem Fluss über eine Strecke von 37 Kilometer. Der Hamburger Wanderverein hat den Wanderweg mit gelben Richtungspfeilen markiert. Neuerdings wurde der Weg, der Teil des norddeutschen Jakobswegs, der Via Baltica, ist, mit dem Zeichen des Jakobswegs versehen, einer gelben Muschel auf blauem Untergrund. Der norddeutsche Jakobsweg verläuft von Usedom kommend über Greifswald, Rostock und Wismar durch Mecklenburg-Vorpommern nach Lübeck und von dort nach Hamburg. An der Einmündung in die Elbe setzt sich der Alsterwanderweg als Elbewanderweg fort und führt als norddeutscher Jakobsweg über Bremen und Niedersachsen nach Osnabrück.

Spazieren und Laufen an der Alster

Der Weg um die Außenalster ist Hamburgs beliebteste Spazierstrecke und ein Magnet für Fußgänger, Radfahrer und Jogger, aber auch die Wiesen des Alstervorlands sind dicht bevölkert. Von den Cafés und Restaurants kann man das Panorama der Stadt genießen, oder man besteigt einen Alsterdampfer oder mietet ein Segel-, Ruder- oder Tretboot, um sich die Stadt vom Wasser aus anzusehen.

Die Alster ist eine beliebte Laufstrecke der Stadt. 1909 wurde hier die älteste Straßenlaufstaffel Deutschlands ausgetragen, die Alsterstaffel rund um die Binnenalster. Die Strecke misst exakt 1.792 Meter. Der Internationale Alsterlauf, der 1990 erstmals gestartet wurde, ist ein Volks- und Straßenlauf über zehn Kilometer. Die Läufer umrunden die Außenalster gegen den Uhrzeigersinn, das Ziel befindet sich auf dem Ballindamm.

Nachdem am 1. Dezember 2004 die Laufstrecke um die Außenalster mit einer Länge von über sieben Kilometern (die Vermessung

Laufstrecke um die Außenalster beim Alsterlauf

von Google Earth erbrachte unter Berücksichtigung der Ideallinie eine Länge von 7.365 Metern) mit einer Beleuchtung am Westufer versehen wurde, kann man jetzt Jogger rund um die Uhr antreffen. Kilometer 0,0 der Alsterlaufstrecke liegt gegenüber dem Café Cliff, alle 500 Meter befindet sich ein Markierungsstein.

Das Hamburger Abendblatt hat die verschiedenen Typen von Spaziergängern an der Alster und der Elbe einmal folgendermaßen charakterisiert:

„Geradezu trotzig absolvieren die Hamburger auch nach Beginn der Herbststürme ihre altbekannten Lieblingsspaziergänge: um die Alster oder an der Elbe entlang. Das Publikum ist indes an beiden Gewässern höchst unterschiedlich – achten Sie mal drauf. An der Elbe sieht man die rustikalen Spaziergänger: rotgesichtige Freizeitkapitäne samt Fernglas, alterslose Naturfreaks, bepackt mit Rucksack und Feuerholz. Oder praktisch gekleidete Eltern, die abwechselnd den Bollerwagen mit der müden Kinderschar durch den Sand zerren. An der Alster geht es schicker und weniger sportlich zu. Es wird geschlendert statt marschiert, ein Nerz ist wichtiger als ein Mountainbike. Dabei prägt offenbar die Gegend den Besucher. Die Elbe ist kraftvoll, die Alster lieblich. Schon 1747 griff Hagedorn den Unterschied auf."[104]

Die Eindrücke bei einem Spaziergang an der Alster hat Rüdiger Wahl in einem Gedicht wiedergegeben[105]:

DIE ALSTER ALS BÜHNE

„Wasser glänzt in der Sonne Licht
Segelboote gleiten in fehlender Gischt
Schwäne tanzen im nicht echten Blau
Die Alster der Fluss liegt in Hamburg genau.

Gras umläuft des Ufers Rand
Hält sie gefangen wie ein festes Band
Dampfer auf dem Wasser ziehn
Zur Alster muss ich oft hingehn.

Zu den vielen Menschen flanieren am ‚See'
Den Joggern und Walkern wenn die Seele tut weh
Auf der Bank sitzen in die Weite sehn
Natur genießen Haare im Winde wehn.

Im Herzen der Stadt nicht weit von zu Haus
Bei Sonne und Regen muss ich hinaus
Ob am Morgen Abend oder Nacht
Sanft schaukelnde Wellen die Ruhe gebracht.

In der ‚Alsterperle' kehr ich ein
Trink bei ‚Bobby' den kühlenden Wein
Die Augen sehn bis in die Stadt
Welch Glück dass Hamburg die Alster hat."

Das Baden

Baden in der Alster hat Tradition. Der Fluss wurde schon immer zum Baden genutzt, an heißen Sommertagen waren die Badeanstalten überfüllt. In jüngster Zeit wird von den Hamburger Behörden vor einem Bad in der Alster gewarnt, weil sie kein klassisches Schwimmrevier sei. Im August 2007 stellte der damalige Erste Bürgermeister Ole von Beust einen Plan vor, an der Schwanenwik eine Badestelle zu errichten. Das Thema ist bis in die jüngste Gegenwart aktuell, auch wenn der Plan von Ole von Beust keine Zustimmung fand.
Die Menschen badeten schon im 13. Jahrhundert in der Alster, bereits um 1270 gab es eine „Badestube bei der neuen Mühle".[106] Sogar die Geistlichkeit hatte Spaß am

Baden, was für den Hamburger Pastor Nicolaus Stakeleff von St. Jacobi allerdings unerfreuliche Folgen hatte: Er erhielt am 26. Juli 1610 ein Kanzelverbot. Die Kirchenleitung hatte mit der Amtsenthebung die schärfste Bestrafung gewählt, weil Stakeleff auf seinem in St. Georg nach der Alster zu sich erstreckenden Garten „in der Alster stundenlang gefischt, ja sogar daselbst sich nackigt gebadet und sich allerwege einem Weltkinde sich gestellt hatte".[107]

Gegen Ende des 18. Jahrhunderts beginnt die Geschichte der Hamburger Badeanstalten. Die erste öffentliche Badeanstalt innerhalb der Stadttore und zugleich die Vorreiterin deutscher Flussbadeanstalten wurde 1793 auf Anregung der Patriotischen Gesellschaft nach einem Entwurf von Johannes August Arend auf der Binnenalster errichtet. Das Badeschiff, welches nur Männer und Knaben besuchen durften, war etwa 60 Meter vom Jungfernstieg entfernt in Richtung auf die dortigen Freischütten verankert, sodass eine gute Strömung herrschte.

Badeschiff auf der Binnenalster

Das Badeschiff, es bestand aus einem Haus auf einem Floß, galt als Vorbild verfeinerter Lebensführung und besaß zwölf Badekammern. Die Hin- und Rückfahrt erfolgte in Booten. In jeder Badekammer befand sich ein Gitterkasten aus Lattenwänden, durch den das Wasser strömen konnte. Außer den kalten Flussbädern wurden auch warme und medizinische Bäder angeboten. Die Badegäste schwammen also weniger, sondern badeten wie in einem Naturpool. Nur Wohlhabende konnten sich das Badevergnügen leisten. Der Eintritt kostete sechs Schilling, warme und medizini-

Badeanstalt Alsterlust auf der Binnenalster

sche Bäder zwei Mark. 1809/10 baute man ein neues Badeschiff, in dem auch eine Frauenabteilung eingerichtet wurde. Ferner wurde es mit einem 8,5 x 16,75 Meter großen Schwimmbecken ausgestattet. 1817 ging das Badeschiff in Privatbesitz über und wurde in den folgenden Jahren laufend vergrößert.

Es gab ständig Diskussionen zwischen der Stadt und den Betreibern über die Verunreinigung der Binnenalster durch die Seifen- und Schwefelbäder und die warmen Bäder. Die Stadt wies immer wieder darauf hin, dass sich die Saugrohre der Wasserkünste in nur 57 Meter Entfernung vom Badeschiff befänden und das gepumpte Alsterwasser zum Trinken und für den Küchengebrauch der Bürger bestimmt sei. Nachdem der Betreiber Gutachten über die Unschädlichkeit des Wassers vorgelegt hatte – zudem wies er darauf hin, dass sämtliche Anlieger der Binnenalster ihre Abwässer in das Becken leiteten –, wurde der von der Stadt angedrohte Abriss nicht in die Tat umgesetzt. Der „Abriss" erfolgte dann 1845 durch einen schweren Sturm. Eine neue Badeanstalt errichtete der Betreiber daraufhin in der Nähe der Lombardsbrücke. Schon vorher war das Baden hier zwar besonders beliebt, aber verboten, weil wegen der damals engen Durchfluss-Öffnungen eine starke Strömung herrschte. Die Leute badeten zumeist unbekleidet. So beschreiben es einige Verse eines vom Anfang des 19. Jahrhunderts stammenden Gedichts:[108]

„Des Mittags seh' ich oft in Ruh
Der jungen Leute Baden zu.
Denn unter meiner Lombardsbrück,
Da waschen sie sich… und G'nick.
Und ganz in Naturalibus,
Bad man sich dort im Alsterfluss."

1888 wurde das Bad durch die auf 900 Pfählen errichtete Freibadeanstalt „Alsterlust" ersetzt, deren Becken – getrennt für Damen und Herren – vor neugierigen Blicken abgeschirmt wurden. Die „Alsterlust" war mit ausgedehnten Wirtschaftsräumen versehen, die 1900/01 in die Alster hinein noch vergrößert wurden. Das Gebäude wurde 1940 durch Brandbomben zerstört und nicht wieder aufgebaut.

1849 wurde eine Frauenbadeanstalt, nach den sie betreibenden Schwestern Lonys-Badeanstalt benannt, an einer Alsterbucht errichtet (dem späteren Feenteich), von wo sie zehn Jahre später wegen der zunehmenden Bebauung in den Langen Zug verlegt wurde. Nun kamen zwei kleine Schwimmbecken hinzu, getrennt für beide Geschlechter. Wegen der fortschreitenden Bebauung der Uhlenhorst wurde das Bad 1870 auf der Außenalster im Bereich der späteren Straße Fernsicht ohne Verbindung mit dem Ufer neu gebaut. Um die Alster sauber zu halten, mussten alle Schmutzabwässer in Behältern aufgefangen werden. Die Badeanstalt wurde 1897 abgebrochen, nachdem zwischen Alsterstreek und Rondeelkanal die Bebauung mit vornehmen Landhäusern begonnen hatte.

Eine dritte Badeanstalt wurde 1869 für Männer und Knaben am Schwanenwik errichtet. Dort wurde ein 3.000 Quadratmeter großes Uferbecken angelegt, das 1883 wegen der vielen Besucher um ein noch größeres Schwimmbecken erweitert wurde. 1900/01 ergänzte man die Männerbadeanstalt an der Südseite um ein öffentliches Frauenbad, das über eine Brücke vom Ufer her erreicht werden konnte. Wieder musste die Anlage wegen des großen Zuspruchs um ein zweites Becken an der Nordseite der Männerbadeanstalt erweitert werden.

Sogar für Tiere gab es zwei Badestellen in der Alster. In der Nähe des Bootshauses des Allgemeinen Alster-Clubs führte in der steinernen Uferbefestigung eine

Badeanstalt am Schwanenwik

DIE ALSTER ALS BÜHNE

Baden in der Alster

schräge Rampe hinunter zu einem Pferdebad, wo die Kutscher den Pferden an heißen Tagen den Rücken mit Wasser kühlten. Vor dem Brückenübergang zur Badeanstalt am Schwanenwik gab es über einen schrägen Zugang zum Wasser einen Badeplatz für Hunde.

Am Flusslauf der Alster wurden als Ausgleich für die Beeinträchtigung der Bademöglichkeiten durch die Kanalisierung zwei große Flussbadeanstalten geschaffen, eine am Lattenkamp, gegenüber der späteren U-Bahn-Haltestelle an den Straßen Meenkwiese und Bebelallee, und eine zweite in Ohlsdorf, wo zuvor schon unterhalb der Fuhlsbütteler Schleuse eine idyllisch gelegene Badestelle existierte. Mit dem Neubau der Badeanstalt Lattenkamp wurde 1914 begonnen, nach Kriegsunterbrechungen konnte er 1920 weitgehend vollendet werden. Die Badeanstalt umfasste 20.000 Quadratmeter und verfügte über zwei Becken von je 2.900 Quadratmeter Größe, umgeben von weiten offenen Hallen, Badezellen und Verwaltungsräumen. In den 1980er Jahren wurde das Freibad trotz heftigen Widerstands der Nutzer geschlossen. Im Mai 1927 wurde das Sommerbad Ohlsdorf eingeweiht.

Wassersport auf der Alster

Die Alster wurde als Revier für den Ruder- und Segelsport in der ersten Hälfte des 19. Jahrhunderts entdeckt. Die ersten Wassersportler waren Engländer, in deren Heimat das Sportrudern sehr beliebt war. Sie schlossen sich im English Rowing Club zusammen, und dieser Club gab den ersten Anstoß für Wassersport auf der Alster. Am 18. Juli 1836 wurde der Hamburger Ruder Club gegründet. Er ist der älteste deutsche Ruderclub, am Anfang bestand er aus gerade einmal elf jungen Hamburger Kaufleuten. Mit seiner Gründung ist die spätere rasche Entwicklung des deutschen Rudersports eng verknüpft. Bereits 1837 fand ein Rennen der Hamburger Ruderer gegen die Engländer statt, das diese gewannen. Nachdem weitere Ruderklubs gegründet worden waren, wurde am 22. September 1844 die erste Regatta veranstaltet, an der Vertreter aller Hamburger Rudervereine sowie Ruderer der englischen Vereine teilnahmen.

Die Regatta stieß auf großes Interesse bei der Hamburger Bevölkerung, die das Geschehen von Schaubühnen und Booten sowie vom Ufer aus verfolgte. Sie endete

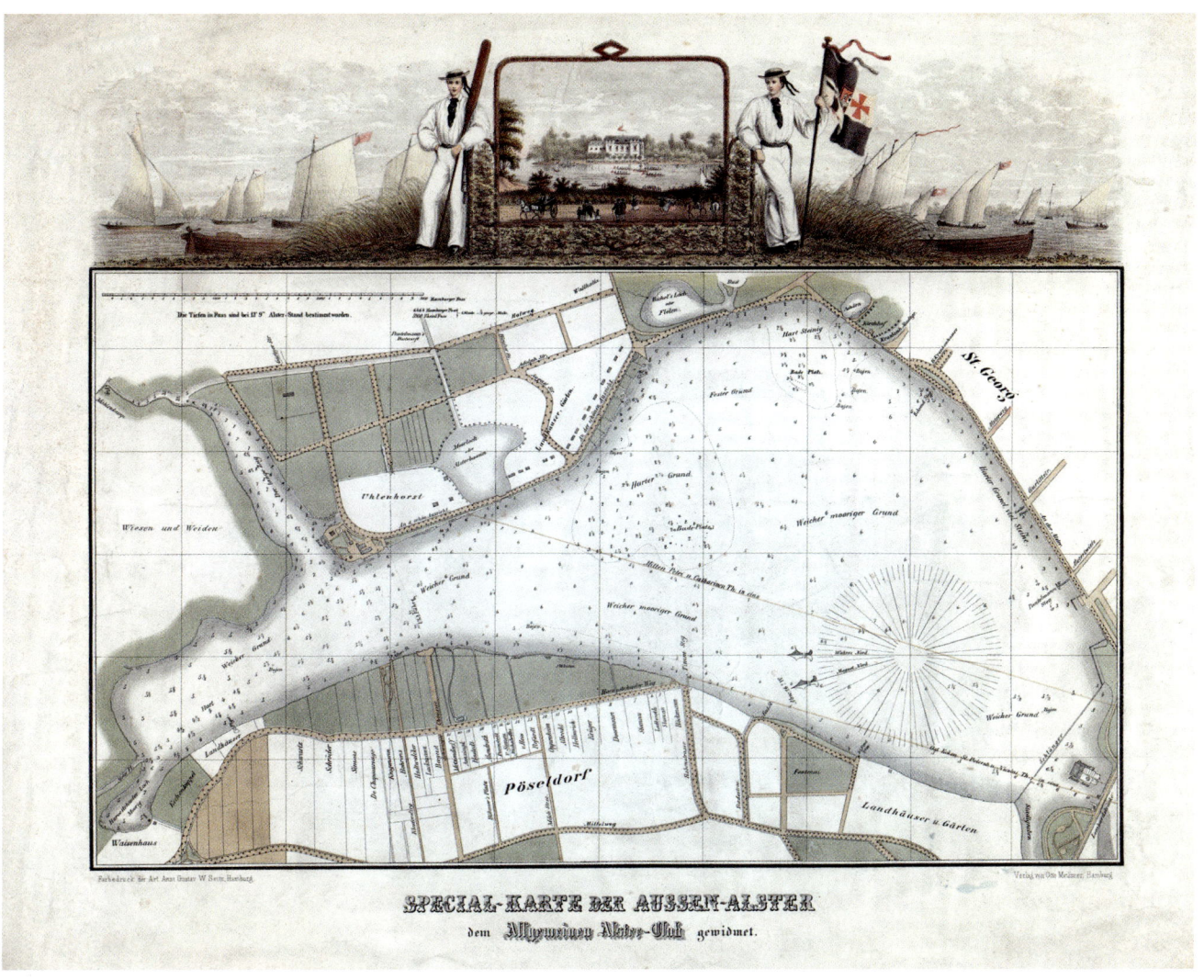

Regatta-Strecke der Ruderer auf der Außenalster 1857

mit einem Sieg der Hamburger Ruderer – der erste deutsche Erfolg bei einem internationalen Ruderwettbewerb.

Am 12. Oktober 1844 gründeten fünfzehn Rudervereine den Allgemeinen Alster-Club, der als Regattaverein bis heute Wettfahrten organisiert. Am 3. August 1846 veranstaltete der Allgemeine Alster-Club das erste Wettsegeln für Segler auf der Außenalster, die erste richtige Segelregatta fand am 26. Juli 1850 statt. Eine stürmische Entwicklung des Ruder- und Segelsports auf der Außenalster begann. Am 8. November 1868 gründeten Mitglieder von drei Rudervereinen im Uhlenhorster Fährhaus den Norddeutschen Regattaverein.

Das Fährhaus entwickelte sich bald zum Mittelpunkt des Wassersports, und die Alsterregatten nahmen zunehmend den Charakter von Volksfesten an. Der Allgemeine Alster-Club begründete am 4. September 1898 den ersten Blumenkorso. Eine große

DIE ALSTER ALS BÜHNE

Medaille des Allgemeinen Alster-Clubs von 1844

Anzahl farbig geschmückter und bekränzter Ruderboote versammelte sich in der Kleinen Alster und fuhr unter Vorausfahrt eines Alsterdampfers mit Musikkapelle zur „Alsterlust" und von dort an beiden Ufern entlang.

Mit dem Rudern kamen bei der Bevölkerung äußerst beliebte Geschicklichkeitsspiele in Mode, das „Fischer- und Staakenstechen" und die „Entenjagden". Das Stechen fand unter den Alsterschiffern und Ewerführern auf den Fleeten statt. Sie standen auf ihren Fahrzeugen, mit denen sie aneinander vorbeifuhren, wobei sie versuchten, mit hölzernen Stangen den Gegner ins Wasser zu stoßen. Nicht minder beliebt waren die „Entenjagden". Bei diesem Spiel musste die Besatzung eines Vierers binnen sieben Minuten innerhalb eines abgesteckten Karrees von 50 Metern aus einer mit einem Ruderer besetzten „Ente" einen Flaggenstock herausziehen, der sich am Achtersteven der „Ente" befand, und zwar ohne dabei über Bord zu fallen und ohne die „Ente" zu berühren. Solche Veranstaltungen fanden Ende der 1880er Jahre ein Ende. Bei den Ruderregatten wurde eine deutlich anspruchsvollere sportliche Leistung gezeigt, die die meisten Zuschauer mehr begeisterte als monotone Geschicklichkeitsspiele.

Seit über hundert Jahren gibt es einen Alster-Canoe-Club, er ist der älteste deutsche Kanuverein. Er wurde am 23. Mai 1905 gegründet, nachdem Hamburger Kaufleute erste Exemplare der hier noch ungebräuchlichen Boote aus Nordamerika mitgebracht hatten. Der Clubnamen trägt noch die englische Schreibweise, da die deutsche Bezeichnung Kanu damals noch nicht existierte. Der Alster-Canoe-Club betreibt den Kanusport in verschiedenen Disziplinen: Kanu, Kajak oder Drachenboot. Wenn ein dumpfes Trommeln über die Alster schallt, dauert es meist nicht lange, bis ein Drachenboot in Sicht kommt. Mit dem Kanu oder Kajak lassen sich das weit verzweigte Fleet- und Kanalsystem und die Oberalster besonders gut erkunden.

Venedig auf der Alster

Gondeln sind in Venedig aus dem öffentlichen Leben der Stadt nicht wegzudenken. Seit 1999 ist Hamburg – mit seinen rund 2.500 Brücken auch gern Venedig des Nordens genannt – mit einer Gondel auf der Alster um eine Attraktion reicher. Ina Mierig, eine gelernte Holzbootsbauerin, hat eine venezianische Gondel auf die Alster gebracht. Sie ist die einzige Gondoliera in Deutschland, nachdem sie sich in Venedig ausbilden ließ und dort ihren Gondelführerschein machte. Ihre auf den Namen *Ursula* getaufte Gondel wurde von dem renommierten Gondelbauer Roberto Dei Rossi auf der Giudecca am südlichen Ufer Venedigs gebaut. Ina Mierig hat sie zusammen mit der Amsterdamer Gondoliera Tirzo Mol nach Maestre gerudert und von dort nach Hamburg transportiert. Auf der Bootswerft ihres ehemaligen Lehrherrn Peter Knief in Harburg hat sie die Gondel in sechs Wochen komplett überholt, neu lackiert und mit Beschlägen versehen. Messing-Pferdchen

Venezianische Gondel auf der Alster

und Schnitzereien verzieren die schwarz-blaue, über 10 Meter lange und 500 Kilo schwere Gondel, deren Heck eine Blumenvase schmückt. Am Bug führt die Gondel die venezianische Flagge.

Die Behörden sahen die Gondel zunächst nicht gerne. Sie passe nicht zum Hamburger Stadtbild, hieß es. Ina Mierig wurde aufgefordert, auf der Gondel zwei Toiletten für ihre Kunden einzubauen. Auch das Anlegen an öffentlichen Stegen und an den Haltestellen der Alsterdampfer wurde ihr lange Zeit versagt, ebenso ein Liegeplatz auf der Alster. Ein Gespräch mit dem Hafenkapitän brachte eine Wende, inzwischen darf die Gondel auch die Anlegestellen der Alsterdampfer benutzen. Ihren Liegeplatz hat sie in der Eppendorfer Landstraße 180 am Steg des Bootshauses Barmeier gefunden.

Die Alster im Winter

Schon seit Jahrhunderten bietet die Alster den Hamburgern im Winter Vergnügungen auf dem Eis. Der Begriff Alstereisvergnügen hat sich allerdings erst in den letzten Jahrzehnten für das Budenfest etabliert.

Der Besuch der zugefrorenen Alster war immer auch eine heikle Angelegenheit. Ein kurioses Vergnügen bereitete den Hamburgern 1687 ein Segelschiff holländischer Bauart. Es glitt auf Kufen über das Eis und bot kleinen Gesellschaften Fahrten mit Speis und Trank an. In der Kommentierung einer Abbildung des Schiffes heißt es im Jahre 1896: „Unser Bild beweist uns, dass bereits vor 200 Jahren ein fröhliches

Alstervergnügen im Winter 1899

Treiben auf den gefrorenen Flüssen Elbe und Alster herrschte, ja in weit höherem Maße als jetzt, wo beide der Schiffahrt wegen möglichst lange offen gehalten werden. Auch ist das hier verschwundene Eisboßeln vertreten."[109] Zu jener Zeit fuhren die Menschen mit Schlitten auf dem Eis, doch auch das Schlittschuhlaufen zählte bereits zu den beliebten Wintervergnügen. Auch Frauen glitten auf Schlittschuhen über das Eis, was man allerdings als unschicklich erachtete.

In den Chroniken wird berichtet, dass in den vergangenen Jahrhunderten auf der gefrorenen Alster stets ein reges Treiben herrschte. Große Schlitten mit mehreren Personen wurden von einem Pferd gezogen. Es wurden Zelte mit bunten Flaggen errichtet, in denen man sich „nach gehabtem Vergnügen an heißem Grog, Met und Eierbier gütlich tat".[110] Im Jahr 1829 war die Alster hundert Tage lang zugefroren. Die weiß glitzernde Eisfläche war von Schlittschuhläufern übersät. Der Amtsfischer Ohlmeier hatte auf der Binnenalster ein Zelt aufgebaut, von dem aus er warme Getränke verkaufte, Schlittschuhe und kleine Handschlitten vermietete und das Bahngeld für die von ihm sauber gefegte Schlittschuhbahn kassierte, die in einem schlanken Bogen vom Neuen Jungfernstieg bis zur nördlichen Ecke der Binnenalster verlief.

Das erste Alstereisvergnügen nach dem Zweiten Weltkrieg fand im Jahrhundertwinter 1979 statt. Damals versank der ganze Norden im Schnee. Danach fanden die Feste auf dem Eis in den Jahren 1985, 1986, 1991, 1996, 1997 und 2012 statt. 1997 kamen an einem Wochenende über eine Million Menschen auf die zugefrorene

Alstereisvergnügen auf der Außenalster 2012

Alster. Jedes Mal werden Hunderte von Glühweinständen und Würstchenbuden auf oder neben der Eisfläche errichtet
Über die Durchführung des Alstereisvergnügens entscheidet die Behörde für Stadtentwicklung und Umwelt. Sie stellt auch mit der einer Behörde eigenen Gründlichkeit die Rahmenbedingungen für ein Alstervergnügen auf.

„1. Das Eis der Alster muss eine zusammenhängende Fläche mit einer mittleren Eisstärke von ca. 20 cm bilden. Die Eisstärke wird von der zuständigen Wasserbehörde mittels Bohrungen an ca. 50 Stellen ermittelt und eine Bewertung der Eistragfähigkeit nach Auswertung weiterer Parameter vorgenommen.
4. Über die Durchführung eines Eisvergnügens entscheidet die zuständige Behörde für Stadtentwicklung und Umwelt nach Auswertung aller die Eissituation beeinflussenden Parameter kurzfristig und gibt die Entscheidung und die Modalitäten in der Regel an einem Mittwoch über die Medien (Internet, Rundfunk) unmittelbar bekannt. In dieser Bekanntgabe wird auch über

DIE ALSTER ALS BÜHNE

Telefonnummern informiert, bei denen Standreservierungen zum Verkauf von Speisen vorgenommen werden können.

5. Auf der Außenalster werden maximal 150 Standplätze vergeben, eine Reservierung bestimmter Flächen wird nicht vorgenommen. Die Zuteilung erfolgt vor Ort durch die Wasserbehörde.

10. Für den Verkauf von Speisen und Getränken ist eine Ausnahmegenehmigung der zuständigen Bezirksämter erforderlich, die bei der Anmeldung für eine Standzuteilung mit beantragt werden muss und bei Abholung der wasserbehördlichen Genehmigung gegen Gebühr (40 Euro je Tag und Stand, 3 Tage müssen gebucht werden) sofort ausgehändigt wird.

24. Bei Gefahr im Verzuge kann die Wasserbehörde das Alstereisvergnügen umgehend und entschädigungslos abbrechen." (Auszug)

DIE ALSTER UND DIE KUNST

Die besondere Atmosphäre der Alster hat immer schon Künstler dazu verleitet, sie zum Gegenstand ihres Schaffens zu machen, sei es in der Literatur, in der Malerei oder in der Musik. Sie begeisterte viele Poeten und veranlasste sie, sich mit dem Fluss literarisch zu befassen.

Der erste Schriftsteller, der die Alster in einem Gedicht in lateinischer Sprache erwähnt, ist der Hamburger Schulrektor und Poet Henning Conradinus (1538-1590). In dem ältesten Alstergedicht, das wir kennen, lässt Conradinus im 16. Jahrhundert die Alster über sich selbst sprechen[111]:

> „Meine flüchtigen Wellen erreichen in Hamburg die Elbe;
> Willig diene ich dort, Mühlen treibend, der Stadt,
> Auch bereitet man dort aus mir köstliches Bierlein
> Und verschifft's in die Welt, lieblich und süß von Geschmack!"

Ein weiterer Schriftsteller, der sich sehr früh mit der Alster befasst hat, war der Däne Jens Immanuel Baggesen (1764-1826). Mit dem Hamburger Kaufmann Hinrich Christian Olde reiste er nach Holstein und Hamburg. Hier lernte Baggesen den von ihm verehrten Dichter Matthias Claudius kennen, dessen Ehefrau Rebecca und deren Freundin Christiane Frederike Mumssen. Angeregt durch einen Bericht über die Weltreise von James Cook kam Claudius auf die Idee, an einem heißen spätsommerlichen Nachmittag eine „Weltreise" auf der Alster zu unternehmen. An der Alsterfahrt, die am 6. September 1787 stattfand, nahmen Jens Immanuel Baggesen, Matthias und Rebecca Claudius, Christiane Frederike Mumssen, Hinrich Christian Olde, dessen Kammermohr Leander sowie der große Hund von Olde teil.

Jens Immanuel Baggesen

Die Fahrt auf dem „Ocean um Poppenbüttel", wie Baggesen die Alster nannte, erstreckte sich nur über eine überschaubare Strecke zwischen der Einmündung der Mellingbek in die Alster und der Mellingburger Schleuse. Die große Biegung der Mellingburger Alsterschleife war für Baggesen von besonderem landschaftlichem Reiz, weil sich tief liegende Wiesen an den Uferrändern mit steil ansteigenden, bewaldeten Geestabhängen abwechselten. Die Alsterfahrt hat Baggesen damals so beeindruckt, dass er sie in einem eigenen Kapitel in seinem Buch „Labyrinth" festgehalten hat. Dabei hat für ihn die dichterische Interpretation der Alsterlandschaft und deren Umsetzung in poetische Sprachbilder im Vordergrund gestanden, weniger die Schilderung der realen Umgebung.

„Die Reise an der Welt Ende
Poppenbüttel 7ten Juni

Der vorerwähnte spiegelklare Alterocean schlängelte sich zwischen Bäumen, lieblichen Blumenwiesen, gähen [steilen] Abhängen, bebuschten Anhöhen – immer weiter und weiter. Es währte nicht lange, so zogen wir aus der überhand nehmenden Wärme den Schluß: wir müßten unter der Linie [Äquator] seyn … Plötzlich lagen wir ganz still. Der Ocean schien sich zu verdicken, und verdickte sich wirklich. Die Hitze war so ausserordentlich, daß Claudius seine Pfeife hervorzog, sie stopfte, und nichts anderes that, als immer den Kopf derselben gegen die Sonne zu halten … Um doch sicher zu fahren, machten wir die Schnallen aus unseren Schuhen auf, und steckten sie in die Schiffsspur. Die Damen begaben sich ans Fischen … Wir sehnten uns unsäglich nach dem Cabo di buona Speranza [Kap der guten Hoffnung], denn uns plagte unmäßiger Durst, und das Wasser, so wir in einer kleinen Flasche mit an Bord hatten, war so langfadicht und zähe geworden, daß wir es eher zum Bestrickten als zum Erquicken brauchen können. Überlang kam der Tafelberg zu Gesicht … Wir geriethen, als wir vom Land stießen, auf den Sand."[112]

1831 schwärmte der weit gereiste dänische Märchendichter Hans Christian Andersen (1805-1875) über die Alster:

„Der Jungfernstieg wimmelt von Spaziergängern. Man segelt auf der Alster, und ich hatte Wein und Punsch auf dem Tisch und einen herrlichen Rosenstrauß, den ich von einer Vierländerin für zwei Schillinge kaufte. Der Abend ist so herrlich, die Wolkenpartien sind so malerisch, Türme und Häuser spiegeln sich in der Alster. Es ist, als hätte die alte Kaufmannstadt ihre besten Kleider angelegt."

Heinrich Heine (1797-1856) hat in der Erzählung „Aus den Memoiren des Herrn von Schnabelewopski"[113] mit viel Charme und Scharfsinn und mit zum Teil beißenden Worten das Leben und Treiben am Jungfernstieg und an Hamburgs Alster geschildert:

„Für Leser, denen die Stadt Hamburg nicht bekannt ist – und es gibt deren vielleicht in China und Oberbayern – für diese muss ich bemerken: dass der schönste Spaziergang der Söhne und Töchter Hammonias den rechtmäßigen

Heinrich Heine

Namen Jungfernsteg führt; dass er aus einer Lindenallee besteht, die auf der einen Seite von einer Reihe von Häusern, auf der anderen von dem großen Alsterbassin begrenzt wird… Da lässt sich gut sitzen, und da saß ich gut manchen Sommernachmittag und dachte, was ein junger Mensch zu denken pflegt, nämlich gar nichts, und betrachtete, was ein junger Mensch zu betrachten pflegt, nämlich die jungen Mädchen, die vorübergingen … Da trippelten sie dahin, die bunten Vierländerinnen, die ganz Hamburg mit Erdbeeren und eigener Milch versahen … Da stolzierten die schönen Kaufmannstöchter, mit deren Liebe man auch so viel bares Geld bekommt … Da wandeln Priesterinnen der schaumentstiegenen Göttin, hanseatische Vestalinnen, Dianen, die auf die Jagd gehen, Najaden, Dryaden, Hamadryaden und sonstige Predigerstöchter – ach! Da wandelt auch Minka und Heloisa! … Ich selber sagte nie etwas, und ich dachte meine süßen Garnichtsgedanken und betrachtete die Mädchen und einen heiteren sanften Himmel und den langen Petriturm mit der schlanken Taille und die stille blaue Alster, worauf die Schwäne so stolz und so lieblich und sicher umherschwammen."

Der Hamburger Altmeister der Dichtkunst, Friedrich von Hagedorn, rühmte den bezaubernden Reiz der schönen Hamburgerin in einem viel zitierten Gedicht[114]:

Friedrich von Hagedorn

Die Alster

Befördrer vieler Lustbarkeiten,
Du angenehmer Alster-Fluß!
Du mehrest Hamburgs Seltenheiten
Und ihren fröhlichen Genuß.
Dir schallen zur Ehre,
Du spielende Fluth!
Die singenden Chöre,
Der jauchzende Muth.

Der Elbe Schiff-Fahrt macht uns reicher;
Die Alster lehrt gesellig seyn!
Durch jene füllen sich die Speicher;
Auf dieser schmeckt der fremde Wein.
In treibenden Nachen
Schifft Eintracht und Lust,
Und Freyheit und Lachen
Erleichtern die Brust.

Das Ufer ziert ein Gang von Linden,
In dem wir holde Schönen sehn,
Die dort, wann Tag und Hitze schwinden,
Entzückend auf- und niedergehn.
Kaum haben vorzeiten
Die Nymphen der Jagd,
Dianen zur Seiten,
So reizend gelacht.

O siehst du jemals ohn Ergetzen,
Hammonia! Des Walles Pracht,
Wann ihn die blauen Wellen netzen
Und jeder Frühling schöner macht?
Wann jenes Gestade,
Das Flora geschmückt,
So manche Najade
Gefällig erblickt?

Ertönt, ihr scherzenden Gesänge,
Aus unserm Lust-Schiff um den Strand!
Den steifen Ernst, das Wortgepränge
Verweist die Alster auf das Land.
Du leeres Gewäsche,
Dem Menschenwitz fehlt!
O fahr in die Frösche;
Nur uns nicht gequält!

Hier lärmt, in Nächten voll Vergnügen,
Der Pauken Schlag, des Waldhorns Schall;
Hier wirkt, bey Wein und süßen Zügen,
Die rege Freyheit überall.
Nichts lebet gebunden,
Was Freundschaft hier paart.
O glückliche Stunden!
O liebliche Fahrt!

Das Gedicht benennt die unterschiedliche Bedeutung der Elbe und der Alster für Hamburg. Die wirtschaftlichen Interessen der Stadt hatten sich immer mehr auf die Elbe konzentriert, die Alster war zum Lustgewässer der Hamburger geworden, auf dem sie „in treibenden Nachen" ihre Zeit bei einem Glas Wein verbringen.

Die literarische Behandlung der Alster setzt sich fort bis in die heutige Zeit. Ulla Hahn, die seit vielen Jahren in Hamburg lebt, hat unter dem Titel „Alsterlust" eine heitere Satire über die Stadt und ihre Dichter geschrieben. Das Buch ist aus der Begeisterung der Autorin über die Alster entstanden. Die Maler Klaus Fußmann, Friedel Anderson und Till Warwas haben den Band mit Alsteransichten illustriert. Ulla Hahn holt in dem Buch eine Handvoll berühmter Dichter, die mit Hamburg in Beziehung stehen, aus ihrer musealen Versenkung hervor und verbindet die Lust an der Literatur mit einer Liebesgeschichte.

Die Alster hat insbesondere auch Maler inspiriert. Die Binnen- und die Außenalster sowie die ländlichen Idyllen des Oberlaufs waren ihre bevorzugten Sujets. Es waren zunächst vor allem in Hamburg ansässige Künstler des Hamburgischen Künstlerclubs von 1897 wie Ernst Eitner, Arthur Illies und Arthur Siebelist, die die Alster malten. Das Uhlenhorster Fährhaus war ein von ihnen besonders geschätztes Bildsujet. Viele Künstler dieser Gruppe ließen sich am Stadtrand nieder, wo sie ihre Bildmotive direkt vor Augen hatten. Arthur Illies erwarb ein Grundstück am Alsterlauf in Mellingstedt, wo er von 1899 bis 1910 wohnte. Illies hat die Landschaft des Alstertals zu allen Tages- und Jahreszeiten im wechselnden Licht gemalt. Nachdem er 1910 nach Hamburg umzog, blieb er dem Alstertal verbunden, in das er regelmäßig zum Malen zurückkehrte.

Die Hamburger Maler folgten den Bildern der Impressionisten von Monet, Pissaro, Sisley und Manet, die Alfred Lichtwark 1895 zum ersten Mal in der Hamburger Kunsthalle ausgestellt hatte. Er war es, der die Künstler ermutigte, sich zusammenzuschließen. Das Publikum war empört und lehnte die Bilder als Schmierereien und Farborgien ab. Die Hamburger Künstler ließen sich aber nicht davon abbringen, ihre Bilder in frischen Farben zu malen und den Schatten farbig darzustellen, was die Leute besonders erregte.

Alfred Lichtwark gelang es, namhafte Maler wie Max Liebermann, Lovis Corinth und Friedrich Kallmorgen von auswärts nach Hamburg zu locken, um die Stadt in ihren Bildern einzufangen. Die Maler Max Slevogt, Emil Nolde, Erich Heckel, Ernst Ludwig Kirchner und Karl Schmidt-Rottluff waren in Hamburg und fingen unter anderem die Schönheit der Alster in ihren Bildern ein.

Arthur Illies

Auch aus dem Ausland kamen aufgrund von Lichtwarks Initiative Künstler nach Hamburg, um hier für kurze Zeit zu arbeiten, so die französischen Spätimpressionisten Pierre Bonnard, Edouard Vuillard und Albert Marquet sowie der Norweger Edvard Munch. Durch gemeinsame Stadtrundgänge unterstützte Lichtwark sie bei der Motivsuche und stellte ihnen neben dem Hotel Vier Jahreszeiten und dem Hotel Atlantic das Uhlenhorster Fährhaus als Unterkunft zur Verfügung. Bonnard malte eine Abendstimmung am Uhlenhorster Fährhaus und den Lampionkorso mit anschließendem Feuerwerk auf der Außenalster anlässlich des 25-jährigen Thronjubi-

*„Segelboote auf der Alster",
Gemälde von Edouard
Vuillard*

läums Kaiser Wilhelms II. Vuillard schuf ein großformatiges Bild von der Binnenalster sowie zwei Pastelle, die den Blick aus Vuillards Hotelzimmer auf die Außenalster wiedergeben. Auch die ausländischen Maler entdeckten das Uhlenhorster Fährhaus als Motiv, welches sie am Tag und in der Nacht in impressionistischer Malweise einfingen.

Die Alster hat viele Komponisten fasziniert und animiert. Oscar Fetrás (1854-1931) komponierte den damals viel gespielten Walzer „Mondnacht auf der Alster". Der bekannteste unter den Komponisten ist freilich Georg Philipp Telemann (1681-1767). Er war einer der größten Musiker des Barocks und prägte durch neue Impulse sowohl in der Komposition als auch in der Musikanschauung die Musikwelt der ersten Hälfte des 18. Jahrhunderts. Georg Philipp Telemann ehrte in seiner Alster-Ouvertüre die Stadt Hamburg, in der er den größten Teil seines Lebens verbrachte und die meisten seiner Werke schuf. Die einzelnen Sätze illustrieren Szenen, wie Telemann sie am Lauf der Alster beobachtet haben könnte. Sie lauten:

Georg Philipp Telemann

> Ouvertüre
> Die canonierende Pallas
> Das Alster-Echo
> Die Hamburgischen Glockenspiele
> Der Schwanen Gesang
> Der Alster-Schäfer Dorfmusik
> Die konzertierenden Frösche und Krähen
> Der ruhende Pan
> Der Schäfer und Nymphen eilfertiger Abzug[115]

Die einzelnen Stücke sind Tanzsätze und zeigen Telemann als einen mit großem Witz ausgestatteten Imitator. Er komponierte die Tanz-Suite für ein vergnügliches Fest an der Alster, wo sich Frösche, Krähen und Schwäne tummeln. Telemann schildert die in dieser Idylle lebenden Tiere sehr naturalistisch. Die Tanz-Suite ist voller Überraschungen und eröffnet eine barocke Bilderwelt. Die Hamburgischen Glockenspiele imitieren die Glockenspiele von St. Petri und St. Nikolai. Die Alsterschäfer spielen ihre Dorfmusik, und die majestätischen Schwäne stimmen im Rhythmus einer Sarabande einen Schwanengesang an, dem die Frösche und Krähen in ihrer Kakophonie mit ihrem monotonen Quaken und schauderhaften Gekrächze nicht nachstehen wollen. Die Alster-Ouvertüre eignet sich besonders gut, um Kinder für klassische Musik zu begeistern. Sie bildete oft den Auftakt beim Abschlusskonzert anlässlich des Hamburger Hafengeburtstags.

PRIVATE INITIATIVEN

Alsterverein

Am 18. Februar 1900 trafen sich 32 Männer in dem ehemaligen Gasthof Zur Alsterschlucht am Treudelberg mit dem Ziel, einen Alsterverein ins Leben zu rufen.

Gasthof Zur Alsterschlucht

Der Verein wurde am 11. März 1900 gegründet. In den Vorstand wurden unter anderem der Lehrer Ludwig Frahm, der Apotheker Adolf Piepenbrink, der Kunstmaler Artur Illies und der Gastwirt Richard Jungclaus gewählt. Außer ihnen gehörten zu den bekannten Mitgliedern in der Vergangenheit die Dichter Detlev von Liliencron und Hermann Claudius sowie der Oberbaurat Wilhelm Melhop, der Autor des Werkes „Die Alster".

Den Gründungsvätern des Vereins war daran gelegen, die überlieferten Sitten und Gebräuche der Region zu erhalten und wiederzubeleben. Ferner war man daran interessiert, Touristen, vor allem Tagesausflügler aus Hamburg, in das noch weitgehend unberührte Alstertal zu ziehen. Die Treidelpfade und Fußsteige an der Alster wurden ausgebessert, der Alsterverein wurde zum Initiator des Alsterwanderwegs.

Er kaufte das Gelände der Alsterquelle und legte in ihrer Nähe eine Schutzhütte für Wanderer an. Auf der sandigen Hochfläche der Lemsahler Heide erwarb er ein

Ludwig Frahm

Grundstück mit zwei Hügelgräbern aus der Bronzezeit, um die Gräber zu schützen. Der Verein veranstaltet Vorträge mit heimatkundlichen Themen, Wanderungen in Hamburgs Umgebung, Studienfahrten in die nahe und weitere Heimat und unterhält einen plattdeutschen Gesprächskreis.

Der Kultursenator der Freien und Hansestadt Hamburg übergab 1957 das Torhaus Wellingsbüttel dem Alsterverein zur Einrichtung eines Museums. Seit dieser Zeit betreibt der Verein hier das Alstertal-Museum, in dem sich, neben vielem anderem, im archäologischen Raum Exponate aus der Vorzeit befinden. Das Museum ist sonnabends und sonntags geöffnet, der Eintritt ist frei.

Der Verein veröffentlicht seit seiner Gründung regelmäßig ein Jahrbuch mit anspruchsvollen lokalhistorischen Artikeln. Das in den Bänden gesammelte Wissen kann mit Fug und Recht als „das Gedächtnis des Alstertals" bezeichnet werden. In den Beiträgen wird die Geschichte der hamburgischen und holsteinischen Ortschaften im Umkreis der Alstergegend behandelt. Die Jahrbücher enthalten Aufsätze zur Vor- und Frühgeschichte, Volkskunde, Kunstgeschichte sowie über Natur und Landschaft des Alstertals.

Emblem des Alstervereins

Congregation der Alster-Schleusenwärter S.C.

Die Congregation der Alster-Schleusenwärter S.C. ist eine außergewöhnliche Institution. Sie vergibt eine originelle Ehrung: Die Auszeichnung als Ehren-Alster-Schleusenwärter. Das Ganze geht zurück auf den Kaufmann Manfred Röhl, der 1979 mit einer neuen gastronomischen Idee, dem Bierdorf Posemuckel, zur Belebung der Hamburger Innenstadt beizutragen versuchte. Um das Bierdorf bekannt zu machen, bat er einige Journalisten und PR-Leute, sich etwas Besonderes einfallen zu lassen. So entstand die Idee des Ehren-Alster-Schleusenwärters.

Schleusen waren stets ein Regulativ, aber nie ein Hindernis für den hanseatischen Geist. Schleusenwärter sind nicht nur Personen, die Schleusen öffnen und schließen. In der Pressewelt werden Journalisten als „Schleusenwärter", englisch gatekeeper, bezeichnet, die Informationen für die Medien auswählen. Da Hamburg keine Orden vergibt, hat sich die am 22. Juni 1981 im Ratskeller gegründete Congregation zum Ziel gesetzt, herausragende Persönlichkeiten auszuzeichnen, die durch besondere Leistungen im weitesten Sinne die „Schleusen" für die Hansestadt geöffnet und markante Akzente gesetzt haben. In der Deklaration der Gründungsversammlung heißt es unter anderem:

„Das Comitee der CdAS vergibt den Ehrentitel ALSTER-SCHLEUSENWÄRTER an Persönlichkeiten des öffentlichen Lebens aller Stände, die im In- und Ausland die

SCHLEUSEN für die Weltstadt Hamburg durch herausragende Bemühungen und Aktivitäten geöffnet haben. Damit soll das persönliche Engagement für die Freie und Hansestadt Hamburg gewürdigt werden."

Die Congregation ist kein Verein, sondern leitet ihren Namen von dem lateinischen „congregatio" ab: eine lose gesellige Vereinigung. Das elfköpfige Comitee der Congregation besteht aus gleichberechtigten Mitgliedern, die in nichtöffentlicher Sitzung die Ehren-Schleusenwärter auswählen. Die Auszeichnung wird traditionell im Alsterpavillon mit einer Urkunde und einer Medaille überreicht. Sie ist eine Nachbildung der historischen Schleusenwärter-Dienstmarke, die bis 1906 zur Dienstkleidung der Alster-Schleusenwärter gehörte.

Dienstmarke der Alster-Schleusenwärter

Die Medaille wird in einer nummerierten Ausfertigung den Ehren-Schleusenwärtern als Auszeichnung S.C. – Symbolis Causa – verliehen. Zusätzlich erhält der Ausgezeichnete noch ein repräsentatives Emailleschild für sein Privathaus oder seinen Firmensitz. Die Persönlichkeiten kommen aus so verschiedenen öffentlichen Bereichen wie Medien, Kunst, Wirtschaft, Wissenschaft und Sport. Folgende Persönlichkeiten sind seit 1981 mit der Medaille ausgezeichnet worden:

1981 Freddy Quinn
1982 Uwe Seeler
1983 James Last
1984 Jürgen Roland
1984 Friedrich Schütter
1985 Prof. Gyula Trebitsch
1986 Heidi Kabel
1987 Rolf Liebermann
1987 Dr. Kurt A. Körber
1988 Dr. Michael Otto
1989 Eberhard Möbius
1990 Prof. Peter Tamm
1991 Prof. Heinz Reincke
1992 Gert Prantner
1994 John Neumeier
1995 Hans Otto Schümann
1996 Prof. Hannelore und Prof. Dr. Helmut Greve
1997 Dr. Claus Hagenbeck
1999 Annemarie Dose
2000 Rolf Zuckowski
2002 Sandra Völker
2003 Jan Fedder
2004 Albert Darboven
2005 Prof. Dr. h.c. Hermann Schnabel
2007 Siegfried Lenz
2008 Prof. Dr. Thomas Straubhaar
2009 Christian Seeler
2011 Volker Lechtenbrink
2012 Frederik Braun und Gerrit Braun

Schlusswort

Fritz Schumacher verfasste 1917 einen Essay mit dem Titel „Wie das Kunstwerk Hamburg nach dem großen Brand entstand". In seiner planungshistorischen Studie beschreibt er, dass der englische Ingenieur William Lindley und die Baumeister Alexis de Chateauneuf und Gottfried Semper durch den städtebaulichen Zusammenschluss der Binnenalster, der Kleinen Alster, der Alsterarkaden und des Rathausplatzes zu einem feinsinnig abgestimmten Gefüge ein „Kunstwerk" im Herzen der Stadt geschaffen haben.

Man kann mit guten Gründen sagen, dass sich das Kunstwerk Hamburg nicht nur auf diesen relativ kleinen Ausschnitt beschränkt, sondern sich auf alle Wasserflächen der Alster erstreckt. Hamburg hat durch die Kleine Alster und die beiden Alsterseen einzigartige Panoramaansichten auf die amphibische Stadt geschaffen, die von den Menschen bewundert werden. Sie sehnen sich nach einer ästhetischen, begehbaren und erlebbaren Stadt. Die Wasserflächen ermöglichen unverbaubare Fernblicke. Die Außen- und die Binnenalster und die Kleine Alster sind zu Kristallisationspunkten der Stadt geworden und sind somit die Glanzstücke des Kunstwerks Hamburg.

Anmerkungen

1. Hipp, Hamburg, S.31
2. Sparmann, S. 30
3. Liliencron, S. 187
4. Melhop, Alster, S. 90. Hierfür sprechen einmal ihr Name sowie die Tatsache, dass die Alte Alster ursprünglich stark wasserführend war. In den mittelalterlichen Urkunden über den Erwerb der Alster durch Hamburg wird immer von der Alten Alster als Quellfluss gesprochen. Vgl. die Vereinbarungen zwischen den Grafen Johann III., Heinrich II. und Gerhard V. zu Holstein mit der Stadt von 1306, 1309 und 1310 und die Verträge über den Bau des Alster-Beste-Kanals von 1448 und 1525.
5. Petersen, ZSHG (1943), Bd. 70/71, S. 224 ff.
6. Reincke, Alsterfrage, S. 201
7. Danckwerth, S. 242; von Heß, S. 73; Bärmann, S. 8; von Schröder/Biernatzki, S. 160; Gaedechens, S. 5; Oldekop, S. 42; Melhop, Alster, S. 90
8. Liliencron, S. 193
9. Meyer, S. 10
10. Reincke, Lebensader, S. 12
11. Schindler, S. 104
12. HUB I, Seite 252; siehe www.alster.seite.co
13. Lappenberg, Historischer Bericht, Anlage A; Hagedorn, Urkundenanhang I.; siehe www.alster.seite.co
14. Melhop, Alster, S. 39
15. Melhop, Alster, S. 39
16. Hagedorn, Urkundenanhang II.,III. und IV.; siehe www.alster.seite.co
17. Hagedorn, Urkundenanhang XXVII.; siehe www.Alster.seite.co
18. RGBl. 1937 I. S. 91
19. Caspers, S. 272
20. Baumann, S. 260
21. Melhop, Alster, S. 560
22. Rambach, S. 48
23. Wikipedia, Choleraepidemie von 1892
24. Hamann, S. 95
25. Winkens, S. 274ff.; Moeck-Schlömer, S. 347
26. Es gibt verschiedene Versionen, woher der Spitzname „Hummel" des Wasserträgers Bentz stammt. Der Name wird einmal vom norddeutschen Wort „Griephummer" oder kurz „Hummer" abgeleitet. Das war der Spottname der damaligen Gerichtsdiener, die gesuchte Verbrecher ergreifen sollten. Vergeblich griff Bentz nach den ihn ärgernden Straßenkindern, die ihm hinterherliefen. Eine weitere Überlieferung besagt, dass der Schabernack sich auf den Eifer des Wasserträgers bezieht. Im Eiltempo und mit schweren Eimern beladen wirkte Bentz auf die Spötter wie eine Hummel. Schließlich wird der Spottname auf den Soldaten Daniel Christian Hummel aus der Franzosenzeit zurückgeführt, der bei den Straßenkindern der Neustadt wegen seiner Erzählungen sehr beliebt war. Nach dessen Tod zog der missmutige Wasserträger Bentz in dessen Wohnung ein. Der Rufname seines Wohnvorgängers ging auf Bentz als Spitzname über. Die Kinder liefen dem schwer beladenen Wasserträger hinterher und riefen „Hummel, Hummel", worauf dieser mit „Mors, Mors" antwortete.
27. Deutsche Bauzeitung 2003, 87
28. Reincke, Alster, S. 17
29. Reincke, Lebensader, S. 16
30. HmbGVBl. 1987, S. 99, Verordnung zur Bestimmung der schiffbaren Gewässer vom 5. Mai 1987 und Nr. 1 der Anlage zu dieser Verordnung
31. Gutbrod, S. 30
32. Grobecker, S.13
33. Melhop, Alster, S. 603
34. Ferber, HGH, Bd. 8 (1934/35), S. 131 ff.
35. Melhop, Alster, S. 611
36. HUB, S.446; siehe www.alster.seite.co
37. Er wird in der Literatur auch fälschlich Alster-Trave-Kanal oder Alster-Trave-Beste-Kanal genannt. In den Verträgen vom 19. März 1448 und vom 14. März 1525 (Urkundenanhang VII. und IX. im Werk von Anton Hagedorn) wird von einer Wasserverbindung zwischen der Alster und der Beste gesprochen.
38. Lappenberg, Historischer Bericht, S. 21, Melhop, Alster, S. 103, und Hagedorn, Urkundenanhang VII., nennen irrtümlich den Grafen Adolf XI. als Vertragspartei
39. Hagedorn, Urkundenanhang VII.; siehe www.alster.seite.co
40. Melhop, Alster, S. 105
41. Hagedorn, Urkundenanhang IX.; siehe www.alster.seite.co
42. Hagedorn, Urkundenanhang XIII.; siehe www.alster.seite.co
43. Melhop, Alster, S. 131
44. Melhop, Alster, S. 229
45. Melhop, Alster, S. 576
46. Melhop, Alster, S. 572
47. Meyer, S. 27
48. Rosenfeld, S. 156
49. JbAV, 1911, S. 7; siehe www.alster.seite.co
50. HmbGVBl. 1979, S. 177 mit Änderungen vom 19. Januar 1981 (HmbGVBl. S. 9) und vom 10. Dezember 1996 (HmbGVBl. S. 307)
51. HmbGVBl. 1979, S. 227; zuletzt geändert durch Art. 1 der Verordnung vom 28. Juli 2009 (HmbGVBl. S. 315).
52. HmbGVBl. 2006, S. 2
53. § 21 Abs. 1 letzter Satz HVO
54. § 21 Abs. 4 HVO, HmbGVBl. 2006, S. 585
55. VG Hamburg, Urteil vom 24.2.2010, Az.: 5 K 122/08 - Juris.
56. vgl. Gretzschel/Zapf S. 59
57. zitiert nach Melhop, Alster, S. 461
58. Grobecker, S. 34
59. Hipp, Harvestehude-Rotherbaum, S. 50
60. Kopitzsch/Tilgner, S. 543
61. Melhop, Alster, S. 534
62. Schmoock, S. 69
63. Garvens, S. 37
64. Der Spiegel, 4/1961
65. HmbGVBl. 1960, S. 468
66. Beck/Voss, S. 17
67. Beck/Voss, S. 65

68	Schumacher, S. 70 f.
69	Beck/Voss, S. 75 und 77
70	Beck/Voss, S. 102
71	Beck/Voss, S. 98 u. 99
72	Fraatz-Rosenfeld, S. 58
73	Kopitzsch/Tilgner, S. 35
74	§ 12 Abs. 1 und 2 HmbLBauO
75	Plagemann, S. 95
76	Düsterdieck, S. 16
77	Der Spiegel, 8/1981, „Flucht nach innen"
78	Hamburger Abendblatt vom 30.1.1978
79	Hamburger Abendblatt vom 17.6.2004
80	Hamburger Abendblatt vom 2.2.1978
81	Klepzig, S. 130
82	Lange, S. 130
83	benannt nach dem damaligen Kommandeur des Wehrkreises X
84	Lange, S. 133
85	Hipp, Hamburg, S. 405
86	Hipp, Hamburg, S. 428
87	Lange, S. 215
88	Kopitzsch/Tilgner, S. 752
89	Hamburger Abendblatt vom 13. Mai 2002
90	Melhop, Alster, S. 538
91	Patow, S. 27
92	Schmoock, S. 40
93	Melhop, Alster, S. 524
94	Clasen, S. 15
95	Strothmann, S. 9
96	Schoppe, S. 97
97	Melhop, Alster, S. 530
98	Melhop erwähnt in Alsterfahrt, S. 5, König Christian VI. (1699-1746) und in Alster, S. 572, König Friedrich V. von Dänemark (1723-1766)
99	Melhop, Alsterfahrt, S. 10
100	Kopal, S. 157 f.
101	Grobecker, S. 91
102	Hipp, Hamburg, S. 381
103	Der Inhalt des Leinpfadrechts bestand in der Beschränkung des Privateigentums, das Betreten der Ufer war zu Zwecken der Schifffahrt zu dulden. In dem ersten Vertrag über den Bau des Alster-Beste-Kanals 1448 war die Anlegung eines Leinpfads ausdrücklich vorgesehen. Die für das Treideln benötigten Uferstreifen sollten auf beiden Seiten des Kanals „entfreyt" werden. Auch in dem Vertrag von 1525 wird das gleiche Wort verwendet. Nach der Einstellung der Berufsschifffahrt stellte sich die Frage, ob ein Alsterwanderweg für die Erschließung des Alstertals auf der Basis der Rechte aus dem Leinpfad aufgebaut werden könnte. Obwohl das Leinpfadrecht nach dem Ende der Berufsschifffahrt auf der Alster durch das Bürgerliche Gesetzbuch aufrecht erhalten wurde, konnte es nicht als Basis für den Aufbau eines Alsterwanderwegs dienen, da die Leinpfade nicht dem Allgemeingebrauch dienten, sondern für die Fortbewegung von Schiffen durch Menschen und Tiere bestimmt waren. Daher war der Aufbau eines Alsterwanderwegs nur durch den Erwerb des erforderlichen Geländes durch die öffentliche Hand möglich.
104	Hamburger Abendblatt vom 6.11.2001
105	Wahl, S. 13
106	Melhop, Alster, S. 542
107	Jensen, JbAV 1959, 19
108	von Döhren, S. 29
109	Wendt/Kappelhoff, S. 413
110	Melhop, Alster, S. 628
111	Reincke, Lebensader, S.16
112	JbAV 2008, S. 83. Der Text wurde von Carl Friedrich Cramer, einem Freund des Autors, 1794 ins Deutsche übersetzt.
113	Heinrich Heine, Kapitel IV
114	Hagedorn, Friedrich von, Die Deutsche Gedichtebibliothek, Die Alster
115	TWV 55: F 11-5

ANHANG

Personenregister

A
Abendroth, August 104, 110, 111
Altmann, Isaak Hermann 102, 134
Ansgar 20, 117
Avé-Lallemant, Johann Theodor Friedrich 189

B
Baggesen, Jens Immanuel 215
Ballin, Albert 104, 144
Barbarossa, Friedrich I. 25ff, 151
Baumeister, Reinhard 127
Beiersdorf, Paul C. 162
Beheschti, Ayatollah 161
Bentz, Johann Wilhelm 37
Berenberg-Gossler, Johann 106
Binder, Nicolaus 78
Boizenburg, Wirad von 23ff, 48
Börner, Carl 119, 143
Brauer, Max 182
Bremer, Detlev 9, 59f, 102, 134
Brietzke, Dirk 168
Brockes, Heinrich 70
Bucerius, Gerd 165
Buchwald, Marquard von 66
Büsch, Johann Georg 78

C
Canaris, Wilhelm 157
Chateauneuf, Alexis 100, 137ff
Claudius, Hermann 101, 223

Claudius, Matthias 215f
Conradinus, Henning 15f, 42, 215

D
Dankwerth, Caspar 15
Droege, Gustav Adolph 77ff
Droege, Wilhelm 173

E
Eitner, Ernst 219

F
Fetrás, Oscar 174, 220
Frahm, Ludwig 202, 223
Freiherr, Friedrich Karl 136
Fontenay, John 104ff, 172
Forsmann, Franz-Gustav 78, 150

G
Gans, Ivan 153
Garvens, Erwin 114
Gertig, Julius 104, 110, 176
Gobert, Ascan Klée 107
Graf Adolf I. von Schauenburg und Holstein 23
Graf Adolf II. von Schauenburg und Holstein 23
Graf Adolf III. von Schauenburg und Holstein 23ff
Graf Adolf IV. von Schauenburg und Holstein 49f, 95
Graf Adolf VIII. von Schauenburg und Holstein 61ff
Gräfin Heilwig von Holstein 106, 164
Gräfin Heilwig von der Lippe 164
Graf Johann I. von Holstein 26
Graf Johann II. von Holstein 27
Greggenhofer, Georg 166

H

Haerlin, Fritz 148f
Hagedorn, Friedrich von 169, 183ff, 203, 217
Haller, Martin 69ff, 141ff, 150ff, 158f, 166f, 192
Hansen, Hertha 181
Hanssen, Bernhard 146
Hayn, Max Theodor 184
Heinicke, Samuel 160, 186
Heine, Heinrich 216
Hencke, Friedrich 178
Hermkes, Bernhard 119
Herzog Bernhard II. 22
Herzog Erich IV. von Lauenburg-Sachsen 60
Herzog Lothar III. von Sachsen 23
Herzog Magnus von Lauenburg-Sachsen 66
Herzog Paul von Schleswig-Holstein 30
Hesse, Hans 65
Hesteden, Thomas Goulton 157
Hitler, Adolf 157
Hoffmann, August Heinrich 98
Höger, Fritz 144
Hollmann, Carlheinz 198ff
Hummelsbüttel, Johann von 29

I

Illies, Arthur 219, 223

J

Jacobs, Carl Friedrich Christoph 178
Jansen, Hermann 127
Jenisch, Gustav 150
Jollasse, Jean David 156
Justus, Heinrich Eduard 82, 84f

K

Kaiserin Katharina II. von Russland 30
Kaiser Karl V. 64, 66
Kaiser Wilhelm I. 114, 190
Kaiser Wilhelm II. 139, 190ff, 220
Kardinal Raimundus 40
Kaufmann, Karl 152ff, 196
Koch, Robert 34
König Christian II. von Dänemark 64
König Christian VII. von Dänemark 188
Königin Elizabeth II. von England 54
Konwiarz, Hans 115
Kurtzrock, Theobald von 166

L

Lancelot de Quatre Barbes, Augustin 140
Lichtwark, Alfred 127
Liebermann, Max 174, 219
Liliencron, Detlev von 15f, 223
Lindley, William 39
Linne, Otto 185
Ludewig, Hans Adolf 122f
Lüttge, Gustav 182f

M

Maack, Johann Hermann 78, 118, 138
Mahlmann, Max 129
March, Otto 127
Maurer, Ingo 149
Meerwein, Emil 146
Melhop, Wilhelm 10, 56, 174, 223
Meyer, Franz Andreas 109, 117, 125, 182, 191
Michaelsen, G. 152
Möbius, Eberhard 200, 225
Müller, Gustav 158

Mumssen, Christiane Frederike 215
Mund, Johann Hinrich 112

O
Olde, Hinrich Christian 215

P
Parrau, Johann Peter 79
Petersen, Lorenz 15

R
Rantzau, Kay 73
Rambach, Johann Jakob 33
Reese, Müller Heinrich 50, 117
Riedermann, Wilhelm A. 152
Rist, Johannes 188
Roesing, Friedrich Wilhelm 122
Ruben, Donat 141
Ruben, Richard 141

S
Salsborch, Hinrich 64f
Sanders, Eduard 152
Schaper, Fritz 219
Schmidt, Helmut 160
Schröder-Devrient, Wilhelmine 189
Schöning, Daniel 179
Schumacher, Fritz 100, 120, 124, 139, 185, 202, 226
Siebelist, Arthur 219
Sierich, Adolph 104, 109f, 176
Sierich, Johann Friedrich Bernhard 104, 108
Sill, Otto 123
Sillem, Wilhelm 145
Sloman, Robert Miles 156
Sommer, Carl Friedrich 178

Sprecher, Johannes 151
Streit, Christian Daniel Friedrich 172

T
Telemann, Georg Philipp 220f
Tietz, Hermann 146f
Tietz, Oscar 146
Timmermann, Heinrich 88, 178
Troplowitz, Oscar 162f

V
Valckenburgh, Johan van 131ff

W
Warburg, Max Marcus 151
Weichmann, Herbert 115, 153
Weihrauch, Gustav 202
Wex, Ernst 168f
Wield, Friedrich 184
Wimmel, Carl Ludwig 103, 113, 118
Woedtke, Peter von 186
Wolgast, Wilhelm 202

Sachregister

A

Abfallbeseitigung 33
Abwasserentsorgung 31 ff, 37, 39
„Affenfelsen" 155
Allgemeiner Alster Club e.V 207, 209 f
Alsterarkaden 46, 100, 137 ff
Alsterbaum 77, 79 f, 134 f
Alster-Beste-Kanal 15, 30, 59 ff, 64 f, 67 ff, 90
Alsterbett 12
Alsterbrückenatrappe 197
Alster-Canoe-Club 210
Alsterdamm 103, 144
Alsterdampfer 75, 78 ff, 81 ff, 84 f, 178
Alsterdampfschifffahrt 79 f, 82, 135
Alsterdorf 83, 126, 180
Alsterdorfer Mühle 180
Alstereisvergnügen 211 ff
Alsterfleet 41, 44 f
Alsterfontäne 198 f
Alsterkahn 59, 73, 91
Alster-Kaiser-Insel 193
Alsterkanalisierung 125, 185
Alster-Kreuz-Fahrt 82
Alsterkrug 180 f
Alsterfahrt des Königs von Dänemark 188
Alsterfurt 18, 180
Alsterhaus 146 f
Alsterlust 191, 193, 207, 219
Alsterpark 181 ff, 184
Alsterpavillon 16, 97, 100 f, 140 ff
Alsterquelle 11, 15 f
Alsterschiffer 178, 71 f
Alsterschifffahrtsverordnung 91 ff
Alsterschipper 81, 83
Alsterschwäne 10, 53 f, 56
Alsterschüte 74, 76
Alsterschütenfahrt 73, 76 f
Alsterspiegel 111 f
Alstertal 11 f, 14, 48, 125 f, 130, 202
Alstertief 28
Alsterverein 202, 223 f
Alstervergnügen 200, 212 f
Alstervogt 69, 87 f, 178
Alstervorland 181 f, 199
Alsterwanderweg 48, 108, 201 f, 223
Alsterwasser 31, 35, 39 f, 45, 206
Alsterwärder 24
Alsterzentrum 114 f
Alte Alster 12, 15, 30, 63
Alte Rabenstraße 108, 171
Amerikanisches Generalkonsulat 152
Amsinck-Palais 150
Anglo-German Club 158
ATAG-Klauseln 130

B

Babelsberg 142
Badeanstalten 126, 204 ff, 207 f
Baden in der Alster 204
Badeschiff 205
Ballindamm 99, 144, 193
Ballin-Haus 143 ff
Befestigungsanlage 131, 133
Bier 40 ff
Binnenhafen 28, 44
Binnenkolonisation 23
Braband Bistro 181
Budge-Palais 153 f

C
Congregation der Alster-Schleusenwärter S.C. 224

D
Dammtor 107, 132 ff
Die alte Rabe 171 f
Die neue Rabe 171 f
Dreh-Ewer 31
Drittes Norddeutsches Musikfest 189
Dornier DoX 194
Dove-Alster 185

E
Ehrenmal 139 f
Eichenpfahl 101
Eichenpark 183 f
Eiszeit 11, 14
Eppendorf 51, 77, 121, 160, 184
Eppendorfer Mühlenteich 55, 124

F
Fairmont Hotel Vier Jahreszeiten 148 f
Feenteichbrücke 111, 119
Feier des Westfälischen Friedens 187
Fernsicht 109
Fleetgang 44
Fleetenkieker 43 f, 82 f
Französische Alsterflotte 136
Frauenarbeit 37
Frauenbadeanstalt 207
Freibad Schwanenwik 197
Freizeitrevier 201
Futterhaus 55, 183

G
Gänsemarkt 99, 145
Gasthäuser an der Alster 169
Gästehaus des Hamburger Senats 159
Gedenkstein der Alsterquelle 16
Großer Brand 99, 103
Gondel 210 f

H
Häfen an der Alster 20, 24
Hafengeburtstag 25, 221
Hamburger Hochbahn AG 80 f
Hamburger Hof 145 f
Hammaburg 19 ff
Harvestehude 17, 76, 106
Harvestehuder Weg 105 f
Hayns Park 185
Herren- und Torhaus Wellingsbüttel 166 f
Hitlers Spionage-Kaserne 157
Hohenfelde 112 f
Hoher Steg 121
Hochwasserschutz 44, 47
Hotel Atlantic Kempinski 149
Hotel de Russie 97, 145
Hummel 37 f
Hygiene 33

I
Imam Ali Moschee 161
Inselkanal 128

J
Johann-Oelkers-Werft 80

K
Kaffeehäuser am Jungfernstieg 141
Kaisertage 190 f
Kaiser-Wilhelm-Kanal 191
Kirschblütenfest 199 f
Klopperbaum 34 f
Kloster St. Johannis 164 f
Klosterwall 165
Klosterwirtshaus 169 f, 186
Komödie Winterhuder Fährhaus 179 f
Krugkoppelbrücke 120 ff, 183, 190

L
Lastschifffahrt 74
Licentiatenberg 164, 169, 186
Literaturhaus 165
Lombardsbrücke 51, 95, 100, 117 ff
Lorichs Elbkarte 29
Lübische Mark 58

M
Matthiae-Mahl 86 f
Mellin-Passage 138 ff
Millerntor 26, 132, 164
Monopteros 184 f
Mühlen 26, 48 ff
Mühlenkamp 110, 176
Mühlenkamper Fährhaus 177 f
Mühlendamm 26
Mühlsteine 52
Mundsburg 83, 112, 175

N
Nationalsozialismus 147
Neue Burg 21 ff
Niederdamm 26, 50

Nienwohlder Moor 11, 59 ff, 65
Nikolaifleet 17, 20, 25, 43, 116

O
Oberdamm 38, 49 f
Osterbek 27, 176

P
Petri-Kirche 73, 116
Potemkinsche Stadt 196 f

R
Rathaus in der Alster 168
Reichenstraßeninsel 20 f
Restaurantschiff Galatea 80
Rathausschleuse 44, 46 f
Reesendamm 96 ff, 117
Reesendammbrücke 117, 192
Regatta 173, 208 f
Reiherstieg 185
Rotherbaum 103 ff
Rudersport 208

S
Schiffloch 120, 183 f
Schleusenmeisterhaus 89
Schleusenverordnung 90
Schwäne 53 ff, 55 f, 136, 183, 192
Seelemannpark 181, 185 f
Sillem's Bazar 145 f
Slomanburg 156 f
Standortkommandantur Hamburg 157 f, 196
Steckelfahrer 71
Stecknitzfahrer 71
Stecknitzkanal 60, 71
St. Georg 84, 113 ff

St. Johannis-Kirche 160 f, 180, 185
Straßenlaufstaffel 203
Streits Hotel 97 ff

T
Tarnung der Alster 196
Treidelpfad 60, 201 f
Timhagener Brook 17
Triathlon 201
Trinkwasserentnahme 34
Trinkwasserversorgung 17, 39
Troplowitz-Villa 162 f
Trostbrücke 23, 116, 168
Tundralandschaft 14

U
Übersee-Club 150 f
Uhlenhorst 17, 53, 77, 110 f
Uhlenhorster Fährhaus 172 f

V
Venedig auf der Alster 210
Verteidigungsring 132, 136
Verunreinigung 33, 206
Verwaltung der Alster 86
Villengebiete 95, 125 f

W
Walhalla 175
Wallanlagen 102, 131 ff
Wasserkünste 38, 96, 206
Wasserstraßenverbindung 63
Wassertaxis 92
Wassersport 10, 135, 208 f
Wasserpest 32
Wasserreservoir 9, 31, 37, 59

Wasserqualität 34, 36, 39
Weißes Haus 151 ff
Werk- und Zuchthaus 96, 167 f
Winterhude 53, 104, 108 ff
Winterhuder Brücke 121, 124 f
Winterhuder Fährhaus 82, 178 f
Windsbraut 103

Z
Zisterzienserinnen-Kloster 51, 164

Literaturverzeichnis

Bargen, Susanne von/Zapf, Michael, Das Hamburger Rathaus, Hamburg 2012

Bärmann, Georg Nikolaus, Topographie von Hamburg: Mit Kupferstichen und einer großen topographischen Karte, Hamburg 1820

Baumann, Dietrich, Wasserwirtschaft und Wasserbau im Bereich der Alsterbecken: Geschichte und Entwicklung, in Mitteilungen des Geologisch-Paläontologischen Instituts der Universität Hamburg, Hamburg 1976, S. 239

Beck, Jens/Voss, Ralf G., Die Alster: ein Fluss prägt die Stadt, Hamburg 1999

Caspers, Hubert, Hydrobiologische Entwicklung und biocoenotische Struktur der Hamburger Stadtgewässer, in Mitteilungen aus dem Geologisch-Palaeontologischen Institut der Universität Hamburg, Sonderband Alster, Hamburg 1976

Clasen, Arnim, Die Alsterdorfer haben Streit mit dem Müller zur Alten Mühle, JbAV 1958, S. 19

Dankwerth, Caspar, Die Landkarten von Johannes Mejer, Husum, aus der neuen Landesbeschreibung der zwei Herzogtümer Schleswig und Holstein, Hamburg-Bergedorf, 1652, Faksimile-Druck der Ausgabe von 1952, Hamburg-Bergedorf 1963

Döhren, Jacob von, Poetischer Nachlass des weil. Hochfürstl. Hessen-Casselschen Agenten zu Hamburg, Hamburg 1803

Düsterdiek, Carl, 150 Jahre Alsterpavillon, Hamburg 1949

Ferber, Kurt, Die Legende von dem Vermögen der Alsterschwäne, HGH Bd. 8 1934/35, S. 131

Fraatz-Rosenfeld, Thomas, ATAG-Klausel – Eine Alstertaler Spezialität, Hamburger Grundeigentum, 2009, S. 58

Gaedechens, Cipriano Francisko, Historische Topographie der Freien und Hansestadt Hamburg und ihrer nächsten Umgebung von der Entstehung bis auf die Gegenwart, Hamburg 1880

Garvens, Erwin, Die Stadt an der Alster – Rundgang und Rückblick, Hamburg 1955

Gretzschel, Matthias/Zapf, Michael, Hamburgs Alster, Hamburg 1997

Grobecker, Kurt, Alstergeschichten – Kleine Laudatio auf Hamburgs große Liebe, Bremen 2011

Gutbrod, Jörn, Wiederherstellung der biologischen Durchgängigkeit der Alster an der Rathausschleuse in Hamburg, Diplomarbeit Hamburg 2003, Internet

Hagedorn, Anton, Denkschrift über Hamburgs Eigentums- und Hoheitsrechte an der Alster, Hamburg 1912

Hagedorn, Friedrich von, Die Deutsche Gedichtebibliothek, Die Alster

Hamann, Gerd, Piraten an der Alster: Die Geschichte von Räubern, Kaufleuten und Ehrenmännern in Hamburg, Norderstedt 2007

Heine, Heinrich, Aus den Memoiren des Herren von Schnabelewopski, Leipzig 1831

Heß, Jonas Ludwig von, Beschreibung von Hamburg, Teil 1: Topographie mit einem Plan, Hamburg 1810

Hipp, Hermann, Freie und Hansestadt Hamburg, Köln 1989

Hipp, Hermann, Harvestehude und Rotherbaum, Hamburg 1976

Jensen, Wilhelm, Ein folgenschweres Bad in der Alster vor 350 Jahren, JbAV 1959, S. 19

Klepzig, Gerd, Hamburg deine Alster, Hamburg 1980

Kopal, Gustav, Vom Hamburger Wassersport: Erinnerungen aus dem Allgemeinen Alsterclub (1836-1912), Hamburg 1912

Kopitzsch, Franklin/Tilgner, Daniel, Hamburg Lexikon, Hamburg 2010

Lange, Ralf, Architektur in Hamburg – Der große Architekturführer, Hamburg 2008

Lappenberg, Johann Martin, Historischer Bericht über Hamburgs Rechte an die Alster, Hamburg 1859

Lappenberg, Johann Martin, Hamburgisches Urkundenbuch, Bd. 1, Reproduktion der Ausgabe vom Jahre 1842, Hamburg 1907

Liliencron, Detlev von, Leben und Lüge, 15 Bd., Berlin und Leipzig 1908
Lindley, William, Ingenieurporträt, Deutsche Bauzeitung 2003, S. 84
Melhop, Wilhelm, Die Alster, Hamburg 1932, Reproduktion 1971
Melhop, Wilhelm, Eine Alsterfahrt des Königs von Dänemark 1767, JbAV 1967, S. 5
Meyer, Alfons, Die Alster – von der Naturlandschaft zum Freizeitraum Hamburger Bürger, in Mitteilungen der Geographischen Gesellschaft zu Lübeck, Lübeck 1977, S. 5
Moeck-Schlömer, Cornelia, Wasser für Hamburg: Die Geschichte der Hamburger Feldbrunnen und Wasserkünste vom 15. bis zum 19. Jahrhundert, Hamburg 1998
Oldekop, Henning, Topografie des Herzogtums Holstein, Kiel 1908
Patow, Otto, Aus dem Leben eines Alltagsmenschen, Hamburg 1920
Petersen, Lorenz, Besprechung der Landestafel über die Alster von 1588, ZSHS (1943), Bd. 70/71, S. 224
Plagemann, Volker, Die Alsterarkaden, Hamburg 1991
Rambach, Johann Jacob, Versuch einer physischen und medicinischen Beschreibung von Hamburg, Hamburg 1801
Reincke, Heinrich, Grundsätzliches zur Alsterfrage, ZHG Bd. 42 (1953), S. 198
Reincke, Heinrich, Die Alster als Lebensader, Hamburg 1958
Rosenfeld, Angelika, Das Alstertal-Lexikon, Hamburg 2009
Röthel, Hans Konrad, Die Hansestädte: Hamburg, Lübeck, Bremen, München 1955
Schindler, Reinhard, Ausgrabungen in Alt-Hamburg, Hamburg 1957
Schmoock, Matthias, Zwischen Bild und Image: Die Entwicklung des Hamburger Stadtteils Uhlenhorst und die Darstellung in Selbst- und Fremdzeugnissen; von den ersten Quellen bis zur Baugesetzgebung 1902, Hamburg 2002
Schoppe, Dieter, Der Alsterpark von Gustav Lüttge: Ein Gartendenkmal der 50er Jahre in Was nützet mir ein schöner Garten..., Hamburg 1990, S. 91
Schröder, Johannes von/Biernatzki, Hermann, Topographie der Herzogthümer Holstein und Lauenburg, des Fürstenthums Lübeck und des Gebiets der freien und Hansestädte Hamburg und Lübeck, Oldenburg in Holstein 1855
Schumacher, Fritz, Das Werden einer Wohnstadt, Hamburg 1932
Seegers, Armgard, Die Schriftstellerin und die Bootstour der toten Dichter, Hamburger Abendblatt vom 1. Dezember 2009
Sparmann, Friedrich, Links und Rechts der Oberalster, Hamburg 1965
Strothmann, Dierk, Das Winterhuder Fährhaus, Hamburger Abendblatt vom 8. August 2009
Wahl, Rüdiger, Geschichten zum Leben, Norderstedt 2004
Wendt, Johann C.W./Kappelhoff, C.E.L., Hamburgs Vergangenheit und Gegenwart, Hamburg 1896
Winkens, Ursula, Ein Umweltschutzprozeß: Alsterverschmutzung vor 200 Jahren, HGH Bd. 10, 1981, S. 274

Bildernachweis

Alinea
- Troplowitz-Villa 163

Allgemeiner Deutscher Fahrrad-Club
- Gedenkstein der Alsterquelle 16

Alsterlauf Hamburg
- Laufstrecke um die Außenalster 203

Alsterverein
- Alsterkahn 91
- Alsterschiffer 71
- Emblem des Alstervereins 224
- Gasthof zur Alsterschlucht 223
- Lastschifffahrt auf der Alster 74
- Ludwig Frahm 223
- Skizze vom Alster-Beste-Kanal 61
- Treidelnde Frauen 73

Alter/Lachmund
- Alsterdampfschiffswerft 82
- Julius Gertig 110

Altonaer Museum
- Alsterdampfer mit dem Namen eines Hamburger Nazi 83
- Baustelle der Alsterkanalisierung 128
- Großer Brand am Jungfernstieg 1842 99

Andtor
- Ehrenmal 140

Anglo-German Club
- Anglo-German Club 158

Archive der Stadt Lübeck
- Grafen Johann I. und Gerhard I. von Holstein 27

Archiv für Kunst und Geschichte
- Robert Koch 34

Arthur Illies Stiftung Lüneburg
- Arthur Illies 219

Bargen/Zapf
- Lagepläne des Architekten Ernst Wex von 1885 169

Bildarchiv-Hamburg.de
- Badeanstalt am Schwanenwik 207
- Lombardsbrücke 118

Bilderbuch Hamburg
- Harvestehude, 244724 Matthias Friedel 107
- Schwanenwik, 202149 Mattias Friedel 113

Beck/Voss
- Konzipierte nördliche Ecke des Inselkanals 128

Berendsohn
- Mühle an der Lombardsbrücke um 1850 51

Bestand Neue Heimat FH 9.02.1
- Alsterzentrum 115

Bollweg, Eckart
- Lombardsbrücke bei Nacht 119

Bonnard, Pierre
- Lampionkorso auf der Alster 193

Bracker
- Dreh-Ewer auf der Außenalster 31

Brettschneider, Christian
- Fleetgang 44
Congregation der Alster-Schleusenwärter
- Alsterschütenfahrt 76
- Wappen der Alster-Schleusenwärter 225
Corinth, Lovis
- Kaisertage auf der Alster 190
Denkmalschutzamt Hamburg
- August Abendroth 1855 111
Deutsche Presse Agentur
- Alsterdampfer Nixe 85
- CO_2 freies Solarboot auf der Alster 93
- Hotel Atlantic Kempinski 149
Dirksen
- Große Holzstapel am Reesendamm 95
Dirtsc
- Gedenkstein von John Fontenay 105
- Licentiatenberg 186
Dührkoop, Rudolf
- Detlev von Liliencron 16
Ellmann, Hans-Jürgen
- Amerikanisches Generalkonsulat an der Alster 152
- Budge-Palais 154
- Imam Ali Moschee 162
- Slomanburg 156
Emma7stern
- Standortkommandantur Hamburg 157
Enter-your-element.de
- Hamburg Triathlon 201
Event-Fotos.net
- Restaurantschiff Galatea 80
Fachportal für Hotellerie und Gastronomie
- Mühlenkamper Fährhaus, Ausgabe 2003/12 177
Feldmann, Ludger
- Eiszeitlandschaft 11
Fischer, Christian
- Wasserpest 32
Freilichtmuseum Kiekeberg
- Mühlstein 52
Fricke, Gregor
- „Affenfelsen" 155
Gamberini, Maurizio
- Matthiae-Mahl 86
Gemeinde Rondeshagen
- Skizze des Stecknitzkanals 60
Grube, Michael
- Alsterbrückenattrappe 1942 197
- Potemkinsche Stadt auf der Binnenalster im Kriegsjahr 1942 196
Haak, Wolfgang
- Grabstein Oberingenieur Franz Andreas Meyer 125
Haller, Klaus
- Alstereisvergnügen auf der Außenalster 2012 213

Hamburger Abendblatt
- Carlheinz Hollmann (28. August 2000) 198
- überflutete Bank (10. Februar 2011) 48

Hamburger Kunsthalle
- Abend am Uhlenhorster Fährhaus von Max Liebermann von 1910 174

Hamburg Tourismus
- Fleetenkieker 44

Helmsmuseum
- Hammaburg 19

Hinsch, Michael
- Eichenpfahl mit den sieben Jungfrauen 101

Hotel Alsterkrug
- Hotel Alsterkrug 181
- Hotel Alsterkrug vor der Neuerrichtung 181

Klein, Hermann
- Tundralandschaft 14

Kraft, Juliane
- Graf Adolf III. von Schauenburg und Holstein 23
- Komödie Winterhuder Fährhaus 180
- Windsbraut 103

Kraft, Jürgen
- Mangelnde Hygiene in der Stadt 33

Kreuz, Michael
- Ballin-Haus 144
- Gästehaus des Hamburger Senats 159
- Literaturhaus Hamburg 165

Kriehuber, Josef
- Friedrich Karl Freiherr von Tettenborn 136

Kopitzsch/Tilgner
- Barbarossa-Privileg 25
- Befestigungsanlagen Hamburgs vom 9. bis 17. Jahrhundert 133

Landesarchiv Schleswig-Holstein
- Karte des Verlaufs des Alster-Beste-Kanals von 1528, Abt. 402 B III. Nr. 299 67

Liebermann, Max
- Abend am Uhlenhorster Fährhaus 174

Lux, Patrick
- Baden in der Alster 208

Lvon Stellmann & Corleis; Hamburg Alt und Neu 1895
- Alster-Kaiser-Insel 193

Medienserver.hamburg.de/C.Spahrbier
- Alstervergnügen in Hamburg 200

Medien Verlag Schubert
- Alsterfurt 18
- Erster Hafen an der Alster 21
- Dritter Hafen im Alstertief 28

Melhop
- Walhalla-Teich, Uferlinien um 1800 und – gestrichelt- um 1900, Ausschnitt aus Melhop, Alster, Karte III. 175
- Fahrt des Kaisers Wilhelm der II. auf der Alster 1988 191

Mierig, Ina
- Gondel auf der Alster 211

Museum für Hamburgische Geschichte
- Alte Rabe um 1800 2008, 2679 171
- Alstervergnügen im Winter 200, 2671 212

- Babelsberg 1868 19256, 1036 192
- Fleet in Hamburg AB 1406 41
- Landung des Flugbootes Dornier DoX 1932 2008, 2678 194
- Lombardsbrücke 1910, 949 100
- Medaille des Allgemeinen Alster-Clubs von 1844; MK 1127 210
- Mühlen an der Alster EB 1896, 642 49
- Trinkwasserentnahme an der Alster 1967, 634 34

Nölken, Franz
- Oskar Troplowitz 163

Ökumenisches Heiligenlexikon
- Mönch Ansgar 20

Siedentopf, Chrisitan
- Kaiser Barbarossa, 1847 26

Sparmann, Friedrich
- Alte Landstraßen zwischen Hamburg und Lübeck 57
- Alster-Beste-Kanal im Nienwohlder Moor 65
- Entwässerungsgebiet der Alster 13

Sperlich, Claudia
- Gedenkplatte zur Erinnerung an Friedrich von Hagedorn 184

Spottock, Jan
- Alsterarkaden und Rathaus 139

Staatsarchiv Hamburg
- Alsterbaum in der Außenalster 720-1 126-11=03 180.051 135
- Alsterbaum 720-1 126-11=003 179 134
- Ausmaß der Brandzerstörung, Foto:M. Gerhardt 99
- Badeschiff auf der Binnenalster 720-1 126-12=0 05 037 205
- Französische Alsterflotte 1813 20-1 265-5 136
- Gertigs Mühlenkamp 720-1-141-23=007 721 176
- Hitler mit Karl Kaufmann 720-1 388-36=021 015 154
- Hummel 720-1 287-7 38
- Schleusenmeisterhaus 720-1 126-12=009 081 89
- Streit's Hotel 720-1 131-7=048 790 97
- William Lindley 720-1 215=Li 273 39

Staats- und Universitätsbibliothek Hamburg
- Friedrich von Hagedorn blog.sub.uni-hamburg.de 217
- Jungfernstieg im Winter 1840 ks s 001025 000017 0033 98
- Skizze der damaligen und kanalisierten Alster hh0024508032hg 123
- Regatta-Strecke der Ruderer auf der Außenalster 720-1 126-10=03 185.074 209

Staro1
- Rathausschleuse 47

Suhr, Christoph
- Bier-Fahrer 40

Übersee-Club
- Übersee-Club 151

Urs Kluyver
- Alsterarkaden und Rathaus 139
- Alsterfontäne 199
- Alstervorland 182
- Alte Rabenstraße 171
- Heutiger Jungfernstieg 102
- Fairmont Hotel Vier Jahreszeiten 148
- Krugkoppelbrücke 120
- Monopteros im Hayns Park 185
- Schwäne auf der Alster 53

Paterna, Eleonora
- Erste Häuser an der Inselstraße 129

Panzau
- Japanisches Kirschblütenfest 200

Preisler, Valentin Daniel
- Georg Philipp Telemann 221

Postkarten Sammlung
- Badeanstalt Alsterlust 206
- Futterhaus der Schwäne auf der Alster 55
- Uhlenhorster Fährhaus 173
- Winterhuder Fährhaus um 1955 179
- zweiter Alsterpavillon 1851 142

Pyxlyst
- Gedenkplatte von Johan van Valckenburgh 132

Renzelberg, Prof. Dr. Gerlinde
- Samuel Heinicke 186

Verein für Hamburgische Geschichte
- Alsterpavillon und der Jungfernstieg im Jahre 1810 141

Voigt, Andreas
- Kloster St. Johannis 164

Vuillard, Edouard
- Segelboote auf der Alster 220

Wachholtz Verlag GmbH
- Fleete in Hamburg 43
- Schiffloch 184

Weber, Kerstin
- Alsterwanderweg 202

Wichmann
- Hamburg 1070 22

Wikipedia
- Adolf Sierich 109
- Alfred Lichtwark 127
- Alsterhaus am Jungfernstieg 147
- Bronzeplatte auf der Alsterquelle 16
- Hamburger Hof mit den vierten Alsterpavillon um 1900 145
- Heinrich Heine 216
- Hoher Steg 121
- Hotel du Russie 145
- Jens Immanuel Baggesen 215
- Johann Theodor Friedrich Avé-Lallement 189
- Klosterwirtshaus 170
- König Friedrich I. von Dänemark 64
- König Friedrich VII. von Dänemark 188
- Lorichs Elbkarte 1567 29
- mittelalterliche Darstellung einer Kogge 25
- Sillem's Bazar 1848 146
- Wilhelmine Schröder-Devrient 189
- vierter Alsterpavillon 142

Zille, Heinrich
- Wasserträgerin 38

Zimmermann
- St. Johannis-Kirche Eppendorf 161

Zentrales Verzeichnis Antiquarischer Bücher
- Voglerswall Nr. 24 138

Abkürzungsverzeichnis

AlsterSchVO	Alsterschifffahrtsverordnung
ATAG	Alsterthal-Terrain-Aktiengesellschaft
AG	Aktiengesellschaft
ATG	Alstertouristik Gesellschaft
bzw.	beziehungsweise
DM	Deutsche Mark
e.V.	eingetragener Verein
FCS	Fuel Cell Ship
HGH	Hamburgische Geschichts- und Heimatblätter
HmbGVBl	Hamburgisches Gesetz- und Verordnungsblatt
HmbLBauO	Hamburgische Landesbauordnung
HUB Lappenberg	Hamburgisches Urkundenbuch, Band 1
HVO	Hafenverkehrsverordnung
HVSchG	Hafenverkehrs- und Schifffahrtsgesetz
JbAV	Jahrbuch des Alstervereins
kW	Kilo Watt
KVR	Kollisionsverhütungsregeln
n. Chr.	nach Christus
NS	Nationalsozialismus
NSDAP	Nationalsozialistische Deutsche Arbeiterpartei
resp.	respektive
NN	Normalnull
Nr.	Nummer
PLO	Palästinensische Befreiungsorganisation
SS	Schutzstaffel der NSDAP
S.C.	Symbolis Causa
St.	Sankt
S-Bahn	Stadtschnellbahn
TWV	Telemann-Werke-Verzeichnis
u.a.	unter anderem
U-Bahn	Untergrundbahn
USA	Vereinigte Staaten von Amerika
v. Chr.	vor Christus
VG	Verwaltungsgericht
VHG	Verein für Hamburgische Geschichte
ZSHG	Zeitschrift für Schleswig-Holsteinische Geschichte

Über den Autor

Dr. Volker Looks wurde 1942 in Oldenburg in Holstein geboren, wo er 1962 am Freiherr-vom Stein-Gymnasium die Schulzeit mit dem Abitur abschloss. Danach studierte er Rechtswissenschaft an den Universitäten in Kiel und Tübingen. 1969 wurde er über eine Arbeit mit dem Titel „Bauästhetische Vorschriften und Verfassungsrecht" an der Universität Kiel promoviert. Von 1970 bis 2007 war er als Rechtsanwalt – seit 1972 als Partner – in einer großen Hamburger Anwaltskanzlei tätig. Danach widmete er sich der publizistischen Tätigkeit.

Dank

Dieses Buch möchte ich all denen widmen, die mich auf meinem bisherigen Lebensweg begleitet haben. Auch wenn das Schreiben eines Buches ein überwiegend einsames Unterfangen ist, so haben viele Personen dazu beigetragen, dass dieses Buch entstanden ist. Bei ihnen möchte ich mich für die kritischen Anmerkungen zum Manuskript und für die Hilfe bei der Integration der Bilder bedanken.

Die in diesem Buch erwähnten Urkunden sind auf der Internetseite
www.alster.seite.co
aufgeführt. Den fremdsprachigen Texten ist eine Übersetzung beigefügt.